高职高专项目式实践类系列教材

企业管理基础与仿真实践

主　编　陈雪林

参　编　何小强　张海燕　谢晓明

陈　丽　张艺凡

主　审　伍启凤

西安电子科技大学出版社

内容简介

本书立足高职教育“理论够用，重在实践”的办学理念，注重理论知识的实践训练，并融入职业资格考试理论与技能知识，借助企业竞争模拟软件平台，让学生通过参与技能训练而获取知识，积累经验，提高其发现问题、解决问题的能力，实现“在实践中学习，在实践中发展”的培养目标。

全书共5个项目，涵盖了企业管理的基本知识与技能训练，采用项目式教学，做到步步有任务、节节有训练、处处有考评，将仿真训练与实际动手操作相结合。本书主要内容包括：认识企业管理、市场营销策略与分析、生产安排决策与分析、人力资源决策与分析、财务管理决策与分析等。

本书可作为高职高专院校、成人教育高校、五年一贯制高职等学校的学生学习企业管理课程的教材或参考书，也可作为社会从业人员学习企业管理的培训用书。

图书在版编目(CIP)数据

企业管理基础与仿真实践/陈雪林主编. —西安：西安电子科技大学出版社，2020.8
ISBN 978-7-5606-5721-9

Ⅰ. ① 企… Ⅱ. ① 陈… Ⅲ. ① 企业管理—高等职业教育—教材 Ⅳ. ① F272

中国版本图书馆 CIP 数据核字(2020)第 091317 号

策划编辑　万晶晶
责任编辑　万晶晶　刘　霜
出版发行　西安电子科技大学出版社(西安市太白南路2号)
电　　话　(029)88242885　88201467　　　邮　　编　710071
网　　址　www.xduph.com　　　电子邮箱　xdupfxb001@163.com
经　　销　新华书店
印刷单位　陕西精工印务有限公司
版　　次　2020年8月第1版　2020年8月第1次印刷
开　　本　787毫米×1092毫米　1/16　印张 13.5
字　　数　313千字
印　　数　1～2000册
定　　价　36.00元
ISBN　978-7-5606-5721-9 / F
XDUP 6023001-1

序

“高职高专项目式实践类系列教材”是在贯彻落实《国家职业教育改革实施方案》(简称“职教20条”)文件精神，推动职业教育大改革、大发展的背景下，结合职业教育“以能力为本位”的指导思想，以服务建设现代化经济体系为目标而组织编写的。在新经济、新业态、新模式、新产业迅猛发展的高要求下，本系列教材以现代学徒制教学为导向，以“1+X”证书结合为抓手，对接企业、行业岗位要求，围绕“素质为先、能力为本”的培养目标构建教材内容体系，实现“以知识体系为中心”到“以能力达标为中心”的转变，开展人才培养的实践教学。

本系列教材编审委员会于2019年6月在重庆召开了教材编写工作会议，确定了此系列教材的名称、大纲体例、主编及参编人员(含企业、行业专家)等主要事项，决定由重庆科创职业学院为组织方，聘请高职院校的资深教授和企业、行业专家组成教材编写组及审核组，确定每本教材的主编及主审，有序推进教材的编写及审核工作，确保教材质量。

本系列教材坚持理论知识够用，技能实战相结合，内容上突出实训教学的特点，采用项目制编写，并注重教学情境设计、教学考核与评价，强化训练目标，具有原创性。经过组织方、编审组、出版方的共同努力，希望本套“高职高专项目式实践类系列教材”能为培养高素质、高技能、高水平的技术应用型人才发挥更大的推动作用。

高职高专项目式实践类系列教材编审委员会

2019年10月

高职高专项目式实践类系列教材

编审委员会

前　言

本书旨在贯彻落实国务院印发的《国家职业教育改革实施方案》(国发[2019]4 号，简称“职教 20 条”)文件精神，在推动职业教育大改革、大发展的背景下，结合职业教育“以能力为本位”的指导思想，将“以知识体系为中心”转变为“以能力达标为中心”。本书以企业竞争模拟中的典型实训项目为载体，将教学、训练、职业资格考试理论与技能知识考点统筹编写而成。

本书的编写特色如下：

1. 综合性

企业管理涵盖市场营销、人力资源管理、生产管理、财务管理等方面的内容。学生认识企业管理的过程，也是综合知识的运用过程。因此，课程的设计和实施参照了企业管理的仿真操作环境，并通过技能训练活动，使学生可以理解、领会并综合运用所学知识。

2. 实践性

在内容编排上，本书贯彻理论实践一体化的教学思想，将“训练”贯穿于教学全过程，通过训练来培养学生的技能；尤其是企业竞争模拟平台的引入，使枯燥的理论学习变得形象生动。

3. 开放性

本书打破了传统的学科知识体系和单一课堂教学的局限，面向整体企业管理过程设计，具有开放性。本书强调一种富有个性的学习与操作活动过程，关注学生在这一过程中的学习体验和能力提升以及个性化表现，学习活动方式与过程、结果与评价均具有开放性，使得学生的认识和体验更加丰富和深化。

本书由陈雪林担任主编，负责全书统稿工作；伍启凤担任主审，负责全书审稿工作。全书共 5 个项目，谢晓明负责编写项目一，陈雪林和张艺凡(企业)合作编写项目二，陈丽负责编写项目三，张海燕负责编写项目四，何小强负责编写项目五。

本书参考学时如下：

课程内容	学时
项目一　认识企业管理	4
项目二　市场营销决策与分析	8
项目三　生产安排决策与分析	6
项目四　人力资源决策与分析	6
项目五　财务管理决策与分析	8
总计	32

由于编者水平有限，书中难免存在不足之处，恳请兄弟院校师生及广大读者批评指正，以便再版时进一步修订和完善。

编　者

2020年5月

目　录

项目一 认识企业管理

项目分析

企业是人类社会生产力和商品经济发展到一定水平的产物。企业管理是对企业的生产经营活动进行计划、组织、指挥、监督和调节等一系列职能的总称。企业管理是管理生产力，有效的管理会使企业的生产经营要素得到合理的配置，是现代企业充满活力的根本保证。企业管理的作用有：使企业的运作效率大大增强；让企业有明确的发展方向；使每个员工都充分发挥他们的潜能；使企业财务清晰，资本结构合理，投融资恰当；向顾客提供能满足其需求的产品和服务；树立企业形象，为社会多作实际贡献。

本项目主要介绍了企业管理的基本理论和实践操作的基础性知识，企业管理的框架结构如图1-1所示。

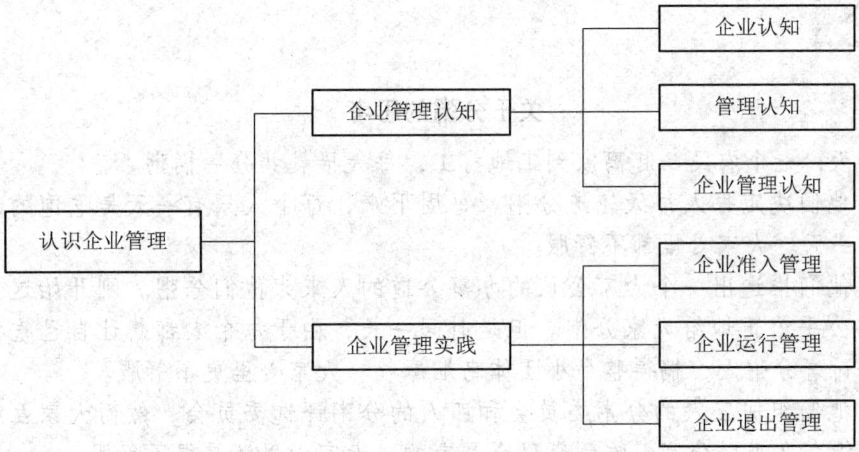

图1-1 企业管理的框架结构

知识目标

(1) 了解企业的特征及形式。
(2) 了解管理的职能及特性。
(3) 了解企业管理的基本理论。

能力目标

(1) 能够进行企业注册。

(2) 能够进行企业注销。

(3) 能够根据管理理论进行基本的企业模拟运营。

任务一　企业管理认知

任务目标

通过学习本任务，了解管理的概念、职能、特征及管理者应具备的技能和扮演的角色；了解各种管理理论及其观点，尤其是了解泰勒、法约尔、霍桑试验及人际关系学说的管理思想，掌握企业管理的内涵。

案例引入

关于分粥的思考

一年冬天，七个农民一起离家到工地打工，每天早晨共分一桶粥。

开始，他们决定每人每天轮流分粥。每周下来，每个人只有一天是吃饱的，就是自己分粥的那一天。大家心里都不舒服。

后来，他们推选出一个大家公认的办事公道的人来为他们分粥。刚开始这位办事公道的人能够公平公正地给大家分粥。但是时间一长，由于每个人都想让自己吃饱，便挖空心思地去讨好分粥人，搞得整个小团体乌烟瘴气。大家心里更不舒服。

最后，他们组成三人的分粥委员会和四人的分粥评选委员会，然而大家互相攻击、扯皮，一顿饭久久难以分定，吃到嘴里全是凉的。大家心里还是很不舒服。

思考：

假设你是七人中的一位，你每天会如何分粥，才能让每位农民碗里的粥都一样多？

案例启示：

案例里的人们都期望自己能够得到更多，每个人都不肯吃亏，于是总是不满意别人的分配。所以，在此案例中，制定一个公平的分配制度是解决问题的关键。一个好的制度往往能够从根本上解决问题。有时候，一个公司需要处理的问题是无穷的，再巧妙的临时处理方法，也不如一套科学并且一以贯之的管理制度有用。

知识链接

一、企业认知

(一) 企业的概念

企业一般是指以盈利为目的，运用各种生产要素(土地、劳动力、资本、技术和企业家才能等)，向市场提供商品或服务，实行自主经营、自负盈亏、独立核算的法人或其他社会经济组织。

(二) 企业的特证

1. 商品经济性

现代社会存在各种各样的组织，从政府、学校、医院到社会福利机构。企业作为一种社会组织，与其他社会组织有共性；作为一种特殊的社会组织——经济组织，又有其个性。它直接从事经济活动，向社会提供商品和劳务，同时也作为生产要素的需求者，接受社会提供的商品和劳务，实现资源的合理配置。

2. 营利性

所谓营利，就是通过经营获取利润，以较少的经营投入获取较大的经营收益。营利是一切企业组织存在和活动的基本动机和目的，是经营的出发点和归宿，营利性是企业与生俱来的本性。企业是出资人投资设立的，投资的根本目的当然是获得收益和回报，而要实现这一目的，必然要求企业最大限度地追求经营利润。

3. 独立性

企业作为独立的商品生产者和经营者，或者说，企业独立性的地位，是由两个方面的因素决定和要求的。首先是由企业的出资者或组建者决定和要求的。因为企业出资者或组建者的劳动要求得到利润回报，所以，企业必须有独立的利益要求，并受独立的利益驱动，以对出资者承担资本保值、增值的责任，否则，出资者和组建人就不会组建企业。其次是由市场因素决定和要求的。现代市场瞬息万变，企业如果不具有独立性，处处受制于某种组织或机构，那么它就难以以企业特有的地位参与市场竞争，根据市场的变化组织生产和经营。因此，现代企业必须拥有全部企业财产权。

4. 系统性

现代企业是严密分工协作的生产经营系统。任何一种产品都是全体职工共同劳动的成果。精细的劳动分工要求严密的劳动协作，人的活动要与机构的活动保持一致，不同机构的活动也要在管理者统一意志的指挥下协调运行，保持一致。只有企业的管理者、管理机构以及企业的各部门构成一个整体，企业才是一个独立的商品生产和经营组织。

5. 合法性

现代企业是民事活动的参加者和重要民事主体，是具有民事权利能力和民事行为能力并依法独立享有民事权利和承担民事义务的组织。现代企业是经济实体，包括以下几个方面的含义：① 现代企业是依法登记的经济组织；② 现代企业拥有全部企业财产权，产权关系明晰，产权界定清楚；③ 现代企业能以自己的名义从事民事活动。

(三) 企业的类型

企业的类型主要有四种：个人独资企业、合伙企业、有限责任公司和股份有限公司。

1. 个人独资企业

个人独资企业是指在中国境内依法设立的，由一个自然人投资，财产为投资人个人所有，投资人以其个人财产对企业债务承担无限责任的经营实体。个人独资企业营业执照如图 1-2 所示。

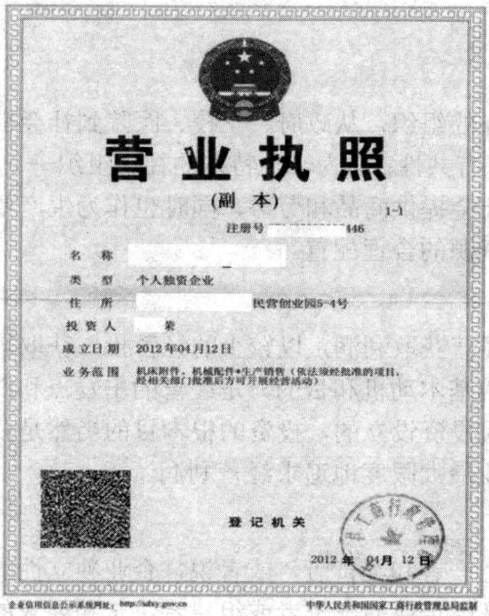
营业执照

(副 本)

1-1

注册号 446

名 称

类 型 个人独资企业

住 所 民营创业园5-4号

投资人 梁

成立日期 2012年04月12日

业务范围 机床附件，机械配件*生产销售（依法须经批准的项目，经相关部门批准后方可开展经营活动）

登记机关

2012 年 04月 12 日

图 1-2 个人独资企业营业执照

1) 个人独资企业设立的条件

(1) 投资人为一个自然人，而且只能是中国公民。

(2) 有合法的企业名称。个人独资企业不能使用“有限”“有限责任”或“公司”字样。个人独资企业的名称可以是厂、店、部、中心、工作室等。

(3) 有投资人申报的出资。设立个人独资企业，投资人可以用货币出资，也可以用实物、土地使用权、知识产权或其他财产权利出资。以家庭共同财产作为个人出资的，投资人应当在设立登记申请书中予以说明。

(4) 有固定的生产经营场所和必要的生产经营条件；有必要的从业人员。

2) 个人独资企业的法律特征

(1) 在组织结构形式上，个人独资企业是由个人创办的独资企业，其投资者是一个自然人。国家机关、国家授权投资机构或国家授权的部门、企业、事业单位等都不能作为个人独资企业的设立人；根据《中华人民共和国个人独资企业法》的规定，法官、检察官、警察、公务员、现役军人不能作为个人独资企业投资人。

(2) 在责任形态上，投资者个人以其个人财产对企业债务承担无限责任。投资人若以家庭共同财产作为个人投资的，以家庭共有财产对企业债务承担无限责任。这是个人独资企业区别于有限责任公司和股份有限公司等企业形式的基本特征。

(3) 从性质上看，个人独资企业是非法人企业。个人独资企业没有独立的资产，企业的财产就是投资人的财产，企业的责任就是投资人的责任。因此，个人独资企业无独立承担民事责任的能力。个人独资企业虽然不具备法人资格，但既然是独立民事的主体，就能够以自己的名义从事民事活动。

2. 合伙企业

合伙企业是指在中国境内依法设立的由各合伙人订立合同协议，共同出资、共同经营、共享收益、共担风险，并对合伙企业债务承担责任的营利性组织。合伙企业分为普通合伙企业和有限合伙企业。有限合伙企业营业执照如图 1-3 所示。

营业执照（副本）
统一社会信用代码 91440300
名　　称 深圳　　投资基金合伙企业（有限合伙）
主体类型 有限合伙
经营场所 深圳市福田区香蜜湖街道深南大道　1208室
执行事务合伙人
成立日期 2015年07月31日
重要提示
登记机关
2015年07月31日

图 1-3　有限合伙企业营业执照

1) 合伙企业的类型

(1) 普通合伙企业。普通合伙企业由两人以上的普通合伙人(没有上限规定)组成。在普通合伙企业中，合伙人对合伙企业债务承担无限连带责任。普通合伙企业又包含特殊的普通合伙企业。在特殊的普通合伙企业中，一个合伙人或数个合伙人在执业活动中因故意或者重大过失造成合伙企业债务的，应当承担无限责任或者无限连带责任，其他合伙人则仅以其在合伙企业中的财产份额为限承担责任。

(2) 有限合伙企业。有限合伙企业由两人以上 50 人以下的普通合伙人和有限合伙人组成，其中，普通合伙人和有限合伙人都至少有 1 人。当有限合伙企业只剩下普通合伙人时，应当转为普通合伙企业；如果只剩下有限合伙人，则应当解散。普通合伙人对合伙企业债务承担无限连带责任，有限合伙人以其认缴的出资额为限对合伙企业债务承担责任。

2) 合伙企业的设立条件

(1) 普通合伙企业的设立条件。

① 有两个以上合伙人。合伙人可以是自然人，也可以是法人和其他组织。合伙人为自然人的，应当具有完全民事行为能力。国有独资公司、国有企业、上市公司以及公益性的事业单位、社会团体不得成为普通合伙人。

② 有书面合伙协议。合伙协议是合伙企业最重要的法律文件，也是确定合伙人之间权利义务关系的基本依据。合伙协议依法由全体合伙人协商一致，以书面形式订立。合伙协议经全体合伙人签名、盖章后生效。修改或者补充合伙协议，应当经全体合伙人一致同意。但是，合伙协议另有约定的除外。合伙人违反合伙协议的，应当依法承担违约责任。合伙人履行合伙协议发生争议的，合伙人可以通过协商或者调解解决；不愿通过协商、调解解决或者协商、调解不成的，可以按照合伙协议约定的仲裁条款或者事后达成的书面仲裁协议，向仲裁机构申请仲裁；合伙协议中未订立仲裁条款，事后又没有达成书面仲裁协议的，可以向人民法院起诉。

③ 有合伙人认缴或者实际缴付的出资。合伙人可以用货币、实物、知识产权、土地使用权或者其他财产权利出资，也可以用劳务出资；合伙人以劳务出资的，其评估办法由全体合伙人协商确定，并在合伙协议中载明。

④ 有合伙企业的名称和生产经营场所。普通合伙企业名称中应当标明“普通合伙”字样。

⑤ 法律、行政法规规定的其他条件。

(2) 有限合伙企业的设立条件。

① 有限合伙企业由两个以上 50 个以下合伙人设立，但是，法律另有规定的除外。

② 有限合伙企业至少应当有一个普通合伙人。

③ 有限合伙企业名称中应当标明“有限合伙”字样。

④ 有限合伙人可以用货币、实物、知识产权、土地使用权或者其他财产权利作价出资。

⑤ 有限合伙人不得以劳务出资。

⑥ 有限合伙人应当按照合伙协议的约定按期足额缴纳出资；未按期足额缴纳的，应当承担补缴义务，并对其他合伙人承担违约责任。

⑦ 有限合伙企业登记事项中应当载明有限合伙人的姓名或者名称及认缴的出资数额。

⑧ 有限合伙企业由普通合伙人执行合伙事务。执行事务合伙人可以要求在合伙协议中确定执行事务的报酬及报酬提取方式。

⑨ 有限合伙人不执行合伙事务，不得对外代表有限合伙企业。

3. 有限责任公司

1) 一人有限责任公司

一人有限责任公司简称“一人公司”“独资公司”或“独股公司”，是指由一名股东(自然人或法人)持有公司的全部出资的有限责任公司，属于有限责任公司的特殊类型。由于一人公司属于法人企业，所以可以以公司的名义独自承担企业经营产生的责任和风险。也就是说，风险是有限的，即以出资额为限对公司债务承担有限责任。但是如果不能证明公司财产独立于股东的财产，股东应当对公司债务承担连带责任。2014 年 3 月 1 日起实施的新《中华人民共和国公司法》(以下简称《公司法》)取消了一人有限责任公司最低注册资本 10 万元的限制，但从实践来看，公司的信用与公司的注册资本是密切相关的。

2) 有限责任公司

有限责任公司是指由 50 个以下股东出资(一人公司除外)，每个股东以其认缴的出资额对公司行为承担有限责任，公司以其全部资产对其债务承担责任的企业法人。有限责任公司营业执照如图 1-4 所示。

图 1-4　有限责任公司营业执照

新《公司法》规定：

(1) 原先有限责任公司 3 万元的注册资本被取消，理论上讲可以“一元钱办公司”或“白手起家”。

(2) 可以自主约定公司设立时全体股东的首次出资比例，也就是说，理论上可以“零首付”。

(3) 可以自主约定出资方式和货币出资比例，对于高科技、文化创意、现代服务业等创新型企业可以灵活出资，提高知识产权、实物、土地使用权等财产形式的出资比例，克服货币资金不足的困难。

(4) 可以自主约定公司股东缴足出资的期限，不再限制 2 年内出资到位，提高公司股东资金使用效率。

(5) 简化公司住所登记，对于小微公司，不再作住所上的严格要求。

有限责任公司的组织机构要素有：

(1) 股东会。有限责任公司股东会由全体股东组成，股东会是公司的权力机构。股东会行使下列职权：决定公司的经营方针和投资计划；选举和更换董事，决定有关董事的报酬事项；选举和更换由股东代表出任的监事，决定有关监事的报酬事项；审议批准董事会的报告；审议批准监事会或监事的报告；审议批准公司的年度财务预算方案、决算方案；审议批准公司的利润分配方案和弥补亏损方案；对公司增加或减少注册资本作出决议；对发行公司债券作出决议；对公司向股东以外的人转让出资作出决议；对公司合并、分立、变更形式、解散和清算等事项作出决议；修改公司章程。

(2) 董事会。有限责任公司设立董事会。董事会是股东会的执行机构，由 3～13 名董事组成。董事会设董事长 1 人，为公司的法定代表人。股东人数较少和公司规模较小的有限责任公司，可以只设一名执行董事，不设董事会。

股东会会议由董事会召集、董事长主持，董事长因特殊原因不能履行职务时，由董事长指定的副董事长或其他董事主持。董事会对股东会负责，行使下列职权：负责召集股东会，并向股东会报告工作；执行股东会的决议；决定公司的经营计划和投资方案；制订公司的年度财务预算方案、决算方案；制订公司的利润分配方案和弥补亏损方案；制订公司增加或减少注册资本的方案；拟订公司合并、分立、变更形式、解散的方案；决定公司内部管理机构的设置；聘任或解聘公司经理(总经理)；根据经理的提名，聘任或解聘公司的副经理、财务负责人，决定其报酬事项；制定公司的基本管理制度。

(3) 监事会。有限责任公司经营规模较大的，可以设立监事会，其成员不得少于 3 人。监事会由股东代表和适当比例的公司职工代表组成，具体比例由公司章程规定。监事会中的职工代表由公司职工民主选举产生。董事、经理及财务负责人不得兼任监事。

监事会或监事行使下列职权：检查公司财务；对董事、经理执行公司职务时违反法律、法规或公司章程的行为进行监督；当董事和经理的行为损害公司的利益时，要求董事和经理予以纠正；提议召开临时股东会；公司章程规定的其他职权。

4. 股份有限公司

股份有限公司是指注册资本由等额股份构成，并通过发行股票(或股权证)筹集资本，公司以其全部资产对公司债务承担有限责任的企业法人。

设立股份有限公司，应当有两个以上 200 个以下的发起人，注册资本的最低限额为人民币 500 万元。由于所有股份公司须是负担有限责任的有限公司(但并非所有有限公司都是股份公司)，所以一般合称“股份有限公司”。股份有限公司营业执照如图 1-5 所示。

营业执照（副本）

统一社会信用代码 …7150P

名 称 股份有限公司

类 型 股份有限公司

住 所

法定代表人

成 立 日 期 2002年05月14日

重要提示

登 记 机 关

2018 年01 月5 日

中华人民共和国国家工商行政管理总局监制

图 1-5 股份有限公司营业执照

公司的资本总额平分为金额相等的股份；公司可以向社会公开发行股票筹资，股票可以依法转让；法律对公司股东人数只有最低限度，无最高额规定；股东以其所认购股份对公司承担有限责任，公司以其全部资产对公司债务承担责任；每一股有一表决权，股东以其所认购持有的股份，享受权利，承担义务；公司应当将经注册会计师审查验证过的会计报告公开。

股份有限公司有以下特征：

(1) 股份有限公司是独立的经济法人。

(2) 股份有限公司的股东人数不得少于法律规定的数目。

(3) 股份有限公司的股东对公司债务负有限责任，其限度是股东应交付的股金额。

(4) 股份有限公司的全部资本被划分为等额的股份，通过向社会公开发行的办法筹集资金，任何人在缴纳了股款之后，都可以成为公司股东，没有资格限制。

(5) 公司股份可以自由转让，但不能退股。

(6) 公司账目须向社会公开，以便于投资人了解公司情况，进行选择。

(7) 公司的设立和解散有严格的法律程序，手续复杂。由此可以看出，股份有限公司是典型的“资合公司”。一个人能否成为公司股东，取决于他是否缴纳了股款、购买了股票，与其他股东无关。证券市场上发行和流通的股票都是由股份有限公司发行的。因此，股份有限公司能够迅速、广泛、大量地集中资金。

二、管理认知

(一) 管理的含义和特性

1. 管理的含义

管理是指一定组织中的管理者通过实施计划、组织、领导、控制等职能来协调他人的活动，使别人同自己一起实现既定目标的活动过程。

2. 管理的特性

1) 管理的二重性

管理的二重性是马克思主义关于管理问题的基本观点，指的是管理的自然属性和社会属性。一方面，管理是在协作劳动的过程中产生的，具有同生产力、社会化大生产相联系的自然属性；另一方面，管理又是在一定的生产关系条件下进行的，具有同生产关系、社会制度相联系的社会属性。管理的二重性之间的联系如图 1-6 所示。

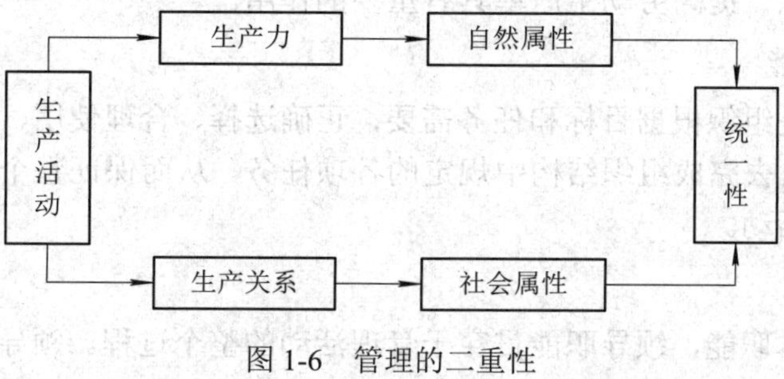

图 1-6　管理的二重性

2) 管理的科学性和艺术性

管理的科学性是指管理作为一个活动过程，其间存在着一系列基本客观规律。说管理是一门科学，是指它以反映客观规律的管理理论和方法为指导，有一套分析问题、解决问题的科学的方法论。

管理的艺术性就是强调其实践性，没有实践则无所谓艺术。管理的艺术性，就是强调管理活动除了要掌握一定的理论和方法外，还要有灵活运用这些知识和技巧的技能和诀窍。

(二) 管理的基本职能

管理职能是人们对管理工作应有的过程和内容所做的概括和总结。一般来讲，管理的基本职能通常包括计划、组织、人员配备、领导和控制。管理的基本职能如图 1-7 所示。

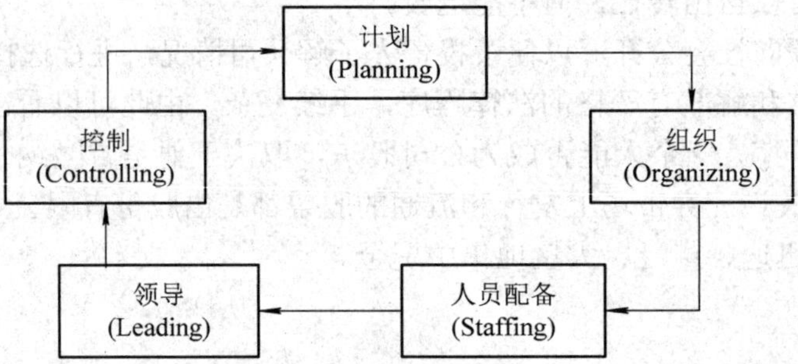

图 1-7　管理的基本职能

1. 计划职能

计划职能在管理的五大职能中处于首要位置，它是实施管理活动的依据。为实现组织目标，合理配置有限资源，提高效率，首先必须进行科学的筹划和周密的安排，而计划则成为管理者进行指挥、实施科学管理的依据。有效的计划可以增强管理的预见性，规避风险，减少企业损失的产生；与此同时，通过计划职能制定出全体员工的共同行动目标与方案，将从思想、行动上使全体员工协调一致，增强凝聚力，发挥集体优势。

2. 组织职能

组织职能是指按计划对企业的活动及其生产要素进行的分派和组合，是组织为实现其目标而对自身进行结构的设计与调整，对业务活动进行分类，设置管理人员的职位，分配管理职权，以及对组织成员的行为加以规范和协调等方面的工作。组织职能对于发挥集体力量、合理配置资源、提高劳动生产率具有重要的作用。

3. 人员配备职能

人员配备职能是组织根据目标和任务需要，正确选择、合理使用、科学考评和培训人员，聘用合适的人员去完成组织结构中规定的各项任务，从而保证整个组织目标和各项任务得以完成的职能活动。

4. 领导职能

作为管理的基本职能，领导职能贯穿于管理活动的整个过程。领导职能是领导者运用组织赋予的权力，组织、指挥、协调和监督下属人员，完成领导任务的职责，其具体可分解为规划、指导、协调和监督等基本职能。作为领导职能的行使者，领导者运用自身行为和影响力，引导和激励组织成员去实现组织目标。领导者可以是组织中拥有职位权力的、对各类管理活动具有决定权的管理人员，也可以是一些没有任何职位的擅长某一工作领域的岗位能手、行业专家或具有人格魅力的“老资格”。

5. 控制职能

控制职能是指管理人员对当前的实际工作是否符合计划进行测定，并促使组织目标实现的过程。控制主要体现为在计划的执行过程中不断地对照计划来检查现有作业状况的活动。控制的目的是保证实际工作与计划一致，管理活动的控制过程也就是管理人员对下属部门或个人的工作进展、实际结果进行统辖，找出偏差并加以纠正的过程。控制源于管理系统存在与发展的需要，贯穿于其他各项管理职能之中，存在于管理活动的全过程中。

(三) 管理者的角色与技能要求

1. 管理者的角色

1974 年，经理角色学派的主要代表人物亨利·明茨伯格(Henry Mintzberg)研究发现，管理者扮演着 10 种角色，这 10 种角色可归纳为三大类：人际角色、信息角色和决策角色。管理者的角色如表 1-1 所示。

表 1-1 管理者的角色

类 别	角 色	工 作 内 容
人际角色	代表人	执行仪式或象征性的工作
	领导者	指挥、协调群体工作
	联络者	建立内部和外部的信息网络
信息角色	监督者	搜寻、接受、筛选信息
	传播者	传递信息给他人
	发言人	通过演讲、报告等向外提供信息
决策角色	企业家	制订计划、建立秩序
	干扰对付者	解决员工或部门的冲突、问题
	资源分配者	决定资源分配对象和数量
	谈判者	在谈判中代表部门或公司

1) 人际角色

人际角色是指所有的管理者都要履行礼仪性和象征性的义务。这方面具体承担了三种角色。

(1) 代表人：象征性的首脑，必须履行许多法律性的或社会性的义务。

(2) 领导者：激励和动员下属，人员配备、培训和交往的职责。

(3) 联络者：维护自行发展起来的外部接触和联系网络，向人们提供帮助和信息。

2) 信息角色

信息角色是指所有的管理者在某种程度上，都从外部的组织或机构接受和收集信息，具体承担了三种角色。

(1) 监督者：寻求和获取各种特定的信息，以便透彻地了解组织与环境；组织内外的神经中枢。

(2) 传播者：将从外部人员和下级那里获得的信息传递给组织中其他成员——有些是关于事实的信息，有些是解释和综合组织中有影响人物的各种价值观点的信息。

(3) 发言人：向外界发布有关组织的计划、政策、行动、结果等信息；担当组织所在产业方面的专家。

3) 决策角色

决策角色指围绕日常工作中的决策制定所担任的角色，具体承担了四种角色。

(1) 企业家：寻求组织和环境中的机会，制定“改进方案”以发起变革，监督某些方案的策划。

(2) 干扰对付者：当组织面临重大的、意外的动乱时，负责采取补救行动。

(3) 资源分配者：负责分配组织的各种资源——事实上是批准所有重要的组织决策。

(4) 谈判者：在主要的谈判中作为组织的代表。

2. 管理者的技能

根据罗伯特·卡茨(Robert L. Katz)的研究，管理者要具备三类技能。

(1) 技术技能：管理者掌握和熟悉特定专业领域中的过程、惯例、技术和工具的能力。对于基层管理者来说，这些技能是重要的，因为他们要直接处理雇员所从事的工作。

(2) 人际技能：成功地与别人打交道并与别人沟通的能力。这是很关键的技能，管理者要知道如何与员工沟通，如何激励、引导和鼓舞员工的热情和信心，这些技能对于各个层次的管理者都是必备的。

(3) 概念技能：对事物的洞察、判断、抽象和概括的能力。管理者应看到组织的全貌和整体，了解组织与外部环境是怎样互动的，了解组织内部各部分是怎样相互作用的，能预见组织在社会上所起的作用，知道自己所管理部门在组织中的地位和作用。判断和概括问题的能力是概念技能的重要表现之一。

这三种技能按照职位的高低，侧重点有所不同。越是基层的管理者，对其技术技能的要求越多；越是高层的管理者，对其概念技能的要求越多。各种层次管理者所需要的管理技能比例如图 1-8 所示。

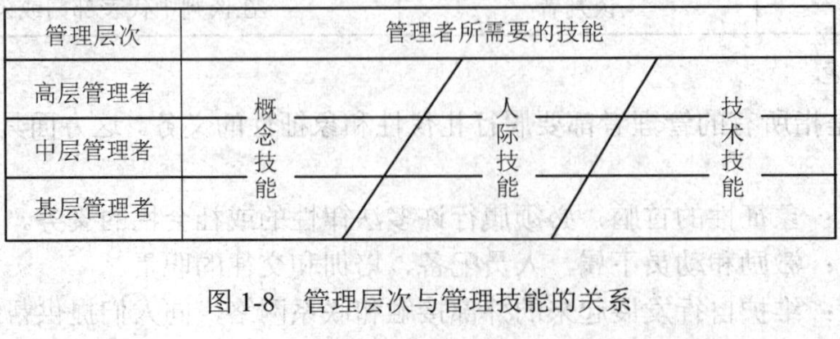

图 1-8　管理层次与管理技能的关系

三、企业管理认知

(一) 企业管理的含义

企业管理是对企业生产经营活动进行计划、组织、指挥、协调和控制等一系列活动的总称，是社会化大生产的客观要求。企业管理主要指运用各类策略与方法，对企业中的人、机器、原材料、方法、资产、信息、品牌、销售渠道等进行科学管理，从而实现组织目标的活动，它涉及的管理内容包括人力资源管理、行政管理、财务管理、研发管理、生产管理、采购管理、营销管理等，而这些分支又可统称为企业资源计划(Enterprise Resource Planning，ERP)。通常的公司会按照这些专门的业务分支设置职能部门。

(二) 企业管理的内容

企业管理是一个复杂的系统工程，涉及方方面面的工作。一般来讲，常见的企业管理内容包括计划管理、生产管理、采购管理、销售管理、质量管理、成本管理、财务管理和人事管理等。

1. 计划管理

计划管理是指通过预测、规划、预算、决策等手段，围绕总目标的要求，把企业的经济活动有效地组织起来。计划管理体现了目标管理。

2. 生产管理

生产管理即通过生产组织、生产计划、生产控制等手段，对生产系统的设置和运行进行管理。

3. 采购管理

采购管理是指对企业所需的各种生产资料进行有计划的组织采购、供应、保管、节约使用和综合利用等。

4. 销售管理

销售管理是指通过销售报价、销售订单、销售发货与退货、销售发票处理、客户管理、价格管理等功能，对销售全过程进行有效的控制和跟踪。

5. 质量管理

质量管理即对企业的生产成果进行监督、考查和检验。

6. 成本管理

成本管理即围绕企业所有费用的发生和产品成本的形成，进行成本预测、成本计划、成本控制、成本核算、成本分析、成本考核等。

7. 财务管理

财务管理即对企业的财务活动包括固定资金、流动资金、专用基金、盈利等的形成、分配和使用进行管理。

8. 人事管理

人事管理即对企业经济活动中各个环节和各个方面的劳动和人事进行全面计划、统一组织、系统控制、灵活调节。

技能训练

压抑的“夹心饼干们”——企业管理案例分析

人物一：王明　　　职位：部门经理

小王在公司拼搏了十余年，最近才当上了部门经理。从此，他再也没有了往日的悠闲和洒脱，为了工作经常早出晚归。他的几名部下都不擅长文字，可分管领导又恰恰是个咬文嚼字的老文科生。每次上报文字材料，王明都要被上司训斥一番，而下属又常当他的话是耳边风，他只能有苦往肚子里咽。这样的日子才刚刚开始，也不知道何时是个头。

人物二：杨娟　　　职位：办公室主任

小杨是省直某事业单位的办公室主任，平时拼命工作，一天到晚操心，既要注意与五六个下属的关系，又要考虑部门之间的关系，最难把握的是与上级领导的关系。

人物三：闫伟　　　职位：项目主管

小闫自从当上了项目主管后，一直有一种生活在夹缝中的感觉，由于自己的办事能力较强，所以在与部下打交道时，总觉得他们办事不力，加上小闫不会控制自己的情绪，动不动就训斥部下，时间一长，他与部下的关系不断恶化。而在与上司及单位其他部门打交道方面，小闫又习惯性地站在部门角度考虑问题，常常“仗义执言”，引发上司和别的部门对他的不满。左右为难的他有时真想干脆放弃，可相对单位的其他人来说，毕竟自己升迁了、工资高了、不用做具体的工作了，心里这点压力只能靠自己慢慢释解。

企业的中层管理者一般是指企业的部门经理或者单位的部门主任，他们是企业的中坚力量，承担着企业的决策与战略的执行及基层管理与决策层管理的沟通的责任。现实中，中层管理者的确有着太多的委屈和无奈。有人称其为中“坚”力量，即中层管理人员需要坚强和坚毅；还有人称其为中“间”力量，指其上有高层、下有员工，扮演着“夹心饼干”的角色；更有人称其为中“煎”力量，指其承担着上传下达、沟通协调的责任，必须面面俱到，实在备受煎熬；更为残酷者，人们称其为中“艰”力量，指其如履薄冰、艰难生存。

一、实训目的

了解学生对企业管理基础知识的认知情况，利用简单的案例分析，让学生在技能训练中逐渐掌握企业管理的基本知识点。

二、实训要求

分组作业，每小组提交一份案例分析的解决方案。

三、实训内容

(1) 学生自由组合，分成5～8人的项目学习小组。
(2) 以小组为单位，收集、选择拟进行分析的项目的相关资料。
(3) 根据资料信息中管理者层次的相关知识，明确不同管理层次的管理者应具备的能力和扮演的角色。

(4) 在小组讨论的基础上，初步得出案例分析的解决方案。

(5) 选出小组发言代表，拟定课前发言稿(1～2 分钟)。

四、实训考核

实训考核重点关注学生的语言表达能力、理论理解能力和理论分析能力等，具体的实训考核内容、标准及分值分配如表 1-2 所示。

表 1-2　案例分析实训考核说明

考核内容	考核标准	考核分值
语言表达能力	语言清晰，能流畅表达自己的观点	20
理论理解能力	对相关管理理论理解到位	40
理论分析能力	运用相关管理理论进行案例分析	40

任务二　企业管理实践

任务目标

通过学习本任务，熟悉公司注册所需准备的材料，以及注册流程和注意事项等；熟悉公司组织框架的设计，以及职能模块和岗位的设置；熟悉公司的注销流程。

案例引入

甲、乙、丙、丁、戊拟共同组建一家有限责任公司，起名为“北京 666 商品贸易公司”。其中，甲、乙以货币出资，分别为20万元和60万元，丙以实物出资，经评估为20万元，丁、戊拟以劳务出资。公司不设董事会、监事会，并拟让甲、乙担任公司执行董事兼经理，丙担任公司的监事，丁、戊分别担任公司的副总经理。

思考：

该有限责任公司的设立是否符合企业的准入管理规定？

知识链接

一、企业准入管理

(一) 确定企业信息

1. 公司名称

常见的公司名称一般有三种形式，不同形式之间并没有本质区别，注册时任选其一即可。三种名称形式具体如下：

(1) 地区 + 字号 + 行业 + 组织形式。例如：北京快又好信息技术有限责任公司。

(2) 字号 + (地区) + 行业 + 组织形式。例如：快又好(北京)信息技术有限责任公司。

(3) 字号 + 行业 + (地区) + 组织形式。例如：快又好信息技术(北京)有限责任公司。

建议在起名时，先在“国家企业信用信息公示系统”上查询字号是否已经被注册，应保证没有重名，这样通过率会高一些。

2. 注册资本

注册资本是全体股东出于公司经营需要，提供或承诺提供给公司的资金总数。

需要注意的是，大部分的公司叫“××有限公司”或“××有限责任公司”。这里的有限责任公司的股东对公司的债务只承担有限的责任，而承担的最高额度就是公司的注册资本。注册资本需明确以下事项：

(1) 注册资本并不需要一次缴清。

我国目前实行注册资本认缴制，认缴制的意思就是：注册资本不用在一开始就全部缴纳完成，而是只要在承诺的时限内(一般为10～20年)缴完即可，这极大地降低了公司注册时的资金压力。

(2) 公司注册资本写多少，要参考所在行业的资质要求。

例如，互联网公司申请ICP经营许可证时，ICP经营许可证要求公司注册资本在100万元以上；天猫大多数类目的商家的入驻标准也是100万元以上。其他需要资质/资格的公司，要参照本行业的一般做法。

(3) 注册资本越大，承担的风险/责任就越大。

例如，一家注册资本为100万元的公司，后来因经营不善，欠了1000万元的外债，股东最多只需用他100万元的出资额来承担责任，超出的部分就和他没关系了。但如果这家公司的注册资本是1000万元，那么就要承担全部1000万元的责任。

所以，注册资本并不是越大越好，大部分互联网创业者走的是股权融资的路子，最重要的是股权比例，而不是注册资本。根据自己的实际情况，设定一个合理的注册资本，才是最理智的选择。

(4) 目前注册资本少数情况会需要验资报告。

之前在实缴制时期，注册资本是需要验资报告的；现在认缴制已经基本不需要了，只有少数情况会用到。例如，参加招投标项目，招标方要求出具验资报告；跟规模比较大的企业合作，对方为了确认你的公司实力，也会要求出具验资报告。如果需要用到验资报告，可以在注册资本实缴完成后，找会计师事务所来出具。

(5) 公司注册资本的增减应严守规定。

根据《公司法》的有关规定，我国按照资本确定、资本维持、资本不变三原则，要求公司必须保持注册资本的相对稳定，同时对公司增加或减少注册资本规定了具体的条件和程序。

3. 股东及出资金额

股东是公司的主人，由股东组成的股东大会是公司的最高权力机构。

出资金额，即公司在工商注册登记时股东要认缴的资金。通常我们会把一个股东出资金额占总注册资本的比例，当成这个股东所占的股权比例。

一般在创业初期，建议股东的人数不要太多，避免因股东过多而导致权力分散。对于“早期核心员工”和“小股东”，建议使用“股权代持协议”进行代持，不进入工商局公示的股东名单中，这样操作可以在保障权益的同时简化股权架构。一个简单、健康的股权结构有利于公司顺利融资，以及快速完成工商登记和变更等事项。

股东的出资金额涉及公司的股权结构，是在准备公司注册阶段最需要认真思考决定的事项。

4. 注册地址

注册地址就是在公司营业执照上登记的“住址”，不同的城市对注册地址的要求不一样，具体应以当地工商局要求为准。

各地对注册地址的要求，主要分为以下几类：

(1) 北京等地：只允许写字楼、商铺等商业地产注册公司。

(2) 深圳、广州等一些沿海经济较发达的地方：民居也可以进行注册。

(3) 上海等地：居于以上两种之间。上海虽然只允许商业地产注册公司，但实质上政府作为第三方，特批了很多经济园区、开发区，这些开发区能够为公司提供合法的注册地址。

备注：重庆地区公司注册地址可以写住宅住址，但是营业执照上会有提示(仅限通信联络)。

5. 经营范围

经营范围是企业可以从事的生产经营与服务项目。它反映的是企业业务活动的内容和生产经营方向，是企业业务活动范围的法律界限。

初次注册公司，不知道如何确定经营范围时，可以直接参考行业内同类公司。

以互联网科技公司为例，其经营范围如下：

网络通信科技产品领域内的技术开发、技术咨询、技术转让、技术服务，计算机网络工程，计算机软件开发及维护，计算机辅助设备的安装及维修，电子产品的安装和销售，计算机及相关产品(除计算机信息系统安全专用产品)、办公用品的销售，企业管理咨询(除经纪)。

6. 公司高管

这里的公司高管和通常理解的不太一样，主要是指登记在工商局的公司管理人员。一般建议由核心创始人或大股东任职，为的是加强对公司的管理控制。

1) 董事/董事长/执行董事

由董事、董事长组成的董事会，负责公司或企业和业务经营活动的指挥与管理，对公司股东会或企业股东大会负责并报告工作。

董事长是公司董事会的领导，是公司的最高领导者。他的职责具有组织、协调、代表的性质。董事长的权力在董事会职责范围之内，不管理公司的具体业务，一般也不进行个人决策，只是在董事会开会或董事会专门委员会开会的时候才享有投票权。

公司在前期比较简单时，可不设立董事会，只设立一名执行董事即可。执行董事代行董事会职责。

2) 法定代表人

在法律层面上，法定代表人行为等同于公司行为，是公司意志的具体体现人，由董事长/执行董事或经理担任，在法律层面对公司的所有行为、结果负责。

自然人可以担任多家公司的法定代表人。

3) 监事

由于公司股东分散，专业知识和能力差别很大，为了防止董事会、经理滥用职权，损害公司和股东的利益，就需要在股东大会上选出监事，代表股东大会行使监督职能。监事必须是单独的人选，不能由董事、经理来兼任。

(二) 公司注册

1. 准备材料

(1) 公司法定代表人签署的《公司设立登记申请书》。

(2) 全体股东签署的公司章程。

(3) 法人股东资格证明或者自然人股东身份证及其复印件。

(4) 董事、监事和经理的任职文件及身份证复印件。

(5) 指定代表或委托代理人证明。

(6) 代理人身份证及其复印件。

(7) 住所使用证明。

住所使用证明材料的准备，分为以下三种情况：

① 若是自己的房产，需要房产证复印件，以及自己的身份证复印件。

② 若是租房，需要房东签字的房产证复印件和房东的身份证复印件，以及双方签字盖章的租赁合同和租金发票。

③ 若是租的某个公司名下的写字楼，需要该公司加盖公章的房产证复印件、该公司营业执照复印件，以及双方签字盖章的租赁合同和租金发票。

2. 注册流程

公司注册流程通常有核准名称、提交材料、领取执照、刻章等。具体注册流程如图 1-9 所示。

第一步：核准名称。

时间：1～3 个工作日。

操作：确定公司类型、名字、注册资本、股东及出资比例后，可以去工商局现场或线上提交核名申请。

结果：核名通过(若失败，则需重新核名)。

第二步：提交材料。

时间：5～15 个工作日。

操作：核名通过后，确认地址信息、高管信息、经营范围，在线提交预申请。在线预审通过之后，按照预约时间去工商局递交申请材料。

结果：收到准予设立登记通知书。

第三步：领取执照。

时间：预约当天。

操作：携带准予设立登记通知书、办理人身份证原件到工商局领取营业执照正、副本。

结果：领取营业执照。

第四步：刻章等事项。

时间：1～2 个工作日。

操作：凭营业执照，到公安局指定刻章点办理，通常需要办理公司公章(如图 1-9 所示)、财务章(如图 1-10 所示)、合同章(如图 1-11 所示)、法人代表章(如图 1-12 所示)和发票章(如图 1-13 所示)等。

至此，一个公司注册完成。

图 1-9　公司公章

图 1-10　公司财务章

图 1-11　公司合同章

图 1-12　法人代表章

图 1-13　发票章

3. 后续事项

1) 办理银行基本户

公司注册完成后，需要办理银行基本户开户。基本户是公司资金往来的主要账户，经营活动的日常资金收付，以及工资、奖金和现金的支取，都可以通过这个账户来办理。每个公司只能开一个基本户。

2) 记账报税

完成公司注册后，需先办理税务报到，报到时需提供一名会计的信息(包括姓名、身份证号、联系电话)。公司成立后 1 个月起，需要会计每月记账并向税务机关申报纳税。企业准备好资料到专管所报到后，税务局将核定企业缴纳税金的种类、税率、申报税金的时间，以及企业的税务专管员。企业日后将根据税务部门核定的税金进行申报与缴纳。

3) 缴纳社保

公司注册完成后，需要在 30 天内到所在区域管辖的社保局开设公司社保账户，办理

《社保登记证》及CA证书，并和社保、银行签订三方协议。之后，社保的相关费用会在缴纳社保时自动从银行基本户里扣除。

4) 申请税控及发票

如果企业要开发票，需要申办税控器，参加税控使用培训，核定申请发票。完成申请后，企业就可以自行开具发票了。

5) 企业年报

根据《企业信息公示暂行条例》的规定，每年1月1日至6月30日，企业应当报送上一年度的年度报告，内容包括公司基本情况简介、主要财务数据和指标、股本变动及股东情况等等。

注: 每年需要做年报的企业是营业执照上注册时间为前一年12月31日前的大陆企业。

工商行政规定，未按规定期限公示年度报告的企业，工商机关会将其载入经营异常名录，并处罚款。超过三年未年报的企业，将会被纳入严重违法企业"黑名单"。被纳入异常名录后，企业将无法变更、注销、转股，对外合作时，社会公众可随时查看到该公司的异常情况。同时对法人、高管进行行政限制。

二、企业运行管理

(一) 设计企业组织结构

企业进行组织结构设计，首先应该明确经营目标，在此基础上考虑经营环境等设计参数的影响，充分利用组织资源，确定组织的职能模块，选择适用的组织模式，实现岗位的合理设置，确定组织结构，运用业务流程检验、完善组织结构。

1. 直线制

直线制是最早也是最简单的一种组织结构形式，其形式犹如一个金字塔，处于最顶端的是一名有绝对权威的老板，他将组织的总任务分成多块后分配给下一级负责人，而这些下一级负责人又将自己的任务进一步细分后分配给更下一级人员，从而沿着一根不间断的链条一直延伸到每一位雇员。其特点是：一条指挥的等级链(即从上到下实行垂直领导，下属部门只接受一个上级的指令)、职能的专业化分工、权利和责任一贯性政策(即各级主管负责人对所属单位的一切问题负责)。直线制的组织结构如图1-14所示。

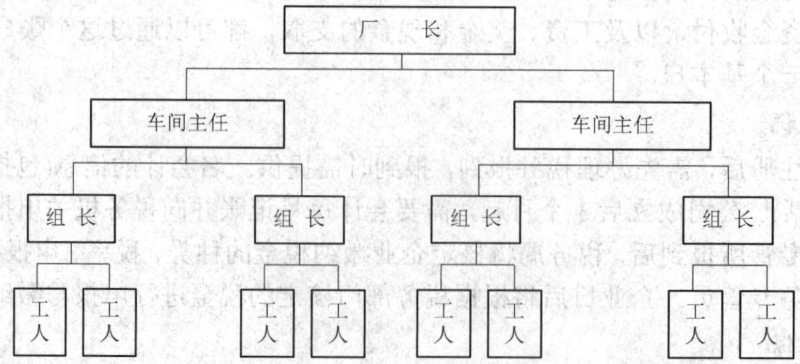

图1-14　直线制组织结构

2. 职能制

在职能制组织结构中，除主管负责人外，企业从上到下按照相同的职能将各种活动组织起来设立一些职能机构，如所有的营销人员都被安排在营销部，所有的生产人员都被安排在生产部等，这种结构要求主管负责人把相应的管理职责和权力交给相关的职能机构，各职能机构就有权在自己业务范围内向下级行政单位发号施令。因此，下级行政负责人除了接受上级行政主管人指挥外，还必须接受上级各职能机构的领导。职能制的组织结构如图 1-15 所示。

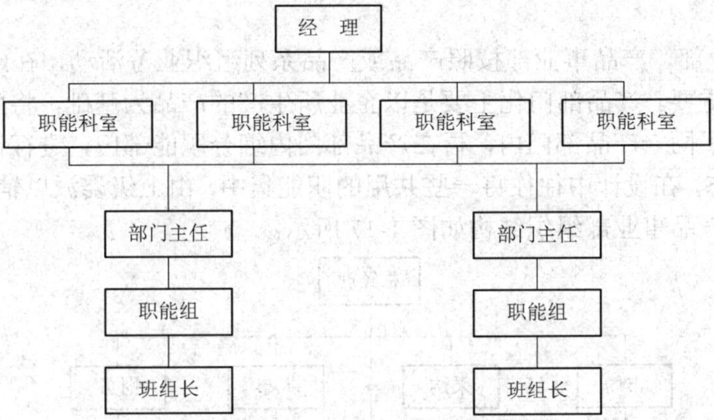

图 1-15　职能制组织结构

3. 直线—职能制

直线—职能制是在直线制和职能制的基础上取长补短，吸取这两种形式的优点而建立起来的组织结构。这种组织结构形式是把企业管理机构和人员分为两类：一类是直线领导机构和人员，其按统一指挥原则对各级组织行使指挥权，在自己的职责范围内有一定的决定权和对所属下级的指挥权，并对自己部门的工作负全部责任；另一类是职能机构和人员，其按专业化原则从事组织的各项职能管理工作，是直线指挥人员的参谋，不能对直接部门发号施令，只能进行业务指导。目前，直线—职能制仍被我国绝大多数企业采用，其组织结构如图 1-16 所示。

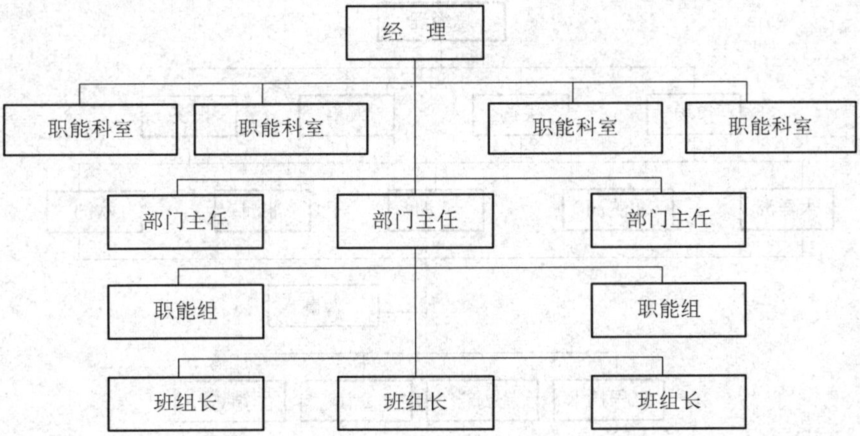

图 1-16　直线—职能制组织结构

4. 事业部制

事业部制也称分权制结构，是一种在直线—职能制基础上演变而成的现代企业组织结构形式。事业部制遵循“集中决策，分散经营”的总原则，按产品、地区和顾客等标志将企业划分为若干相对独立的经营单位，分别组成事业部。各事业部在经营管理方面有较大的自主权，实行独立核算、自负盈亏，并可根据经营需要设置相应的职能部门。总公司主要负责研究和制定重大方针、政策，掌握投资、重要人员任免、价格幅度和经营监督等方面的大权，并通过利润指标对事业部实施控制。事业部制通常有产品事业部和区域事业部两种形式。

(1) 产品事业部。产品事业部按照产品或产品系列组织业务活动，在经营多种产品的大型企业中日益重要。产品部门化主要是以企业所生产的产品为基础，将生产某一产品有关的活动完全置于同一产品部门内，再在产品部门内细分职能部门，进行该产品的生产工作。这种结构形态，在设计中往往将一些共用的职能集中，由上级委派以辅导各产品部门，做到资源共享。产品事业部组织结构如图 1-17 所示。

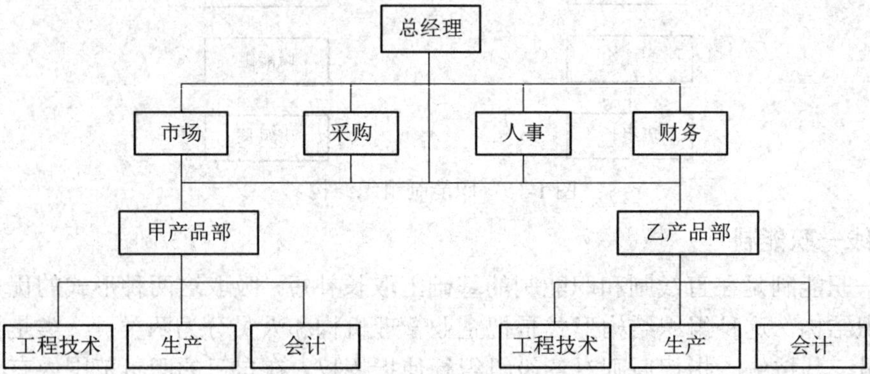

图 1-17　产品事业部组织结构

(2) 区域事业部。区域事业部是把某个地区或区域内的业务工作集中起来，委派一位经理来主管其事。这种划分特别适用于规模大的公司，尤其是跨国公司。区域事业部的组织结构如图 1-18 所示。

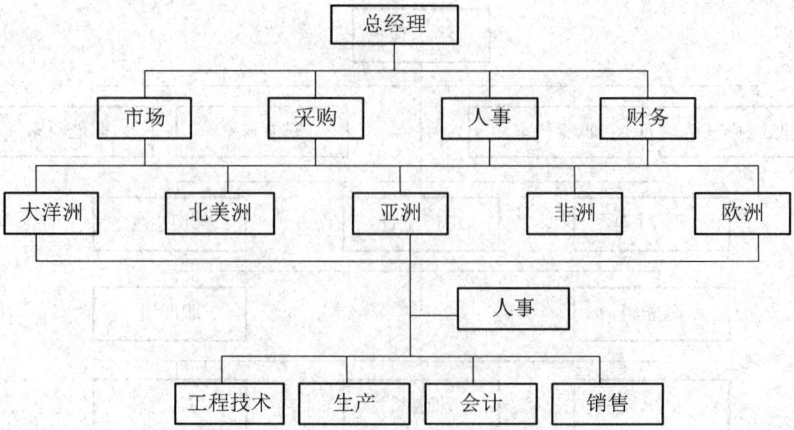

图 1-18　区域事业部组织结构

5. 模拟分权制

模拟分权制是一种介于直线—职能制和事业部制之间的结构形式。模拟分权制的组织结构如图 1-19 所示。

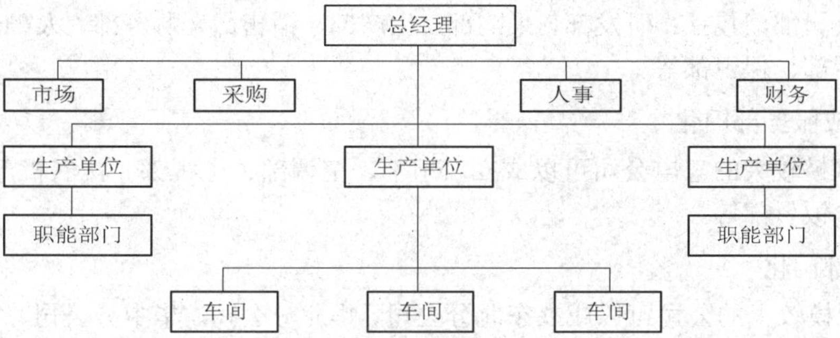

图 1-19　模拟分权制组织结构

许多大型企业，如连续生产的钢铁、化工企业，由于产品品种或生产工艺过程所限，难以分解成几个独立的事业部；又由于企业的规模庞大，以致高层管理者感到采用其他组织形态都不容易管理，这时就出现了模拟分权组织结构形式。所谓模拟，就是要模拟事业部制的独立经营、单独核算，而不是真正的事业部，实际上是一个个“生产单位”。这些生产单位有自己的职能机构，享有尽可能大的自主权，负有“模拟性”的盈亏责任，目的是调动员工的生产经营积极性，达到改善企业生产经营管理的目的。需要指出的是，由于生产上的连续性，各生产单位很难截然分开。以连续生产的石油化工为例，甲单位生产出来的“产品”直接就成为乙单位的生产原料，这当中无需停顿和中转。因此，它们之间的经济核算只能依据企业内部的价格，而不是市场价格。也就是说，这些生产单位没有自己独立的外部市场，这也是其与事业部的差别所在。

6. 矩阵制

在组织结构上，把既有按职能划分的垂直领导系统，又有按产品(项目)划分的横向领导关系的结构，称为矩阵制组织结构。矩阵制组织结构是为了改进直线—职能制横向联系差、缺乏弹性的缺点而形成的一种组织形式。它纵向是职能系统，横向是项目系统，项目系统无固定工作人员，随任务需要随时抽调组合，完成工作后回原部门。项目组既要服从项目管理，又要服从公司各职能部门的管理。因此，这种组织结构非常适用于横向协作和攻关项目，其组织结构如图 1-20 所示。

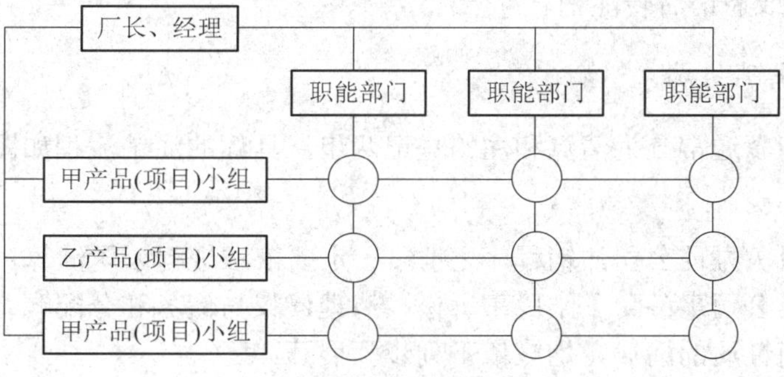

图 1-20　矩阵制组织结构

(二) 建立职能部门

1. 职能部门化

常见的公司部门包括：研发部、采购部、生产部、销售部、财务部、人事部、宣传部、后勤部、售后部、保卫部等。

2. 产品或服务部门化

例如，规模较大的家电公司可以成立风扇部、空调部、电视部、洗衣机部、冰箱部、微波炉部、电饭煲部等。

3. 地域部门化

例如，规模较大的公司可以成立东北分公司、华北分公司、华中分公司、华南分公司、西北分公司、西南分公司等。

4. 顾客部门化

例如，服装公司可以成立婴儿装部、幼儿装部、少儿装部、儿童装部、少年装部、青少年装部、青年装部、中年装部、老年装部等。

5. 流程部门化

例如，机械制造企业可划分出铸工车间、锻工车间、机加工车间、装配车间等部门。

三、企业退出管理

(一) 公司注销原因

公司注销有内部和外部两方面的原因。内部原因，例如公司经营不善、市场不好等。外部原因，例如被吊销、撤销等。具体如下：

(1) 股东或股东会作出公司解散决议。

(2) 公司依法宣告破产。

(3) 公司章程规定营业期限届满且不续。

(4) 出现公司章程或法律规定的解散事由。

(5) 公司因合并、分立解散。

(6) 公司被依法强制解散。

(7) 公司吊销或撤销后转注销。

(二) 公司注销步骤

公司的注销步骤通常分为清算和注销登记两步，具体的注销流程如图 1-21 所示。

1. 清算

公司到登记机关办理公司注销程序之前，一定要依法进行公司清算，包括终止生产经营销售活动、了结公司事务、了结民事诉讼、清理债权与债务和分配剩余财产等。

公司不论是何性质的清算，均应依下列步骤展开：

(1) 成立清算组。

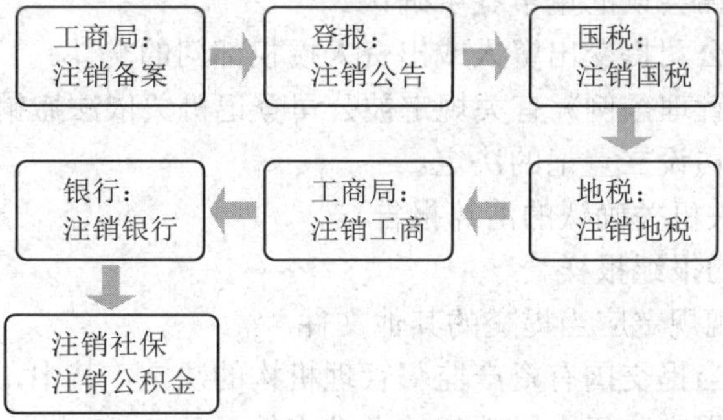

图 1-21　公司注销流程

(2) 展开清算工作。

清算组自成立之日起接管公司，开展以下业务：接管公司财产、了结公司未了业务、收取债权、清理债务、分配剩余财产、注销公司法人资格并吊销营业执照。

(3) 通知债权人申报债权。

(4) 提出清算方案。

清算组在清理公司财产、编制资产负债表和财产清单后，拟订清算方案，报股东会讨论通过或者主管机关确认。清算方案的主要内容有：清算费用、应支付的职工工资和劳动保险费、应缴纳的税款、清偿公司债务、分配剩余财产、终结清算工作。

在清算进行完以后，公司才能进行注销。

2. 注销登记

公司注销过程需要分别通过以下 7 个部门或机构办理相应的账户注销手续：

(1) 社保局：核查是否有未缴清的社保费用，然后注销公司社保账号。

(2) 税务局：核查是否有未缴清的税款或费用，然后注销公司的国税和地税。

(3) 报纸媒体：公司需自行登报公示，宣告公司即将注销。

(4) 工商局：办理公司注销备案，注销营业执照。

(5) 开户行：注销公司开户许可证和银行基本户等其他账户。

(6) 质监局：到质监局注销公司的许可证，例如生产许可证。

(7) 公安机关：注销公司印章的法律效应(印章本身可不上交)。

(三) 公司注销材料

申请注销前，公司应开展公司清算，公司清算完成后便可进入公司注销申请程序。清算后、注销前，公司需要出具和准备如下报告：

(1) 公司清算组负责人或公司法定代表人签署的《公司注销登记申请书》。

(2) 清算组成员《备案确认申请书》。

(3) 法院破产裁定、行政机关责令关闭的文件或公司依照《公司法》作出的决议。

以上文件，有限责任公司提交股东会决议，股份有限公司提交股东大会决议。有限责任公司由代表 2/3 以上表决权的股东签署文件，股东为自然人的，由本人签字；自然人以外的股东需加盖公章。股份有限公司由代表 2/3 以上表决权的发起人加盖公章，或者由股东大会会议主持人及出席会议的董事签字确认。

国有独资有限责任公司提交出资人或出资人授权部门的文件。

因违反《公司登记管理条例》有关规定被公司登记机关依法撤销公司设立登记的，提交公司登记机关撤销公司设立登记的决定。

(4) 股东会或者有关机关确认的清算报告。

(5) 刊登注销公告的报纸报样。

(6) 法律、行政法规规定应当提交的其他文件。

国有独资公司还应当提交国有资产监督管理机构的决定，其中，国务院确定的重要的国有独资公司，还应当提交本级人民政府的批准文件。

技能训练

企业竞争模拟软件注册及新手实训

一、实训目的

借助企业竞争模拟软件，仿真学习、了解企业真实的注册流程。

企业竞争模拟软件是赛创新港(北京)科技有限公司和北京大学创新研究院、北京大学光华管理学院联合开发的企业竞争模拟系统。通过企业竞争模拟软件的平台，训练学员在变化多端的经营环境里，面对多个竞争对手，正确制订企业的决策，达到企业的战略目标。

二、实训要求

1. 分组教学

将学员分成多个小组，每组 1～3 人。每个小组代表一个企业，按期进行模拟。

2. 集体决策

各公司在小组成员充分讨论的基础上，集体决策。期初要制定本期的决策，包括生产、运输、市场营销、财务管理、人力资源管理、研究开发、战略发展等方面，并在规定时间内按要求将相关信息输入计算机。软件会根据各公司的决策，依据模拟的市场需求决定各公司的销售量，各公司可以即时看到模拟结果。各公司根据所处的状况，作出下一期的决策，直到模拟结束。一个比较完整的模拟过程一般需要 6～8 期。

3. 小组竞争

在每期模拟结束时，软件会按照多种经营指标对各公司进行排序。在整个模拟结束后，要按照多项指标加权平均评出竞争模拟的优胜者。

三、实训内容

企业竞争模拟软件能让学员全面、灵活地运用管理学的知识，如生产管理、市场营销、财务管理等学科知识，以及预测、优化等方法，考查学员的分析、判断和应变能力，并能培养团队合作的精神。具体的实训内容有注册登录、参加比赛和新手训练三个方面。

1. 注册登录

第一次使用系统，需要注册一个公司账户。注册只需要提供一个登录用的电子邮件地址，以及公司名称和密码即可。注册界面如图 1-22 所示。

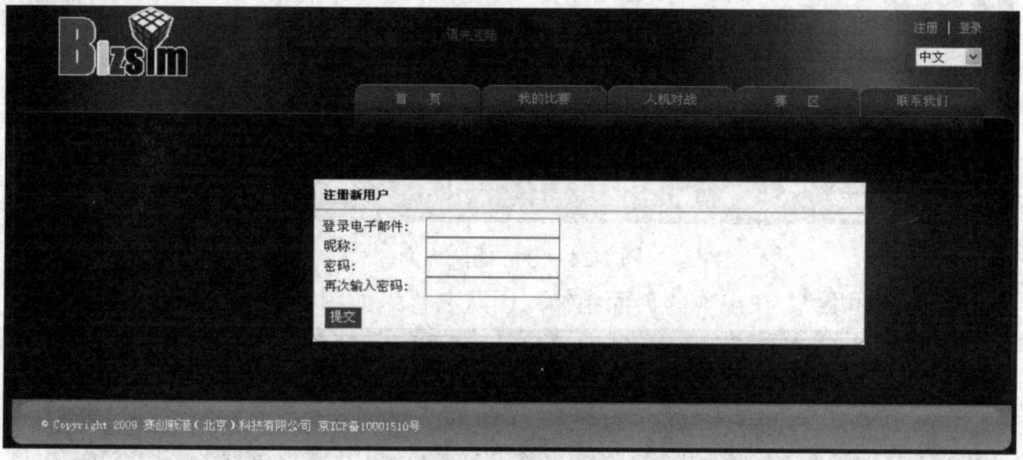

图 1-22　注册界面

注册完毕后，系统会用刚建立的账号自动登录。以后再次使用系统时，只需要输入电子邮件地址和密码。登录界面如图 1-23 所示。

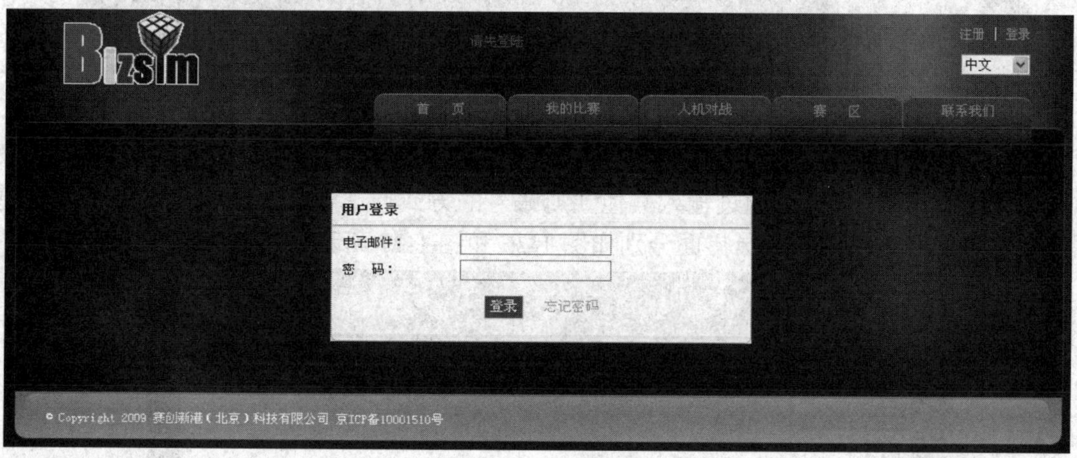

图 1-23　登录界面

登录后，用户可以看到导航栏，包括“首页”“我的比赛”“人机对战”“赛区”和“联系我们”五个菜单。

2. 参加比赛

用户可以参加两种类型的比赛——人机对战和普通比赛。

创建人机对战或者参加普通比赛，都需要先“建立团队”或者加入其他团队。建立团队界面如图 1-24 所示。

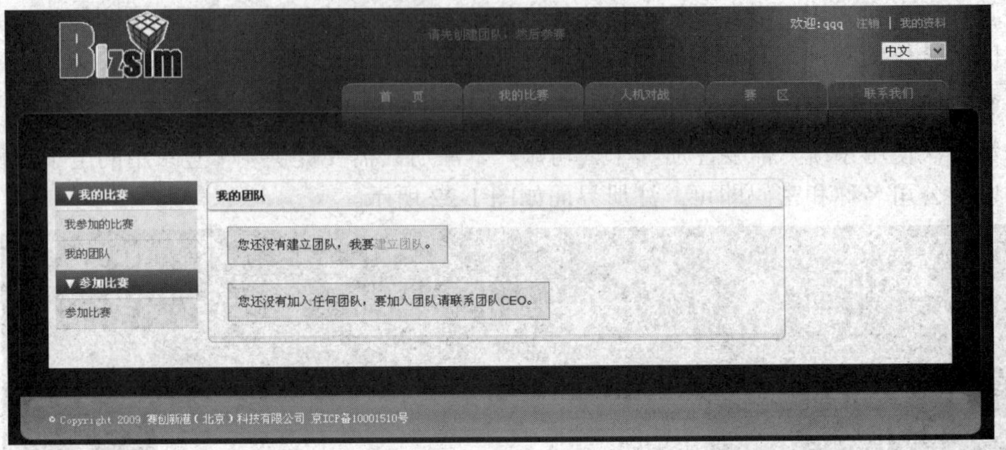

图 1-24　建立团队界面

点击“建立团队”，在出现的界面中输入团队名称，如图 1-25 所示。

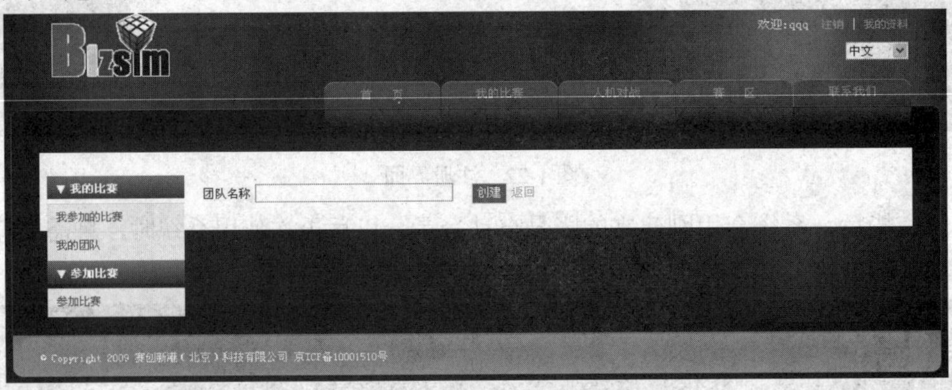

图 1-25　输入团队名称界面

团队名称可以再做修改，创建团队之时，默认的 CFO、COO、CMO、CHO 为 CEO 本人，点击“变更”，即可通过输入其他注册账号的方式邀请他人成为本团队成员。变更团队名称界面和邀请团队成员界面分别如图 1-26 和图 1-27 所示。

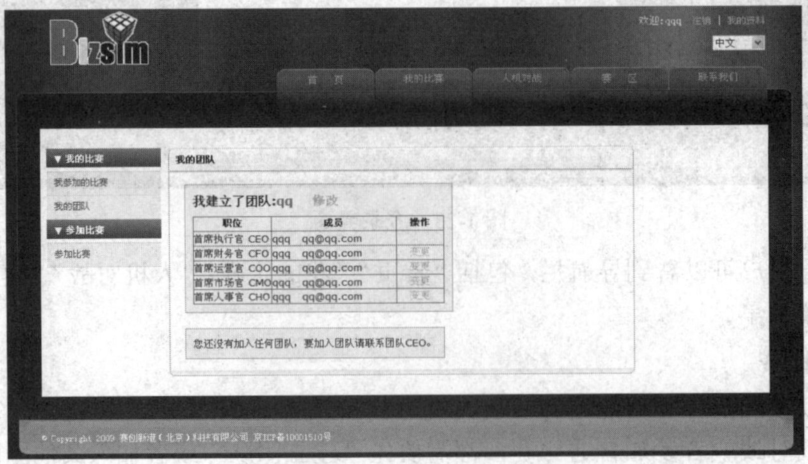

图 1-26　变更团队名称界面

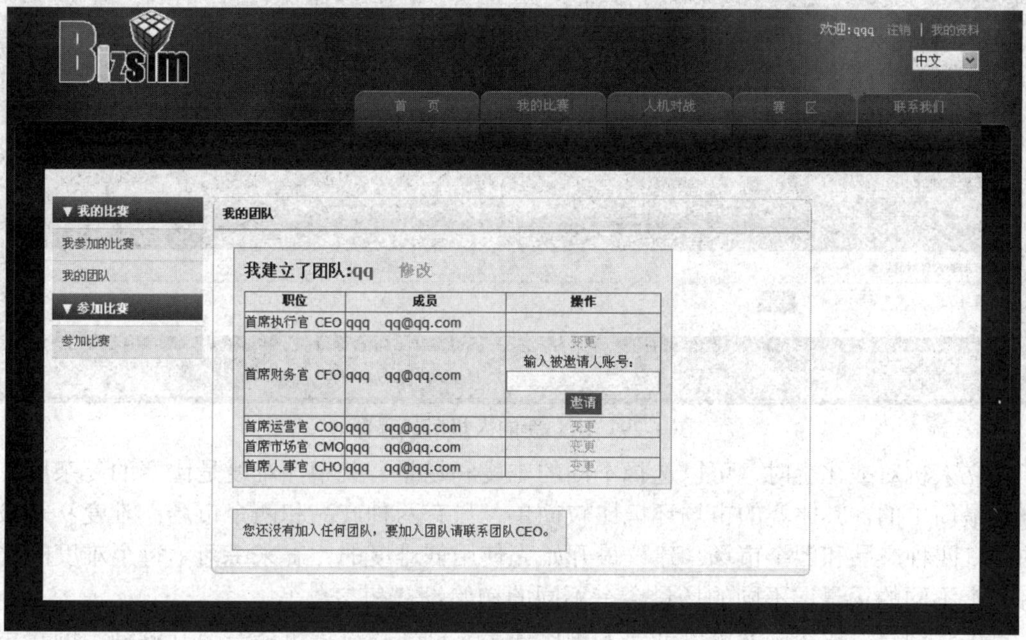

图 1-27 邀请团队成员界面

1) 人机对战

人机对战就是用户代表的公司和计算机代表的公司进行比赛。计算机采用系统预先设定的决策，用户可以每次调整自己的决策，来使自己公司的经营业绩超过计算机。人机对战主要是为了让用户了解 iBizSim 软件的目的和原理，尽快熟悉操作方法。

用户点击导航栏中的“人机对战”菜单，就会打开人机对战的列表，如图 1-28 所示。

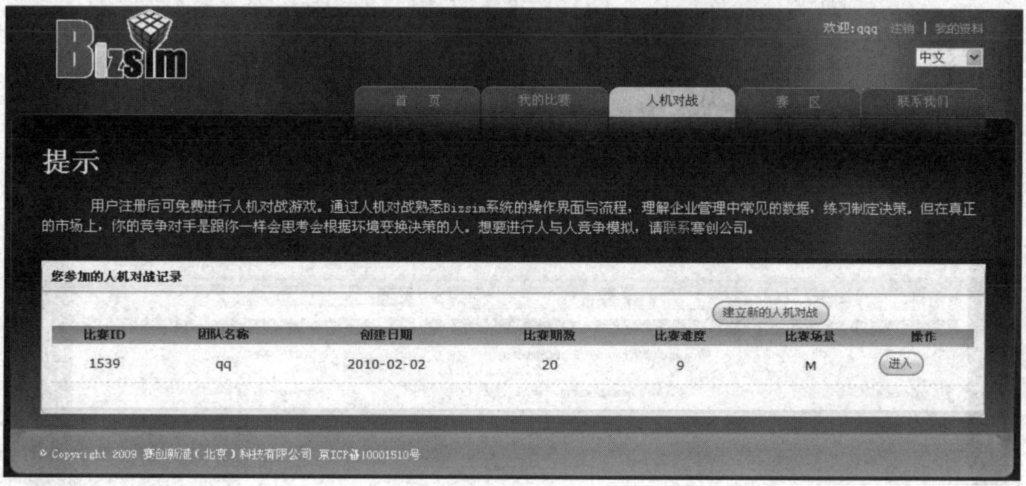

图 1-28 人机对战界面

该列表列出属于该用户的所有人机对战比赛，用户点击对应的进入按钮，即可进入比赛。

初次进入人机对战界面，需要先点击“建立新的人机对战”按钮，来创建新的人机对战比赛，如图 1-29 所示。

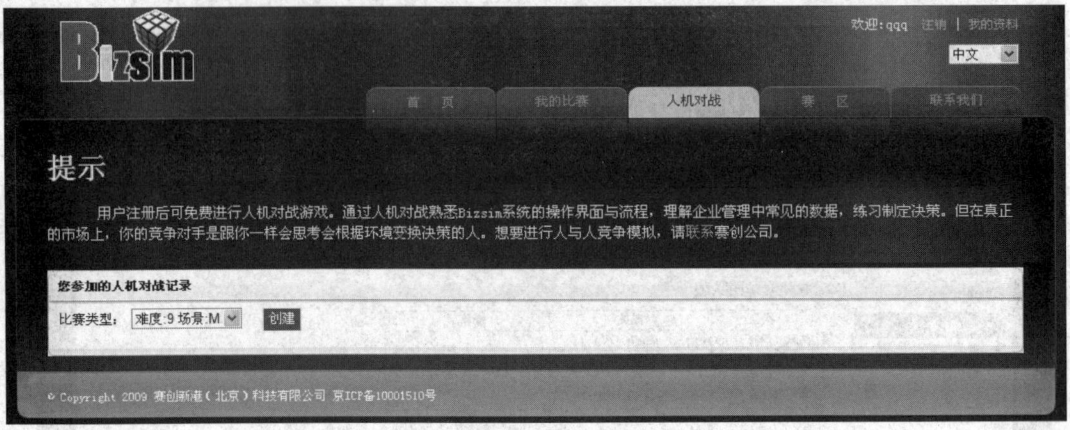

图 1-29　建立新的人机对战界面

建立人机对战比赛时，可以选择不同的难度和场景。其中，难度是比赛的复杂度。难度 1 是最简单的，其比赛的市场环境比较简单，只有两种产品和两个市场；难度 9 是最复杂的，有四种产品和四个市场。建议最开始先使用低难度的比赛来练习。每个难度的比赛都有几个不同的场景，不同的场景会有不同的初始设置和参数等。

点击“创建”按钮，就可以创建人机比赛了。创建的过程可能需要几秒钟，创建完成后，进入人机对战决策操作界面。

返回主页，点击“人机对战”菜单，可以看到刚创建的比赛出现在人机对战的比赛列表里。

2) 普通比赛

点击导航栏中的“赛区”菜单，可以浏览系统上存在的所有赛区。用户可以根据需要，选择参加不同的赛区进行比赛。选择赛区界面如图 1-30 所示。

图 1-30　选择赛区界面

点击赛区名称，即可进入赛区，看到赛区下的所有比赛，如图 1-31 所示。

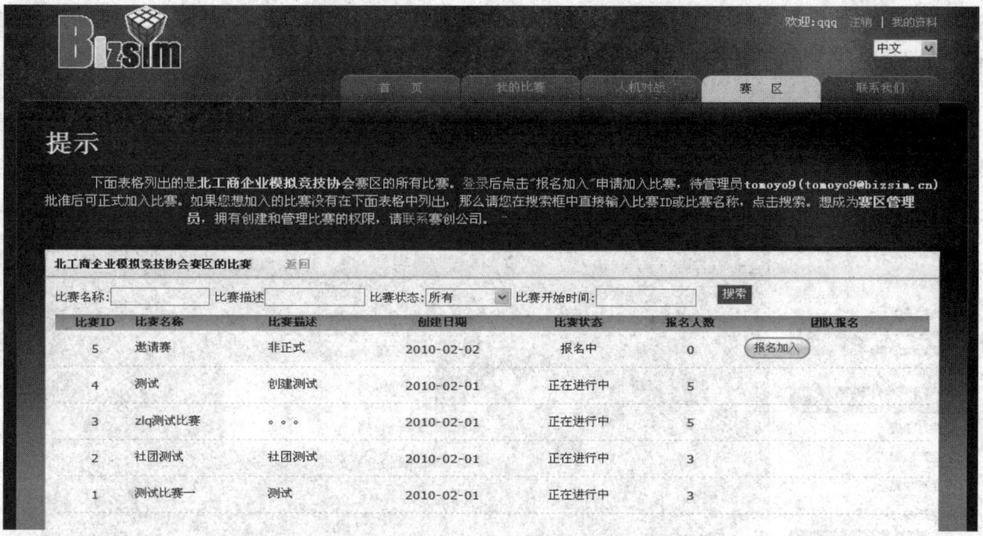

图 1-31　所有比赛界面

点击比赛的“报名加入”按钮，即可报名参加比赛。如果管理员对比赛设置了密码，需要填入正确的密码才能成功加入；如果管理员没有对比赛设置密码，则报名后会等待管理员审批加入，或者由管理员在管理后台直接输入参赛团队 CEO 账号快速添加。

如果是未登录状态点击赛区菜单，则不会显示“报名加入”按钮。

点击导航栏的“我的比赛”菜单，可以看到自己已经报名的比赛，如图 1-32 所示。

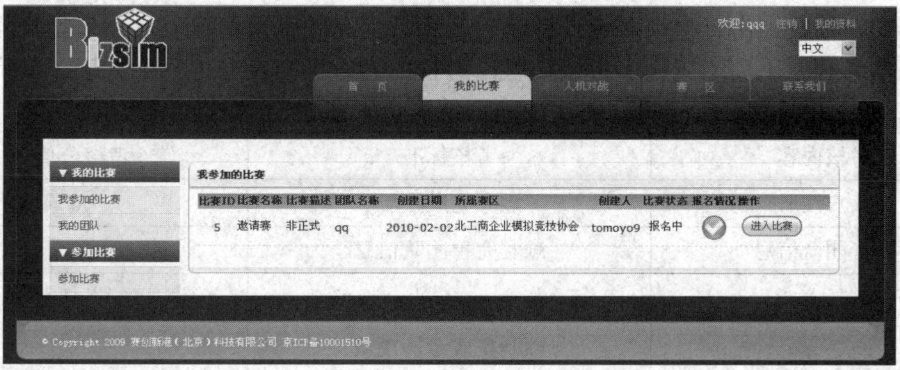

图 1-32　“我的比赛”界面

如果管理员已经开始了比赛，就可以点击“进入比赛”按钮进入比赛界面。

3. 新手训练

第一步：点击软件首页右上方“新手训练营”按钮，进入比赛界面，如图 1-33 所示。

图 1-33　进入比赛界面

第二步：依次完成左侧任务栏里的市场决策、运输决策、生产决策、人力与采购和财务决策。完成决策界面如图 1-34 所示。

图 1-34　完成决策界面

四、实训考核

本次实训，重点考查学员对企业注册登记相关信息的掌握情况，具体包括账户注册、完善团队信息和新手训练流程等考核内容。考核内容、标准及分值分配如表 1-3 所示。

表 1-3　注册训练实训考核说明

考核内容	考核标准	考核分值
账户注册	顺利完成注册	10
完善团队信息	顺利完善团队信息	10
新手训练流程	顺利完成市场决策 顺利完成运输决策 顺利完成生产决策 顺利完成人力与采购决策 顺利完成财务决策	80

项 目 小 结

通过本项目的学习，应重点理解和掌握以下知识：

1. 管理的性质及职能。
2. 管理的基本理论。

3. 企业注册所需资料。

4. 企业注册基本步骤。

思 考 与 练 习

一、简述题

1. 管理的基本职能是什么？

2. 科学管理理论的主要内容有哪些？

3. 霍桑试验的结论是什么？

二、实训练习(新手模式)

新手模式的实训练习可以参考如下环节：

(1) 查看模拟操作。模拟操作的模拟时间按季度来算，系统里用一期来表示一个季度。每个季度，公司都需要做一次决策。决策包括产品的采购、生产、运输、销售、工人的招聘和解雇，以及现金管理等企业管理中常见的决策。进入比赛页面后，左侧菜单有控制中心、制定战略、制定决策、公共报表、内部报表、市场消息和模拟规则等。进入比赛界面如图 1-35 所示。

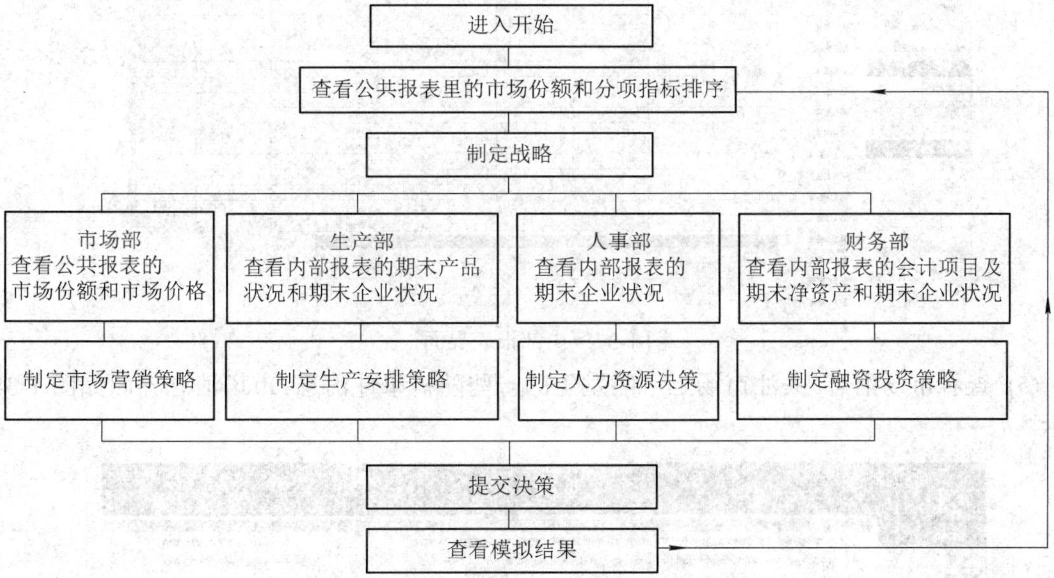

图 1-35　进入比赛界面

(2) 查看控制中心。控制中心用于显示比赛的总体信息，如比赛名称、比赛期数、本公司的当前排名、虚拟公司的职能分工及决策导航等。

(3) 查看公共报表。公共报表栏显示所有企业都能看到的市场公开信息，如市场价格、市场份额、分项指标排序、主要指标、收入发展趋势、成本发展趋势、利润发展趋势、纳税发展趋势、分红发展趋势、净资产发展趋势、综合评分发展趋势等。公共报表界面如图 1-36 所示。

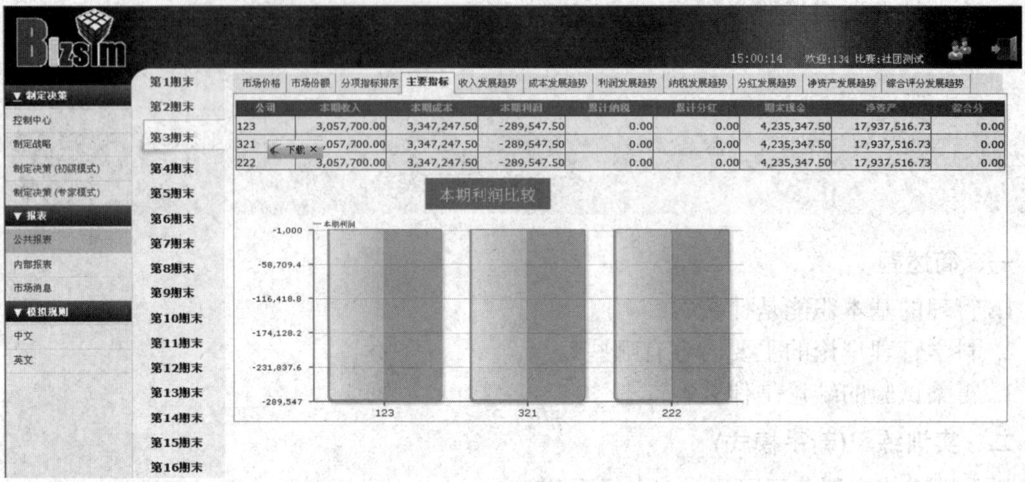

图 1-36　公共报表界面

(4) 查看内部报表。内部报表栏显示只有本企业管理人员才能看到的企业内部信息，如会计报表、产品状况、企业状况、时间序列数据等。内部报表界面如图 1-37 所示。

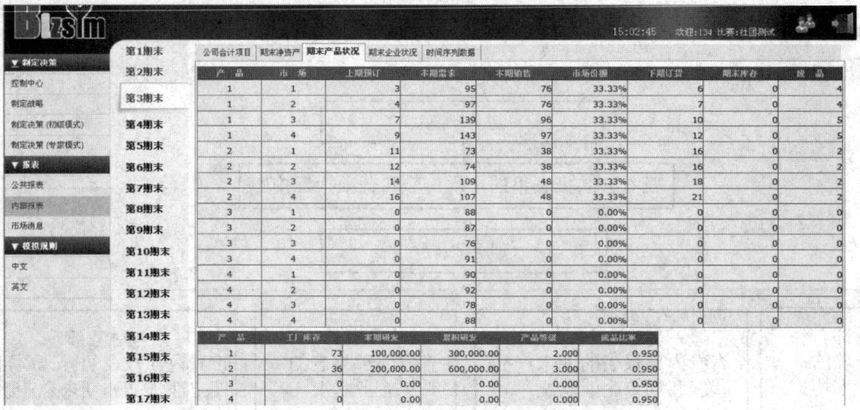

图 1-37　内部报表界面

(5) 查看市场消息。关注市场上可能发生的一些随机事件消息。市场消息界面如图 1-38 所示。

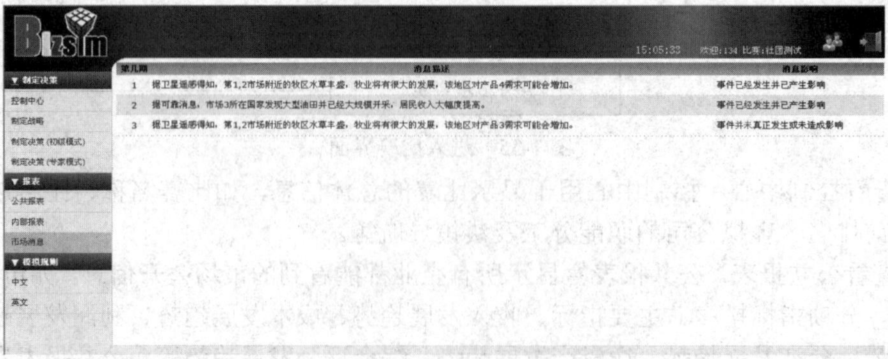

图 1-38　市场消息界面

(6) 制定战略。制定战略是正式开始比赛前，公司团队需要共同商议的战略规划，如公司口号、团队文化、经营战略、市场份额目标、销售价格定位、广告促销费用定位等。制定战略能让团队更加明白企业的定位和发展策略。制定战略界面如图 1-39 所示。

价格（元）	市场1	市场2	市场3	市场4	广告（元）
产品A					
产品B					
产品C					
产品D					
促销费（元）					

向市场供货量（件）	市场1	市场2	市场3	市场4
产品A				
产品B				
产品C				
产品D				

生产安排	第一班		第二班		产品研发费用（元）
产品数量（件）	正班	加班	正班	加班	
产品A					
产品B					
产品C					
产品D					
发展	新雇人数（人）	辞退人数（人）	买机器数（台）	买原材料（元）	
财务	银行贷款（元）	发债券（元）	买国债（元）	分红（元）	工资系数（1~2）

图 1-39　制定战略界面

(7) 制定决策。制定企业的采购、生产、运输、销售、人力、财务等决策。制定决策有两种方式：向导式(初级模式)和表单式(专家模式)。向导式的界面更加友好，把决策分成销售、运输、生产、人力资源和财务等部分，通过友好的向导式界面来引导用户完成决策过程。表单式决策填写方式适用于熟练用户，不需要向导，可以一次填写和看到所有的决策数据。

向导模式中，左下角的框内显示了企业的现金、购买的国债、发行的债券数，以及工人数、机器数和原材料数等信息。右下角的几个图标则分别表示需要做的一些决策，如产品销售价格、产品运输、生产计划、人工安排、财务管理等。向导模式界面如图 1-40 所示。

图 1-40　向导模式界面

点击“销售价格”，会出现一个产品销售的决策单。用户需要为每个产品在每个市场作出定价。销售定价界面如图 1-41 所示。

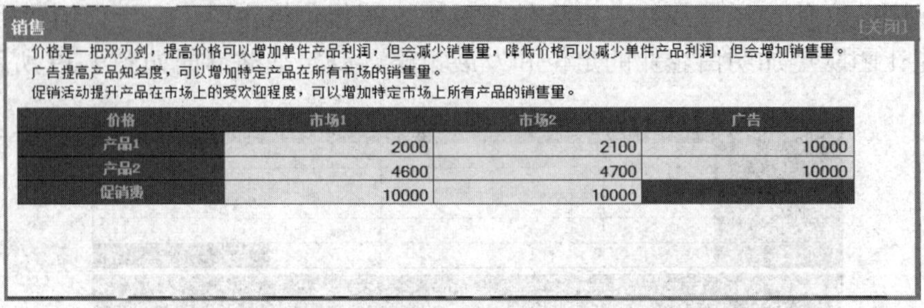

图 1-41　销售定价界面

把光标移到价格数字处，还会出现一个提示框，里面会显示用户为该产品设定的历史价格，以及竞争对手的定价，提示可以帮助用户来制定决策。历史价格界面如图 1-42 所示。

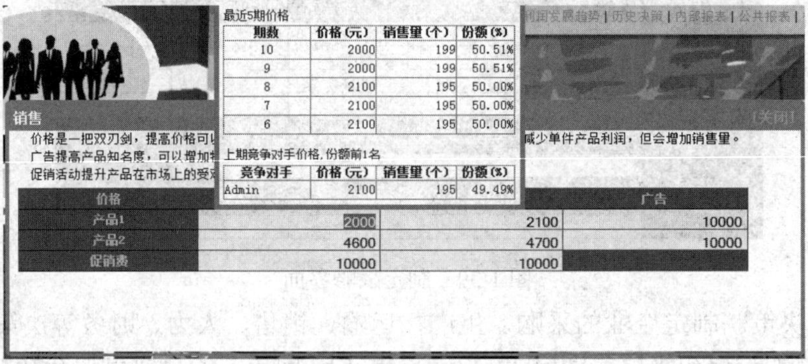

图 1-42　历史价格界面

项目二　市场营销决策与分析

项目分析

商场如战场，瞬息万变，企业只有不断地完善内部经营管理，才能实现企业的经营理念，使企业长效持续发展。市场营销就是千方百计地开拓市场，将企业内部的生产研发与外部的购买行为联系起来的中间环节。只有制定科学合理的市场营销策略，才能真正实现企业目标。因为，企业能否在激烈的市场竞争中求得生存和发展，企业的利润目标能否实现，最终都取决于消费者或用户是否购买该企业的产品。

市场营销既是企业管理的一种职能，也是企业在变化的市场环境中满足消费需要、实现企业目标的商务活动，旨在创造、沟通、传播和传递客户价值，为顾客、客户、合作伙伴以及整个社会带来经济价值的活动、过程和体系。

市场营销有以下几个特点：市场营销是一个过程，在这个过程中，一个组织对市场进行生产性和盈利性活动；市场营销是创造和满足顾客需求的艺术；市场营销是在适当的时间、适当的地方以适当的价格、适当的信息沟通和促销手段，向适当的消费者提供市场的产品和服务；市场营销是以满足人类各种需要和欲望为目的，通过市场变潜在交换为现实交换的活动。

市场营销的营销步骤主要有三个环节：进行市场调查以发现和评价市场机会；细分和选择目标市场；确定市场营销组合等。

本项目主要学习市场调查、目标市场和营销组合策略。市场营销决策与分析的框架结构如图 2-1 所示。

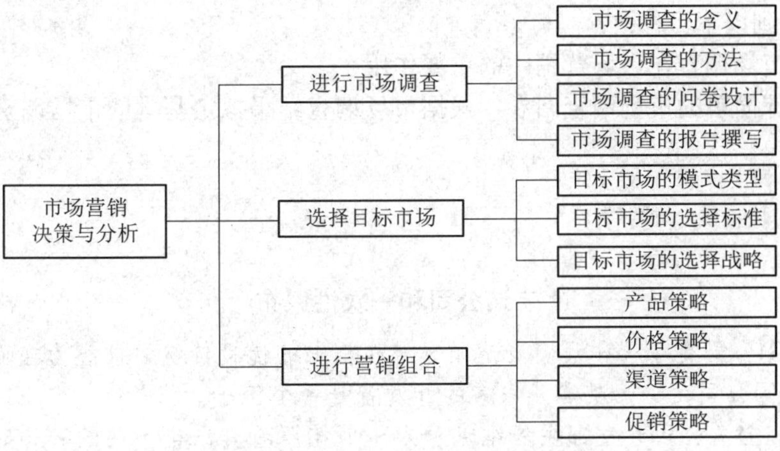

图 2-1　市场营销决策与分析的框架结构

知识目标

(1) 了解市场调查的步骤及技巧。

(2) 了解目标市场选择的策略类型。

(3) 了解市场营销的4P组合策略。

能力目标

(1) 培养初步的市场营销意识，能够设计基本的市场调查问卷。

(2) 能够根据市场调查的真实反馈，撰写简单的市场调查报告。

(3) 能够在初步掌握市场细分的基础上学会选择合适的目标市场。

(4) 培养学生习惯性的市场研发意识，能够根据不同的市场场景，依据4P策略选择合适的产品类型，进行正常定价，具备一定的广告促销意识，选择基本正确的渠道。

任务一　进行市场调查

任务目标

作为市场营销活动重要的基础性工作之一，市场调查给消费者提供了一个表达自己意见的机会，使他们能够把自己对产品或服务的意见、想法及时反馈给企业或供应商。企业做市场调查，能够让该产品生产或提供服务的企业了解消费者对产品或服务质量的评价、期望和想法，从而为市场营销决策提供依据。进行市场调查工作，需要对市场信息进行系统性的收集和分析，采用问卷调查的方式了解市场并学会撰写市场调查报告。学生通过学习本任务，达到以下目标：

(1) 了解市场调查在市场营销中的重要作用。

(2) 会设计简单的市场调查问卷，根据市场调查结果拟定基本的市场调查报告。

案例引入

宝洁公司和一次性尿布

宝洁(P&G)公司有寻求和明确表达顾客潜在需求的优良传统，被誉为在面向市场方面做得很好的美国公司之一，其婴儿尿布的开发就是一个例子。

1956年，宝洁公司开发部主任维克·米尔斯在照看其出生不久的孙子时，深切感受到一篮篮脏尿布给家庭主妇带来的烦恼。洗尿布的责任给了他灵感，于是，米尔斯就让手下几个有才华的人研究开发一次性尿布。

一次性尿布的想法并不新鲜，事实上，当时美国市场上已经有好几种牌子了，但市场调查显示：多年来这种尿布只占美国市场的 1%，原因首先是价格太高；其次是父母们认为这种尿布不好用，只适合在旅行或不便于正常换尿布时使用。调研结果显示：一次性尿布的市场潜力巨大，美国和世界许多国家正处于战后婴儿出生高峰期，将婴儿数量乘以每日平均需换尿布次数，可以得出一个大得惊人的潜在销量。

宝洁公司产品开发人员用了一年的时间进行产品研发，最初样品是在塑料裤衩里装上一块打了褶的吸水垫子，但 1958 年夏天的产品试验结果发现，除了父母们的否定意见和婴儿身上的痱子以外，一无所获。1959年3月，宝洁公司重新设计了它的一次性尿布，并在实验室生产了37 000个样品，拿到纽约州去做现场试验。这一次，有2/3的试用者认为该产品胜过布尿布。降低成本和提高新产品质量，比产品本身的开发难度更大。到 1961 年 12 月，这个项目进入了能通过验收的生产工序和产品试销阶段。公司选择地处美国最中部的城市皮奥里亚来试销这个后来被定名为“娇娃”(Pampers)的产品，试销发现，皮奥里亚的妈妈们喜欢用“娇娃”，但不喜欢 10 美分一片尿布的价格。在 6 个地方进行的试销进一步表明，定价为6美分一片，就能使这类新产品畅销，宝洁公司把生产能力提高到使公司能以该价格在全国销售“娇娃”尿布的水平。

“娇娃”尿布终于成功推出，至今仍然是宝洁公司的拳头产品之一。它表明，企业对市场真正需求的把握需要通过直接的市场调查来论证。通过潜在用户的反映来指导和改进新产品开发工作。企业各职能部门必须通力合作，不断进行产品试用和调整定价。最后，公司做成了一桩全赢的生意：一种减轻了每个做父母的最头疼的一件家务负担的产品，一个为宝洁公司带来收入和利润的重要新财源。

思考：

(1) 根据宝洁公司一次性尿布成功开发的案例，谈谈企业市场调查的重要性。

(2) 宝洁公司是如何进行市场调查的？

知识链接

一、市场调查的含义

市场调查是指运用科学的方法，系统地搜集、整理相关市场营销信息，分析市场现状，了解市场发展趋势，为市场营销提供客观决策资料的过程。

二、市场调查的方法

市场调查的方法一般有一手资料调查法和二手资料调查法两类。

一手资料调查法是通过收集原始的、现实的数据来了解市场调查信息，如观察法、座谈法、问卷调查法等，调查结果客观、真实、具体，但成本较高，耗时较长。

二手资料调查法是直接收集现有的、成熟的信息，如文献法、资料查阅法等，调查结论一般不具有针对性，不建议直接使用，优点是成本低，比较方便。

三、市场调查的问卷设计

问卷调查法在目前的市场调查中应用比较普遍。问卷调查是通过设计调查问卷，以及分析被调查者填写的问卷调查表来获取调查信息的方法。问卷调查是收集一手资料最常用的工具，无论采用哪一种方法收集资料，都需要设计一份适当的问卷，把需要收集的资料标准化。

一份完整的调查问卷，通常包括标题、指导语、问卷内容和结束语四部分。

(一) 标题的设计

每份问卷的背后都会有一个研究主题，设计问卷时应开宗明义给出标题，体现出问卷调查的主题和诉求，使人一目了然，增强填答者的兴趣和责任感。拟定问卷的标题应该遵循一个原则：有针对性和易于理解。标题一般包括调查对象、调查内容和“调查问卷”字样，例如，“中国互联网发展状况及趋势调查问卷”这个标题，把调查对象和调查内容和盘托出，十分鲜明。

(二) 指导语的设计

指导语用来说明调查目的、调查内容、答题要求等信息，如有涉及个人资料的情况，应有隐私保护说明。一般来说，指导语的设计应该包含三个方面的内容：

1. 消除被调查者的顾忌心理

很多被调查者在调查过程中担心自己的个人信息被泄露，所以调查者在设计问卷指导语的时候，要告知被调查者：本次调查将采取不记名的方式，我们向你保证，你的个人信息不会得到任何泄露。以此来消除被调查者的顾忌。

2. 鼓励被调查者积极参与调查

调查者在设计问卷的指导语时，应该说明问卷调查的目的、意义和价值，这样可以鼓励被调查者积极参与调查。

3. 指导被调查者填写问卷

调查者在设计问卷指导语时，还应该说明答题的方法和步骤，特别是一些比较专业的问卷，在答题过程中可能有些特殊要求，对此在问卷的指导语中一定要解释清楚。

相关链接：

指导语范例

您好！感谢您百忙之中接受我们的问卷调查。我们设计了一份图书咖啡厅需求的问卷，希望通过对不同人群的调查，了解当代大众对图书咖啡厅的实际需要。您的认真填写是对我们调查的最大支持，对此我们表示衷心的感谢。本次调查采用不记名方式，结果仅作市场分析之用，数据资料将严格保密，绝对不会泄露您的任何个人信息，请您放心填写。再次感谢您对我们工作的支持，祝您生活愉快！

不同的调查问卷，对指导语的要求不一样，形式也多种多样。有的调查问卷，指导语很少，且没有专业的填表说明；有的调查问卷，填表说明分散在某些较复杂的问题前或问题后，用括号括起来，对这一类问题作专业的指导说明，例如(本题可选三项答案，并按重要程度对其进行排序)；还有一些调查问卷，不仅有详细的指导语，还附有专业的填表说明，并有“填表说明”的标题。

相关链接：

填表说明范例

填表说明

(1) 请在每一问题后所给的备选答案中，选择符合您的情况或您同意的答案，并在所选取答案前的“□”内打“√”，或者在问题的空白处填写适当的内容。

(2) 若无特殊说明，每一问题只能选择一个答案；若选择多项答案，问题后都有注明；若还要求对所选多项答案排序，则请按题后说明填写。

(3) 问卷内容较多，涉及面广，请在填答前认真阅读一遍，然后按要求仔细填写。

(三) 内容的设计

调查内容是调查问卷最主要的组成部分，通常包括问题及选项。问题及选项包含了调查者所要了解的问题及其答案，这是问卷设计的主要内容，可以说问题及其选项的设计质量直接关系到整个调查问卷的质量。

一般来说，一份问卷通常以两种方式来呈现问题和选项，即事实性问题和态度性问题。

1. 事实性问题

事实性问题是要求应答者按自己真实的客观情况填写问卷。例如：你通常什么时候看电视？事实性问题的主要目的在于求取事实资料，因此，问题中的字眼定义必须清楚，让应答者了解后能正确回答。在市场调查中，很多问题都是“事实性问题”，例如，应答者的职业、收入、家庭状况、居住环境、教育程度等。这些问题又被称为“分类性问题”，因为可根据所获得的资料而对应答者进行分类。

2. 态度性问题

在问卷中，应答者往往会被问及一些有关意见或态度的问题。例如：你是否喜欢××电视节目？应答者是否愿意表达他真正的态度，固然是调查者要考虑的，但态度强弱亦有不同，如何从答案中衡量其强弱，显然也是一个需要克服的问题。通常而言，应答者会受到问题所用字眼和问题次序的影响，有不同的反应，因而答案也会有所不同。对于事实性问题，可将答案与已知资料加以比较。但在态度性问题方面，则较难作比较工作，因应答者对同样问题所作的反应各不相同。因此，态度性问题的设计较事实性问题更困难。这种问题通常有两种处理方法：其一是对态度性问题的答案只用百分比表示，例如，有的应答者同意某一看法等；另一方法则旨在衡量应答者的态度，故可将答案化成分数。

(四) 结束语的设计

结束语一般放在问卷的最后面，用来简短地对被调查者的合作表示感谢，也可征询一下被调查者对问卷设计和问卷调查本身的看法和感受，例如：您觉得这份问卷设计得如何？(选项有：A. 很好　B. 好　C. 一般　D. 不好)。如果是访问式问卷，可以在结束语部分设计有关调查过程的问题，例如：问卷调查到此结束，谢谢合作！

调查问卷示例：

大学生网购调查问卷

您好，我们是×××，正在进行一项关于大学生网购的调查，想邀请您用几分钟时间帮忙填答这份问卷。本问卷实行匿名制，所有数据只用于统计分析，请您放心填写。题目选项无对错之分，请您按自己的实际情况填写。感谢您付出宝贵的时间，再次向您致谢！

请就以下问题在您认为合适的地方打“√”。

1. 您的性别？

□ 男

□ 女

2. 您所在的年级？

□ 大一

□ 大二

□ 大三

□ 大四

3. 过去3个月您是否曾经在网络上购买东西？

□ 是

□ 否

4. 你选择网络购物的主要原因是？

□ 方便快捷，节省时间

□ 品种齐全

□ 价格便宜

□ 时尚有趣

□ 实体店难以买到

□ 网购时间不受限制

□ 其他

5. 您主要在哪些网站上购买东西？

□ 淘宝网

□ 京东商城

□ 卓越亚马逊

□ 当当网

□ 拍拍网

□ 其他

6. 您在网上主要购买哪些东西？

□ 服饰鞋帽

□ 电子产品

□ 生活日用品

□ 化妆品

□ 书籍

□ 其他

7. 选择这些网站购物，您主要看重哪些因素？

□ 产品种类的丰富性

□ 网站页面设计

□ 网站广告宣传和促销

□ 销售商家信用度

□ 商家服务态度和互动程度

□ 网站/品牌知名度

□ 退换货便利性

□ 产品价格

□ 产品质量描述

□ 发货及送货速度

□ 售后服务

□ 购买者评论

□ 其他

8. 您平时网购的频率是？

□ 每天1次或以上

□ 每周4～5次

□ 每周2～3次

□ 每周1次

□ 每月5～6次

□ 每月2～3次

□ 每月1次

□ 少于每月1次

9. 您平均每个月花费在网购上的费用是多少钱？

□ 100元以内

□ 100～300元

□ 301～500元

□ 501～1000元

□ 1000元以上

10. 您喜欢的促销方式有哪些？

□ 免邮费

□ 打折
□ 送积分送礼物
□ 赠送优惠券
□ 其他
11. 网购时，您经常使用哪种付款方式？
□ 网上支付
□ 货到付款
□ 银行转账
□ 其他
12. 您对网银、支付宝、财富通等网络支付手段的态度？
□ 放心，方便快捷又安全
□ 比较放心
□ 不放心，感觉不安全
□ 其他
13. 网购时，您对于货物送达能够接受的最长时间是？
□ 1 天
□ 2～3 天
□ 4～5 天
□ 6～7 天
□ 8～10 天
□ 无所谓
□ 其他
14. 网购过程中，您最担心的因素是？
□ 支付的安全性不高
□ 商家的诚信度不高
□ 图片和实物有差距
□ 产品质量不合格
□ 运货过程中货物受损
□ 其他
15. 您对网购平台有什么改善建议？

问卷调查到此结束，感谢您的配合！

四、市场调查报告的撰写

市场调查报告是市场调查研究成果的集中体现，报告撰写得好不好将直接影响到整个市场调查研究工作的成果质量。一份好的市场调查报告能给企业的市场经营活动提供有效的导向作用，为企业的决策提供客观依据。

(一) 市场调查报告的含义

市场调查报告是指用书面表达的方式反映调查过程和调查结果的一种分析报告，它是通过文字、图表等形式将调查研究成果表现出来，以使客户和后来的研究者对所调查的市场现象和所关心的问题有全面系统的认识。

(二) 市场调查报告的内容

从严格意义上说，市场调查报告没有固定不变的格式。不同的市场调查报告的写作，主要依据调查的目的、内容、结果以及主要用途来决定。一般来说，一份完整的市场调查报告通常包括封面、目录、摘要、调查情况、调查主体、结尾、附录等部分。

1. 封面

封面内容包括市场调查报告的标题、委托方、调查方的项目负责人、提交报告的日期等，如有保密要求，也应在封面上标明。通常单独占用一张纸，也称为扉页。封面示例如图 2-2 所示。

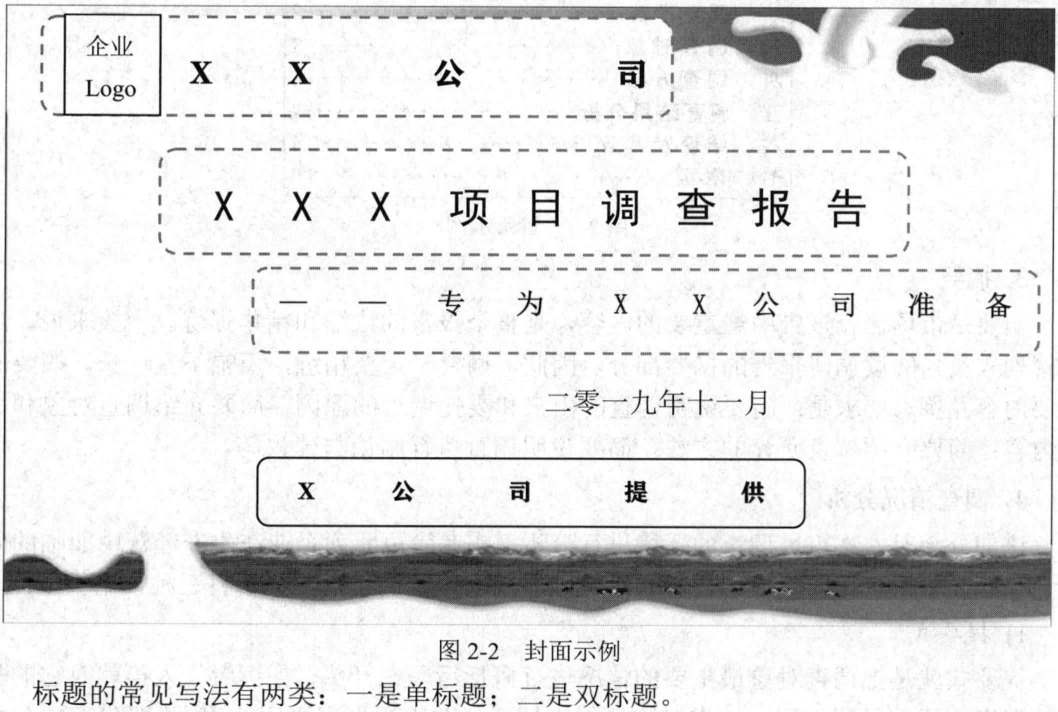

图 2-2　封面示例

标题的常见写法有两类：一是单标题；二是双标题。

1) 单标题

(1) 公式化写法。公式化写法就是按照“调查对象 + 调查课题 + 文体名称”的公式拟定标题。如“一个富裕居委会的财务调查报告”，其中“一个富裕居委会”是调查对象，“财务”是调查课题，“调查报告”是文体名称。这样写的好处是要素清楚，读者一看就知道这写的是什么单位，涉及的是哪些问题，文种也很明确。不足之处在于较模式化，不够新鲜活泼。

(2) 常规文章标题写法。常规文章标题写法的具体方式灵活多样，可以用问题做标题，如“价格战能从根本上提高企业效益吗”；也可以显示作者自己的观点，如“食堂销售额逐渐下降”“唐装渐趋时尚”；也可以直接叙述事实，如“三个孩子去蛇岛”“××市的环境污染状况”；还可以用形象的画面暗示文章内容，如“‘航空母舰’逐浪经济海洋”。还有其他写法，这里不再一一列举。

2) 双标题

双标题由主标题和副标题构成，其中，主标题一般采用常规文章标题写法，副标题则采用公式化写法。如“皇帝的女儿也愁嫁——关于舟山鱼滞销情况调查报告”“女人生来爱逛街——京城女士购物消费抽样调查报告”等。

2. 目录

调查报告的内容、页数较多，为了方便读者阅读，应当使用目录或索引形式列出报告所分的主要章节和附录，并注明页码。整个目录的篇幅不易过长，以一页为宜。通常只编写两个层次的目录。较短的报告也可以只编写第一层次的目录。目录示例如图 2-3 所示。

一、摘要	1
二、调查背景	2
三、调查对象	3
四、调查方法	5
五、调查结果分析	7
六、结论及建议	24
七、附页	30

图 2-3　目录示例

3. 摘要

摘要是市场调查报告中最重要的内容，是整个报告的浓缩和精华提炼。一般来说，高层管理人员只阅读调研报告的摘要部分。因此，摘要一定要精练，篇幅不宜过长。摘要的主要内容及撰写要求是：简要说明调查的由来和委托调查的原因；简要介绍调查对象和调查内容；简要介绍调查研究的方法；简要说明调查执行结论与建议等。

4. 调查情况分析

这部分会对本次市场调查的环境进行分析，或者简短罗列企业在生产经营中面临的问题，一般要根据主体部分组织材料的结构顺序来安排。调查情况分析有三种常用类型：

1) 提要式

提要式就是把调查对象最主要的情况进行概括后写在开头，使读者一入篇就对它的基本情况有大致的了解。例如《靠名牌赢得市场——关于深圳市飞亚达(集团)股份有限公司的调查》的开头：

飞亚达(集团)股份有限公司是一家以生产钟表为主的大型企业，1987 年成立于深圳。在经济特区这块改革开放的沃土上，该公司坚持不懈地实施名牌战略，终于在竞争激烈的钟表行业后来居上。历经 12 年的艰苦创业，飞亚达由一个钟表小厂发展为总资产逾 8 亿元，年创利润 8000 万元的上市公司，成为国内同行的翘楚。

这个开头把飞亚达公司的发展情况和主要成绩作了概括的介绍，提纲挈领，统率全文。

2) 交代式

交代式就是在开头简单地交代调查的目的、方法、时间、范围、背景等，使读者在入篇时就对调查的过程和基本情况有所了解。例如《关于北京市家用缝纫机销售情况的调查》一文的开头就属于这种类型：

为了增强计划性，加强对家用缝纫机的经营，更好地掌握市场销售动态，我们采取了走访经营单位与分析历史资料的办法，对北京市家用缝纫机历年销售情况以及当前社会保有量和市场需求变化进行了调查。经过分析，认为除上海缝纫机供不应求以外，其他牌号缝纫机销售在北京市已趋于饱和。

这个开头包括目的、方法、范围和结论等几个方面，总的来说属于交代式的开头。

3) 问题式

问题式是指在开头提出问题来，引起读者对调查课题的关注，促使读者思考。这样的开头可以采用提问的方式引出问题，也可以直接将问题摆出来。例如《农村发展社会主义市场经济的成功之路——贸工农一体化、产加销一条龙经营的调查》的开头：

近些年，随着农村改革的深化和商品经济的发展，贸工农一体化、产加销一条龙的经营方式正在我国农村迅速突起。它一出现，就显示出旺盛的生命力和巨大的优越性，为农村经济的发展注入新的活力。这种经营方式对我国农业向商品化、现代化转化有哪些作用？应采取什么方针政策扶持其发展？我们就这些问题进行了调查，并同10个县(市)的有关同志进行了座谈，形成了一些共识。

前一段入笔先提问，后一段是采用叙述的方式直接暴露问题，都属于问题式写法。

5. 调查报告的主体

情况介绍之后、结语之前的文字，都属于市场调查报告的主体。这部分材料丰富、内容复杂，是写作中最重要的内容，设计时主要关注结构的安排，通常包括调查对象、调查方法、调查结果分析等。

1) 调查对象

调查对象即本次市场调查所针对的对象。一般需要对调查对象的群体进行分类，并分析罗列其特点，检查其与市场调查方法的匹配度，真正为后续的市场营销活动提供主体或对象支持。

2) 调查方法

调查方法即本次市场调查所采用的具体方法。可供选择的方法有问卷式、访谈法、观察法和资料法等，通常根据调查目的和调查对象的不同做出选择。

3) 调查结果分析

这是调查报告的主体部分，主要是将调查的结果报告出来，包括数据图表资料和相关的文字说明。要对调查研究中发现的基本事实资料进行有组织、有重点、层次分明的陈述，以便于读者理解有关文字说明。可选择将重要且简单明了的数据分析图表插入相应的叙述内容中。

6. 结尾

结尾主要是形成市场调查的基本结论，也就是对市场调查的结果作一个小结。通常有三部分内容。

1) 概括全文

调查报告常在结尾部分显示作者的观点，经过层层剖析后，对主体部分的内容进行概括、升华，综合说明调查报告的主要观点，深化文章的主题。

2) 形成结论

在对真实资料进行深入细致的科学分析的基础上，得出报告的结论。

3) 提出看法和建议

有的调查报告还要提出对策措施，供有关决策者参考。设计时可以通过分析形成对事物的看法，并在此基础上提出建议和可行性方案。

7. 附录

有的市场调查报告还有附录。附录的内容一般是有关调查的统计图表、有关材料出处、参考文献等。

技能训练

学校食堂满意度市场调查问卷设计

一、实训目的

(1) 掌握市场调查问卷的设计内容和设计技巧。

(2) 学会市场调查的问卷设计。

二、实训要求

(1) 结构完整，包括标题、指导语、问卷内容和结束语等。

(2) 格式规范，排版美观。

(3) 题目数量控制在15～20题，题型以封闭式问卷为主。

(4) 符合问卷设计的企业要求和原则。

三、实训内容

(1) 学生分组，2～5人为一个小组，确定组长。

(2) 以小组为单位，展开讨论，选定准备调查的学校食堂。

(3) 头脑风暴，继续展开讨论，根据市场调查的目的，思考本次市场调查中所有需要调查的问题，一人执笔记录，形成调查问卷的提纲。

(4) 根据提纲再次进行讨论，查找资料，共同补充完善调查问卷。组长汇总，形成调查问卷的初稿。

(5) 小组再次讨论，形成调查问卷的 Word 文档终稿，排版打印后，以小组为单位交给教师，并把调查问卷制作成 PPT 备用。

(6) 商定小组汇报代表人员，小组成员共同对其进行模拟排练。

(7) 教师抽签决定汇报顺序，利用多媒体播放 PPT，在全班汇报本小组的市场调查问卷并阐述设计理由。

(8) 汇报完成后，抽同学进行个人点评或小组点评，教师进行总结点评。

四、实训考核

根据完成实训的综合情况，给予考核，考核项目及评分标准如表 2-1 所示。

注意：每位同学一张考核表，由小组考核和教师考核两部分构成，分别评分，各占 50%。其中，小组评分部分：组员由组长打分，组长由组内成员综合打分。综合成绩计入本课程的平时成绩。

表 2-1　学校食堂满意度市场调查问卷考核表

学生姓名					
学习情境		进行市场调查			
评价项目与内容		项目分值	小组评分	教师评分	综合成绩
知识掌握情况	进行市场调查	10			
活动参与情况	全程参与活动，态度积极	10			
	分工负责，各司其职又配合紧密	10			
问卷设计情况	内容完整，基本包含调查问卷主要事项	10			
	排版规范，Word 文档较美观	5			
汇报情况	用语规范，阐述完整	20			
	声音洪亮，语言流畅	10			
	PPT 制作精美，图文并茂	10			
讨论点评情况	勇于大方正视自己，点评客观	5			
	小组点评公正，切中要害	5			
	积极点评同学，意见中肯	5			
合计	100	100			

任务二　选择目标市场

任务目标

企业的一切市场营销活动都是围绕目标市场进行的。任何企业都没有足够的人力资源和资金满足整个市场或追求过分大的目标，只有扬长避短，找到有利于发挥本企业现有的人、财、物优势的目标市场，才不至于在庞大的市场上迷失方向。选择目标市场，是制定市场营销策略的基础和关键。明确企业应为哪一类用户服务，应满足他们的哪一种需求，是企业在营销活动中的一项重要策略。学生通过学习本任务，达到以下目标：

(1) 了解目标市场的含义及类型。

(2) 掌握目标市场的选择标准。

(3) 能够根据企业的实际情况，制定符合需求的目标市场策略。

案例引入

小油漆厂如何选择目标市场

英国有一家小油漆厂，访问了许多潜在消费者，调查他们的需要，并对市场作了细分。本地市场的60%，是一个较大的普及市场，对各种油漆产品都有潜在需求，但是本厂无力参与竞争。另有四个分市场，各占10%的份额：一是家庭主妇群体，特点是不懂室内装饰需要什么油漆，但是要求质量好，希望油漆商提供设计，油漆效果美观；一是油漆工助手群体，顾客需要购买质量较好的油漆，替住户进行室内装饰，他们过去一向从老式金属器具店或木材厂购买油漆；一是老油漆技工群体，他们的特点是一向不买调好的油漆，只买颜料和油料自己调配；最后是对价格敏感的青年夫妇群体，他们收入低，租公寓居住，按照英国的习惯，公寓住户在一定时间内必须油漆住房，以保护房屋，因此，他们购买油漆不求质量，只要比白粉刷浆稍好就行，但要价格便宜。

经过研究，该厂决定选择青年夫妇作为目标市场，并制定了相应的市场营销组合：

(1) 产品。经营少数不同颜色、大小和不同包装的油漆，并根据目标顾客的喜好，随时增加、改变或取消颜色品种和装罐大小。

(2) 分销。产品送抵目标顾客住处附近的每一家零售商店，目标市场范围内一旦出现新的商店，立即招徕其经销本厂产品。

(3) 价格。保持单一低廉价格，不提供任何特价优惠，也不跟随其他厂家调整价格。

(4) 促销。以“低价”“满意的质量”为口号，以适应目标顾客的需求特点。定期变换商店布置和广告版本，创造新颖形象，并变换使用广告媒体。

由于市场选择恰当，市场营销战略较好地适应了目标顾客，虽然经营的是低档产品，但是该企业仍然获得了很大成功。

思考：

(1) 市场细分的主要依据是什么？

(2) 目标市场的选择标准是什么？请评价这家小油漆厂的目标市场选择策略。

知识链接

选择目标市场是指估计每个细分市场的吸引力程度，并选择进入一个或多个细分市场。企业选择的目标市场应是那些企业能在其中创造最大顾客价值并能保持一段时间的细分市场，资源有限的企业或许决定只服务于一个或几个特殊的细分市场。

市场细分是企业根据消费者需求的不同，把整个市场划分成不同的消费者群的过程。市场细分的客观基础是消费者需求的异质性，细分依据是异质市场中需求一致的顾客群，实质就是在异质市场中求同质。市场细分的目标是聚合，即在需求不同的市场中把需求相同的消费者聚合到一起。简单来说，市场细分就是按照消费者欲望与需求，把因规模过大导致企业难以服务的总体市场划分成若干具有共同特征的子市场，处于同一细分市场的消费群被称为目标消费群。

进行市场细分可以有不同的依据，下面从消费者和生产者两个方面来阐述。第一，消费者市场细分的依据很多，造成消费需求特征多样化的所有因素，几乎都可视为市场细分化的依据或标准，称为细分变量。一般认为，消费者市场细分的主要依据是地理因素、人口因素、心理因素和行为因素等四大类。第二，同消费者市场一样，许多公司实际上不是用一个变数，而是用几个变数，甚至用一系列变数来细分生产者市场。常见的生产者细分依据有最终使用者、用户规模和用户地理位置等。

市场细分的最终目的是选择和确定目标市场。企业需要评价各种细分市场，根据自身的资源与能力来选择目标市场，并确定目标市场策略。目标市场是在市场细分的基础上，企业要进入并开展营销活动的一个或一些细分市场。

一、目标市场的模式类型

在市场营销活动中，企业必须选择和确定目标市场，这是企业制定市场营销战略的首要内容和基本出发点。企业应该根据其能力和资源条件选择具有较强吸引力的细分市场。可供选择的目标市场模式主要有五种类型，分别是市场集中化、选择专业化、产品专业化、市场专业化和全面进入，如图 2-4 所示。

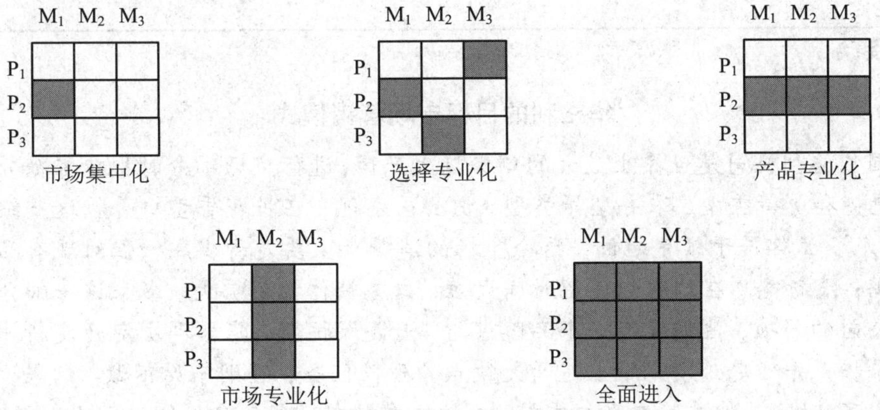

图 2-4　目标市场的模式类型

(一) 市场集中化模式

市场集中化模式是指企业只经营一种类型的产品，满足某一类顾客特定的需要，即企业的目标市场无论从产品还是市场角度，都集中在一个细分市场。较小的企业通常采用这种策略。

(二) 选择专业化模式

选择专业化模式是指选择若干客观上都有吸引力并符合企业目标和资源的细分市场，为不同的顾客群提供不同类型的产品，其中每个细分市场与其他细分市场之间的联系较小。一般是生产经营能力较强的企业在几个细分市场均有较大吸引力时所采取的模式，优点是可以有效地分散经营风险。

(三) 产品专业化模式

产品专业化模式是指企业生产一种类型的系列产品，在档次、质量、功能和促销上有所不同，并将其销售给各个顾客群，满足其对一种类型产品的各不相同的需要。

(四) 市场专业化模式

市场专业化模式是指企业决定生产多种不同类型的产品，只将其销售给某一个顾客群，满足其多种需要。

(五) 全面进入模式

全面进入模式是指企业生产各种类型的产品，全面地满足市场上所有顾客群的不同需求，从而为所有顾客提供他们所需要的性能不同的系列产品。

企业应该根据外部环境变化、企业目标、资源、竞争对手的情况，选择适当数量的细分市场。当企业实力较弱时，一般先进入最有吸引力且最有条件进入的细分市场；只是在机会和条件成熟时才酌情有计划地进入其他细分市场，逐步发展壮大。只有这样，才能保证目标市场营销战略的顺利实施。

相关链接：

华格利的目标市场营销模式

美国华格利公司是世界上最大的口香糖生产商，进行市场细分时把口香糖分为橡皮糖、泡泡糖和薄荷香型、浓香型等类型。该公司发现，在桂花香型口香糖这一细分市场上，“丹尼”品牌居于领导地位，这个市场的消费者主要是青少年，但对现有品牌存有两大不满：清新气息在口腔内保留时间太短；口香糖体积不够大。本来这一细分市场是华格利公司的弱项，他们没有一个品牌可与“丹尼”抗衡。华格利决定开发新一代桂花香型口香糖，并确定必须克服上述两大缺点的硬性任务，否则宁愿不做。结果，他们向市场推出了“大红”牌桂花香型口香糖，这种口香糖在清新气息保留时间上大大延长了，而且体积比“丹尼”牌大出30%多。华格利把“大红”牌桂花香型口香糖定位为高档产品，并辅之以强大的广告攻势，最后使“大红”牌取代了“丹尼”的地位。

【分析提示】目标市场营销模式的核心思想是：不要指望拥有全部的消费者，类似于战场上的“点射”而非“扫射”，因而花费的成本比扫射低。美国华格利公司就是采用了目标点射模式。

华格利公司推出的“大红”口香糖之所以能取代“丹尼”，就是因为它经过了市场分析和市场细分，充分掌握了桂花香型口香糖这一细分市场的情况，特别是以克服“丹尼”的缺陷作为自己的主攻目标，生产出清新气息在口腔中保留时间长和体积大的口香糖，满足了消费者需要。实施目标市场营销模式，必须经过“四步曲”：第一步是进行市场细分与市场分析；第二步是选择目标市场；第三步是进行产品定位；第四步是进行适当的促销组合。

二、目标市场的选择标准

(一) 有一定的规模和发展潜力

企业进入某一市场是期望能够有利可图，如果市场规模狭小或者趋于萎缩状态，企业进入后难以获得发展，此时，应审慎考虑，不宜轻易进入。当然，企业也不宜以市场吸引力作为唯一取舍，特别是应力求避免“多数谬误”，即与竞争企业遵循同一思维逻辑，将规模最大、吸引力最大的市场作为目标市场。大家共同争夺同一个顾客群的结果是，造成过度竞争和社会资源的无端浪费，同时使消费者的一些本应得到满足的需求遭受冷落和忽视。现在国内很多企业动辄将城市尤其是大中城市作为其首选市场，而对小城镇和农村市场不屑一顾，很可能就步入误区，如果转换一下思维角度，一些目前经营尚不理想的企业说不定会出现“柳暗花明”的局面。

(二) 细分市场结构的吸引力

细分市场可能具备理想的规模和发展特征，然而从盈利的观点来看，它未必有吸引力。波特认为有五种力量决定整个市场或其中任何一个细分市场的长期的内在吸引力，这五种力量分别是：细分市场内同行业之间是否存在激烈竞争、细分市场是否吸引新的竞争者、细分市场上是否存在替代品、顾客讨价还价的能力是否增强、供应商讨价还价的能力是否增强等。

(三) 符合企业目标和能力

一方面，某些细分市场虽然有较大吸引力，但不能推动企业实现发展目标，甚至分散企业的精力，使之无法完成其主要目标，这样的市场应考虑放弃；另一方面，还应考虑企业的资源条件是否适合在某一细分市场经营，只有选择那些企业有条件进入、能充分发挥其资源优势的市场作为目标市场，企业才会立于不败之地。

三、目标市场的选择战略

企业在市场细分、选择目标市场之后，还要确定目标市场营销战略。一般来讲，有无差异性营销战略、差异性营销战略、集中性营销战略三种不同的目标市场战略供企业选择。

(一) 无差异性营销战略

所谓无差异性营销战略，也称大量营销，是指企业不考虑细分市场的差异性，把整体市场作为目标市场，只推出一种产品、只运用一种市场营销组合为整个市场提供服务的营销战略。

这种策略的基本特点是：企业不进行市场细分，把整个市场视作一个大的、同质的目标市场，营销活动只注意市场需求共性，而忽略其差异性。实施无差异市场营销战略的企业，可以推出一种类型的标准化产品，使用统一的包装与商标、相同的促销手段。试图以此吸引尽可能多的购买者，为整个市场服务。

无差异性营销战略的主要优点表现为成本的经济性。单一的产品，大批量的生产、储运和销售，必然会降低单位产品的成本；无差异的广告宣传等促销活动可以减少促销费用；不进行市场细分也会相应地减少市场调查、产品开发、制定多种市场营销组合方案等方面的费用。

无差异性营销战略的缺点主要是不能满足消费者多样性需求。首先，消费者需求客观上是千差万别并不断变化的，由于消费需求不断变化，许多过去的同质市场已经转变为异质市场或正在向异质市场转化，一种产品长期被所有消费者或用户接受的情况越来越少。其次，当众多企业都采用这一策略时，市场竞争会异常激烈，而一些小的细分市场上的需求却得不到满足，这对营销者和消费者都是不利的。最后，易于受到采用差异性营销战略的竞争对手的攻击。采用差异性营销战略的竞争对手想方设法为需求不同的顾客提供更适合他们的产品或服务，这使得采用无差异性营销战略的公司非常被动。所以，世界上曾经长期实行这一战略的很多企业最终也选择了使用差异性营销战略。

(二) 差异性营销战略

差异性营销战略是在市场细分的基础上，选择两个或两个以上乃至全部细分市场作为目标市场，分别为之设计不同的市场营销组合，以满足各个细分市场的需要。这一战略认为消费者的需要是有差异的，不可能使用完全相同的、无差别的产品去满足各类消费者的需要。采用差异性营销战略的企业一般是大企业，较为雄厚的财力、较强的技术力量和素质较高的管理人员是实行差异市场营销战略的必要条件。由于采用差异性营销战略必然受到企业资源和条件的限制，因而小企业往往无力采用。

差异性营销战略的优点是：可以提高企业产品的适销率和竞争力，减少经营风险，提高市场占有率。因为多种产品能分别满足不同消费者群的需要，扩大产品销售。某种产品经营不善的风险可以由其他产品经营来弥补；如果企业在数个细分市场都能取得较好的经营效果，就能树立企业良好的市场形象，提高市场占有率。所以，目前有越来越多的企业采用差异性营销战略。

差异性营销战略的缺点是：由于运用这种战略的企业所进入的细分市场较多，而且针对各个细分市场的需要实行了产品和市场营销组合的多样化策略，随着产品品种增加、销售渠道多样，以及市场调查和促销宣传活动的扩大与复杂，企业各方面经营成本支出必然会大幅度增加。

(三) 集中性营销战略

集中性营销战略是指企业不是面向整体市场，也不是把力量分散使用于若干细分市场，而是以一个细分市场为目标市场，集中力量，实行专业化生产和经营的目标市场战略。采用这种战略通常是为了在一个较少的细分市场上取得较高的市场占有率，而不是追求在整体市场上占有较少的份额。

这种战略也被人称为“弥隙”，即弥补市场空隙的意思，适合资源薄弱的小企业。也就是说，如果无力在整体市场或多个细分市场上与大企业展开竞争，或者与大企业硬性抗衡弊大于利时，不如寻找对自己有利的小生存环境，在大企业未予注意或不愿顾及而自己又力所能及的某个细分市场上全力以赴。这样做既能够避开大企业竞争激烈的市场部分，又能够发挥自己技术和资源的优势，往往容易获得成功。可以说，实行集中性营销战略是中小企业变劣势为优势的最佳选择。

集中性营销战略的优点是目标市场集中，有助于企业更深入地了解、挖掘目标市场的消费者需求，使产品适销对路，有助于提高企业和产品在市场上的知名度。集中性营销战略还有利于集中企业资源，节约生产成本，增加盈利，取得良好的经济效益。

集中性营销战略的缺点是企业潜伏着较大的经营风险。由于目标市场集中，一旦市场出现意外变化，如顾客爱好转移(特别是时尚消费)、消费者需求的突然变化、价格猛跌或者出现强大的竞争对手等，企业就有可能因承受不了短时间的竞争压力而立即陷入困境。所以，许多企业除非有特别的把握，否则宁可使目标市场分散些，学“狡兔”营造“三窟”，以防止倾覆的风险。

技能训练

手机的市场细分调查

随着中国经济的飞速发展，中国居民的消费能力不断提升，对很多产品的消费需求日渐增长，市场规模不断扩大，个性化需求也随之增多。手机作为现代社会的必备品，人手一部几乎成了常态。因此，世界各国的手机品牌一致看好中国大陆的消费市场与潜力，纷纷挤占中国市场。

一、实训目的

(1) 通过实地操作，了解市场细分的含义和具体依据。

(2) 通过训练，使学生在初步掌握市场细分理论的基础上，学会选择合适的目标市场。

二、实训要求

(1) 对手机产品进行市场细分，列出细分类型并给出细分依据，形成 Word 文档。

(2) 自选手机品牌，查找相关资料，调查该手机品牌所选择的目标市场，辅以实物、文字、图片、视频等资料证明，形成 Word 文档。

(3) 制作 PPT 汇报，汇报内容包括手机的市场细分类型及依据、选定品牌手机的目标市场剖析。要求思路清晰、表达流利、图文并茂。

三、实训内容

(1) 将学生分组，3～6 人为一个小组，确定组长。以小组为单位，展开讨论。

(2) 讨论过程中鼓励采用头脑风暴法，不得互相指责和批评，应鼓励大家开动脑筋，集思广益，找出手机产品所有可能的细分类型并给出细分依据。组长安排一人记录讨论过程，并形成手机的市场细分提纲。

(3) 组长进行分工，按照细分提纲，分配每位组员草拟一项市场细分类型并给出细分依据。

(4) 组长汇总市场细分的初稿，安排大家再次讨论，查找资料并共同补充完善市场细分文案，形成 Word 文档。

(5) 小组再次讨论，选定手机品牌。

(6) 小组分工协作，查找相关资料，调查该手机品牌所选择的目标市场，辅以实物、文字、图片、视频等资料证明，形成 Word 文档。

(7) 排版、打印两份 Word 文档，以小组为单位交给教师，并制作 PPT 备用。

(8) 商定小组汇报代表人员，小组成员共同对其进行模拟排练。

(9) 教师抽签决定汇报顺序，利用多媒体播放 PPT，各小组代表在全班汇报本小组的手机市场细分类型和选定手机品牌的目标市场。

(10) 汇报完成后，由同学进行个人点评或小组点评，教师进行总结点评。

四、实训考核

根据完成实训的综合情况，给予考核，考核项目及评分标准如表 2-2 所示。

注意：每位同学一张考核表，由小组考核和教师考核两部分构成，分别评分，各占 50%。其中，小组评分部分：组员由组长打分，组长由组内成员综合打分。综合成绩计入本课程的平时成绩。

表 2-2　手机市场细分调查考核表

学生姓名					
学习情境		选择目标市场			
评价项目与内容		项目分值	小组评分	教师评分	综合成绩
知识掌握情况	选择目标市场	10			
活动参与情况	全程参与活动，态度积极	5			
	分工负责，各司其职又配合紧密	5			
市场细分调查	项目较多，内容基本完整	10			
	排版规范，Word 文档较美观	5			
目标市场选择	资料丰富，内容详实，排版规范	15			
汇报情况	用语规范，阐述完整	15			
	声音洪亮，表达流畅	10			
	PPT 制作精美，图文并茂	10			
讨论点评情况	勇于大方正视自己，点评客观	5			
	小组点评公正，切中要害	5			
	积极点评同学，意见中肯	5			
合计	100	100			

任务三　进行营销组合

任务目标

市场营销的主要目的是满足消费者的需要，而消费者的需要有很多，要满足消费者需要所应采取的措施也很多。因此，企业在开展市场营销活动时，就必须把握住那些基本性措施，合理组合，并充分发挥整体优势和效果。

营销组合即营销手段，是公司在选定的目标市场上，综合考虑环境、能力、竞争状况等企业自身可以控制的因素，加以最佳组合和运用，用来追逐其营销目标以完成企业的目的与任务的一系列营销工具的综合运用。学生通过学习本任务，达到以下目标：

(1) 掌握产品的含义、类型，能简单运用产品的品牌和包装策略。

(2) 掌握价格的影响因素，能够在日常的营销场景中简单运用价格策略。

(3) 掌握渠道策略和促销策略的一般理论，能够应对简单的渠道冲突和促销组合。

案例引入

“高钙牛奶”折桂香港

20 世纪 90 年代中期，香港牛奶公司先后分别以“新鲜牛奶”“脱脂牛奶”的定位将产品推向市场，但销售业绩平平。这种定位与当时市场众多的牛奶品牌定位十分趋同，很难吸引消费者的关注。一份消费者调查资料显示，相当多的香港人开始意识到钙元素在预防骨质疏松症中的重要作用。这给牛奶公司的营销人员提供了灵感：何不在牛奶中加入钙质，推出“高钙牛奶”——这对当时的香港人来说仍是一个全新的产品概念。另外，一些消费者担心喝含脂牛奶会摄入过多脂肪，而低脂牛奶通常又不够鲜美，因此，“高钙牛奶”还必须具有脱脂且味美的特点，才可能赢得市场机会。

牛奶公司的调研表明，在香港，有骨质疏松隐患的人以 25～40 岁女性居多。基于“高钙牛奶”能预防骨质疏松症的功效及脱脂、味美的特点，牛奶公司决定在这一阶段年龄的女性中寻找目标市场。“高钙牛奶”作为当时的一种全新产品，只有创新型消费者才可能尝试购买，而通常受过教育又具有较高收入的人才可能具有创新精神，成为创新型消费者。综合以上考虑，最后牛奶公司把目标消费者定为年龄在 25～40 岁的、受过教育的、有较高收入的女性。

“高钙牛奶”很快被生产出来并集中铺在许多主要街区的超市连锁店——目标顾客经常光顾的地方。在定价方面，考虑到消费者可能不愿为一个新产品付出高价而否定了撇脂定价；又害怕采取渗透定价使产品形象受到损害，所以最终采取了折衷定价方式，将价格定在主要竞争者的平均价格水平上。

牛奶公司的“高钙牛奶”电视广告非常成功，广告中，中青年妇女骨质疏松的隐患用一种高雅的方式表现出来，而产品的利益承诺也用一种直接的、非常可信的方式传递给广告受众。虽然广告费投入不大，但效果很好：品牌认知率和广告认知率分别高达87%和76%。除电视广告外，牛奶公司还在香港各大报纸和杂志上刊登了广告，更详尽、全方位地展开了“高钙牛奶”的功效——强身健体。

牛奶公司向全港1800多名医生与营养专家发送了宣传资料(有关骨质疏松症和产品介绍宣传单)，希望通过医学专家将宣传单广发给目标消费者。为此，牛奶公司还赞助了多项有关骨质疏松症的学术研讨活动，博得医学界人士的好感。在1996年的食品博览会上，牛奶公司成功地通过资深营养学家对“高钙牛奶”的功效进行了宣传，获得了良好的反响。

“高钙牛奶”取得了巨大成功，其销量比预期目标高出一倍，使牛奶公司的市场份额由54%升至70%。为此，牛奶公司荣获当年的HKMA/TVB杰出营销奖的桂冠，其优秀的电视广告也获得了杰出电视广告奖。

思考：

(1) “高钙牛奶”的目标市场是什么？采取了什么目标市场战略？

(2) “高钙牛奶”采用的是什么市场定位战略？其具体定位是什么？

(3) 作为一种新产品，“高钙牛奶”采取了哪种新产品定价策略？

(4) “高钙牛奶”的促销策略有哪些特点？

知识链接

1960年，麦卡锡提出了著名的4P组合营销策略。他认为，企业从事市场营销活动，一方面要考虑企业的各种外部环境；另一方面要制订市场营销组合策略。因此他绘制了一幅市场营销组合模式图，图的中心是某个消费群，即目标市场，外面一圈是四个可控要素：产品(Product)、渠道(Place)、价格(Price)、促销(Promotion)，由于这四个词的英文字头都是P，再加上策略(Strategy)，所以简称为4Ps。4P组合的营销策略如图2-5所示。

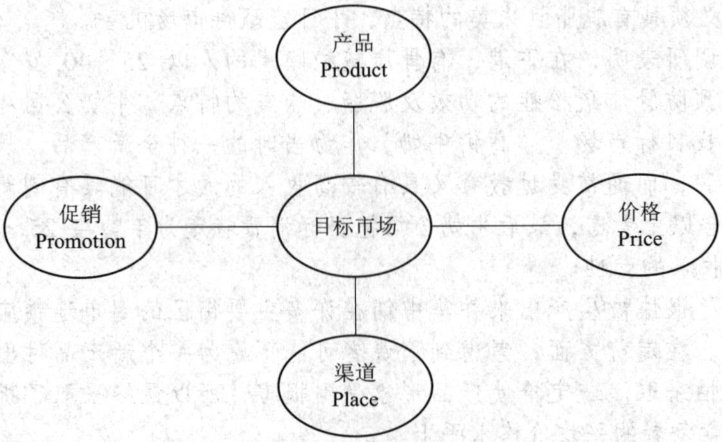

图2-5　4P组合的营销策略

这里，产品(Product)就是考虑为目标市场开发适当的产品，选择产品线、品牌和包装等，对应客户价值(Customer Value)；价格(Price)就是考虑制订适当的价格，对应客户成本(Customer Cost)；渠道(Place)就是要通过适当的渠道安排运输储藏等，把产品送到目标市场，对应客户便利(Customer Convenience)；促销(Promotion)就是考虑如何将适当的产品，按适当的价格，在适当的地点通知目标市场，包括销售推广、广告、培养推销员等，对应客户沟通(Customer Communication)。

一、产品策略

产品是4Ps中最主要的、具有决定性的因素。

(一) 产品的含义

产品是指能提供给市场，供使用和消费，可满足某种欲望和需要的任何东西。

市场营销学认为，产品是指人们通过购买而获得的能够满足某种需求和欲望的物品的总和，它既包括具有物质形态的产品实体，又包括非物质形态的利益，这就是产品的整体概念。产品整体包括五个层次：核心产品、形式产品、期望产品、延伸产品和潜在产品。如图2-6所示。

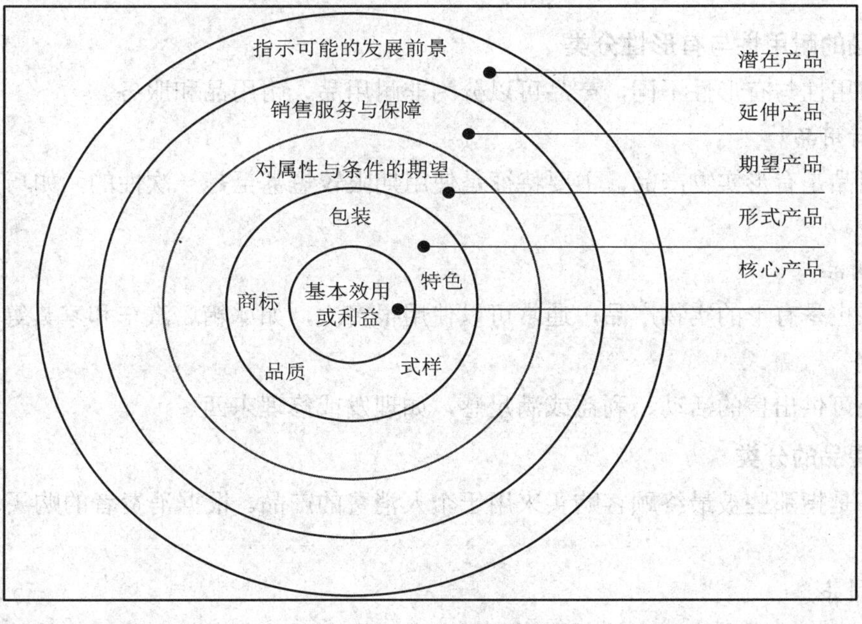

图2-6　产品整体的层次

1. 核心产品

核心产品是指消费者购买某种产品时所追求的利益，是顾客真正要买的东西，因而在产品整体概念中也是最基本、最主要的部分。消费者购买某种产品，并不是为了占有或获得产品本身，而是为了获得能满足某种需要的效用或利益。

2. 形式产品

形式产品是指核心产品借以实现的形式或目标市场对需求的特定满足形式。形式产品一般由五个特征构成，即品质、式样、特征、商标及包装。核心产品必须通过形式产品才能实现。

3. 期望产品

期望产品是指顾客在购买产品时期望得到的与产品密切相关的一整套属性和条件。如旅馆的客人期望得到清洁的床位、洗浴香波、浴巾、电视等服务。

4. 延伸产品

延伸产品是指顾客购买形式产品和期望产品时，附带获得的各种利益的总和，包括说明书、保证、安装、维修、送货、技术培训等。

5. 潜在产品

潜在产品是指现有产品(包括所有附加产品在内)可能发展成为未来最终产品的潜在状态的产品。潜在产品指现有产品可能的演变趋势和前景。如彩色电视机可发展为录放映机、电脑终端机等。

产品整体概念的五个层次，十分清晰地体现了以顾客为中心的现代营销理念。这一概念的内涵和外延皆以消费者的需求为标准。

(二) 产品的分类

1. 产品的耐用性与有形性分类

依据耐用性与有形性不同，产品可以分为非耐用品、耐用品和服务。

1) 非耐用品

非耐用品是有形实物产品，主要特征是使用期限较短甚至是一次性的，如巧克力、啤酒、肥皂等。

2) 耐用品

耐用品也是有形的实物产品，通常可以使用很多次，如冰箱、汽车和家具等。

3) 服务

服务是可供出售的活动、利益或满足感，如理发或修理东西。

2. 消费品的分类

消费品是指那些被最终顾客购买来用于个人消费的产品。根据消费者的购买习惯不同可分为：

1) 便利品

便利品是指购买者购买次数频繁，不刻意去比较，而且立即作出购买决策的物品。它们通常是低价而随处可购得的。

2) 选购品

选购品是指消费者在选购的过程中会刻意去比较适用性、价格、质量和风格式样的物品。

3) 特殊品

特殊品是指产品具有独特性或高度的品牌知名度，而消费者通常愿意付出更多的努力或代价去取得的物品。

4) 非渴求品

非渴求品是指消费者不知道，或者即使知道也不会去购买的产品。

3. 产业用品的分类

工业品的使用目的在于生产或制造另一种产品，而非直接用于消费。其分类一般包括材料和部件、资本项目、供应品和服务等。

1) 材料和部件

材料和部件是指完全转化为制造商产成品的那些产品，具体包括原材料、半制成品和零部件。

2) 资本项目

资本项目是指能够服务于最终产品生产和管理的持久性产品，包括装备和附属设备两个部分。装备主要指建筑物与固定设备，其使用寿命较长且耗用资金最多，如办公室、厂房和发电机等。附属设备则通常指那些寿命较短且造价较低的轻型工具和办公设备等。

3) 供应品和服务

供应品和服务是寿命较短的商品和服务项目，他们促进最终产品的开发和管理，但不构成最终产品，如润滑油、煤等。商业服务包括维修服务和商业咨询服务，维修服务通常以订立合同的形式提供。

(三) 产品的组合

面对复杂多变的竞争形势，企业在其能力范围内通常会提供尽可能多的产品种类，以迎合消费者的多样化需求，这样就涉及产品的组合问题。

1. 产品组合相关概念

1) 产品线

产品线也叫产品大类，是指能够满足同类需求的密切相关的一组产品。这类产品具有功能相似、用户相同、分销渠道相同、消费方式相似等特点。如果能够确定产品线的最佳长度，就能为企业带来最大的利润。

2) 产品项目

产品项目指产品大类中各种不同品种、规格、质量的特定产品。它们因性能、商标、款式等不同而区别于企业的其他产品，也就是企业产品目录上列出的每一个产品。

3) 产品组合

产品组合是指一个企业在一定时期内生产经营的各种产品线和产品项目的组合。

举个例子，康师傅有方便面和饮品两种不同的产品类别，就代表两条不同的产品线，每条产品线中的不同食品或饮料则代表了不同的产品项目，其所有产品线和产品项目汇总在一起就构成了产品组合。

2. 产品组合的维度

1) 产品组合的广度

产品组合的广度是指一个企业拥有的产品线的数量。如图 2-7 所示，以宝洁公司部分产品为例，产品组合的广度是 5，即有 5 条产品线，分别是清洁剂、牙膏、条形肥皂、纸尿布和纸巾。

图 2-7　宝洁公司的产品组合

2) 产品组合的深度

产品组合的深度是指一条产品线中所包含的所有产品项目的数量。如图 2-7 所示，宝洁公司清洁剂产品线的深度为 9，即清洁剂产品线有 9 个产品项目。

3) 产品组合的关联度

产品组合的关联度是指不同的产品线在性能、用途、渠道等方面可能有某种程度的关联，也叫相关度。

3. 产品组合的策略

1) 扩大产品组合策略

扩大产品组合策略是开拓产品组合的广度和加强产品组合的深度。开拓产品组合广度是指增添一条或几条产品线，扩展产品经营范围；加强产品组合深度是指在原有的产品线内增加新的产品项目。

扩大产品组合具体方式有：

① 在维持原产品品质和价格的前提下，增加同一产品的规格、型号和款式；

② 增加不同品质和不同价格的同一种产品；

③ 增加与原产品相类似的产品；

④ 增加与原产品毫不相关的产品。

扩大产品组合的优点是：

① 满足不同偏好消费者的多方面需求，提高产品的市场占有率；

② 充分利用企业信誉和商标知名度，完善产品系列，扩大经营规模；

③ 充分利用企业资源和剩余生产能力，提高经济效益；

④ 减小市场需求变动性的影响，分散市场风险，降低损失程度。

2) 缩减产品组合策略

缩减产品组合策略是削减产品线或产品项目，特别是要取消那些获利小的产品，以便集中力量经营获利大的产品线和产品项目。

缩减产品组合的方式有：

① 减少产品线数量，实现专业化生产经营；

② 保留原产品线，削减产品项目，停止生产某类产品，外购同类产品继续销售。

缩减产品组合的优点有：

① 集中资源和技术力量，改进保留产品的品质，提高产品商标的知名度；

② 生产经营专业化，提高生产效率，降低生产成本；

③ 有利于企业向市场的纵深发展，寻求合适的目标市场；

④ 减少资金占用，加速资金周转。

3) *产品线延伸策略*

产品线延伸策略，即企业根据市场的需求，重新对全部或部分产品进行市场定位，对产品线内的产品项目进行延伸。比如，企业原来定位于低档产品市场，在原产品线内增加高档产品项目，进入高档品市场，原因在于高档品有较高的利润率；反之，企业原定位于高档产品市场，现增加低档产品项目，进入低档品市场，来弥补高档产品增长缓慢的缺陷。产品线延伸具体有向下延伸、向上延伸和双向延伸三种方式。

(1) 向下延伸。

向下延伸是在高档产品线中增加低档产品项目。如我国白酒的著名品牌“五粮液”，从1994年开始在原有高档产品的基础上向中低档产品扩展，陆续推出了“五粮春”“五粮醇”“金六福”“浏阳河”“铁哥们”“京酒”“火爆酒”“东方龙”等数十个品牌，产品线从单价四五百元的高档产品，覆盖到了一百元左右的中档产品和二三十元的低档产品。

企业实施向下延伸产品线的原因主要有四个方面：第一，利用高档名牌产品的声誉，吸引购买力水平较低的顾客慕名购买此产品线中的廉价产品；第二，高档产品销售增长缓慢，企业的资源设备没有得到充分利用，为赢得更多的顾客，将产品线向下伸展；第三，企业最初进入高档产品市场的目的是建立厂牌信誉，然后再进入中、低档市场，以扩大市场占有率和销售增长率；第四，企业增加低档产品项目，是为了填补企业产品线的空白。实行这一策略存在一定的风险，如处理不慎，会影响企业原有产品特别是名牌产品的市场形象，而且有可能激发竞争者的反击或经销商的抵制。

相关链接：

派克的产品线延伸

早年，美国的“派克”钢笔质优价贵，是身份和体面的标志，许多社会上层人物都喜欢带一支派克笔。1982年新的总经理上任后，把派克品牌用于每支售价仅3美元的低档笔上，结果，派克公司非但没有顺利打入低档笔场，反而丧失了一部分高档笔的市场。其市场占有率大幅下降，销售额只及其竞争对手克罗斯公司的一半。

(2) 向上延伸。

向上延伸是在原有的产品线内增加高档产品项目。如我国方便面行业著名品牌“华龙”，1994 年创立之初时定位目标消费群为 8 亿农民和 3 亿工薪消费者，主推零售价定在 1 元以下的产品，如“108”“甲一麦”“小康家庭”等。2003 年前后，“华龙”开始向高端市场进军，推出了价位相对高的“今麦郎”系列产品。

实行向上延伸产品线策略的主要目的是：高档产品市场具有较大的潜在成长率和较高利润率的吸引；企业的技术设备和营销能力已具备加入高档产品市场的条件；企业要重新进行产品线定位。采用这一策略，企业也存在一定的风险，要改变产品在顾客心目中的地位是相当困难的，处理不慎可能会影响原有产品的市场声誉。

(3) 双向延伸。

双向延伸即企业掌握了市场优势后，向产品线的上下两个方向延伸，一方面增加高档产品，另一方面增加低档产品，力争全方位地占领市场。注意：采用双向延伸策略的企业应具有较高的经营管理水平，否则可能导致失败。

(四) 产品的品牌

1. 品牌的含义

品牌(Brand)是用以识别销售者的产品或服务，并使之与竞争对手的产品或服务区别开来的商业名称及其标识，通常由文字、标记、符号、图案和颜色等要素或这些要素的组合构成。

品牌包含两个部分：一是品牌名称，指品牌中可用语言表达的部分；二是品牌标志，指品牌中可被识别但不能用语言表达的部分，包括符号、图案或专门设计的颜色、字体等。

2. 品牌的作用

(1) 品牌是企业产品或核心价值的体现，也是消费者或用户记忆商品的工具。企业不仅要将商品销售给目标消费者或用户，而且要使消费者或用户通过使用，对商品产生好感，从而重复购买，不断宣传，形成品牌忠诚，使消费者或用户重复购买。

(2) 品牌是识别商品的分辨器。品牌的建立是由于竞争的需要，用来识别某个销售者的产品或服务。品牌设计应具有独特性，有鲜明的个性特征，品牌的图案、文字等与竞争对手的区别代表该企业的特点。互不相同的品牌各自代表着不同形式、不同质量、不同服务的产品，可为消费者或用户购买、使用提供借鉴。

(3) 品牌是质量和信誉的保证。创名牌是企业在市场竞争的条件下逐渐形成的共识，人们希望通过品牌对产品、企业加以区别，使品牌成为企业有力的竞争武器。

(4) 品牌可以为企业增值。品牌以质量取胜，常附有文化、情感内涵，所以能提升产品的附加值。同时，品牌有一定的信任度、追随度，企业可以为品牌制定相对高的价格，获得较高的利润。

3. 品牌策略

品牌策略是一系列能够产生品牌积累的企业管理与市场营销方法，主要有品牌化策略、品牌使用者策略、品牌名称策略、品牌发展策略、品牌重新定位策略等。品牌策略的类型如图 2-8 所示。

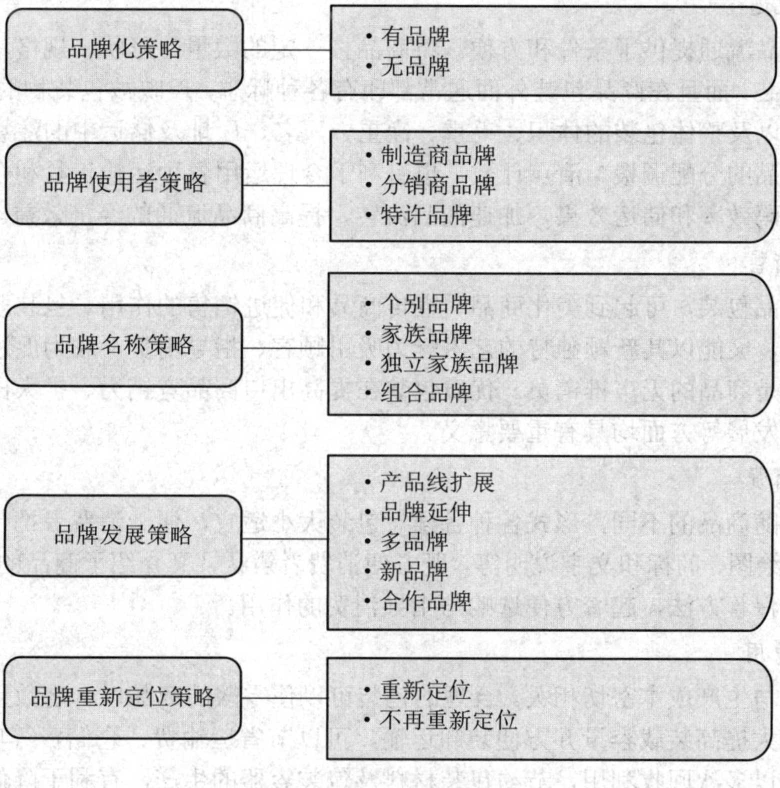

图 2-8　品牌策略的类型

(五) 产品的包装

1. 包装的含义

产品包装是指按一定技术、方法而采用的容器、材料及辅助物等。从市场营销的角度认识包装，一般包括三个层次：

(1) 内包装：产品的直接容器。如牙膏的软管、啤酒的瓶子等。

(2) 中层包装：其作用是保护产品和促进销售。如牙膏管外的纸盒。

(3) 储运包装：也称外包装，其作用是便于储存、搬运和辨认产品。如装运牙膏的纸板盒。

除以上三个层次外，标签(Labeling)，即附在包装上用以说明产品的文字和图画，也属于包装的范围。

2. 包装的作用

1) 保护商品

保护商品是包装的重要作用之一。商品在流通过程中，可能受到各种外界因素的影响，引起商品破损、污染、渗漏或变质，使商品降低或失去使用价值。科学合理的包装，能帮助商品抵抗各种外界因素的破坏，从而保护商品的性能，保证商品质量和数量的完好。

2) 便于流通

包装为商品流通提供了条件和方便。将商品按一定的数量、形状、规格、大小及不同的容器进行包装，而且在商品包装外面通常都印有各种标志，反映被包装物的品名、数量、规格、颜色，以及整体包装的体积、毛重、净重、厂名、厂址及储运中的注意事项等，这样既有利于商品的分配调拨、清点计数，也有利于合理运用各种运输工具和仓容，提高运输、装卸、堆码效率和储运效果，加速商品流转，提高商品流通的经济效益。

3) 促进销售

精美的商品包装，可起到美化商品、宣传商品和促进销售的作用。包装既能提高商品的市场竞争力，又能以其新颖独特的艺术魅力吸引顾客、指导消费，成为促进消费者购买的主导因素，是商品的无声推销员。优质包装在提高出口商品竞销力、扩大出口创汇、促进对外贸易的发展等方面均具有重要意义。

4) 方便消费

销售包装随商品的不同，形式各种各样。包装大小适宜，便于消费者携带、保存和使用。包装上的绘图、商标和文字说明等，既方便消费者辨认，又介绍了商品的成分、性质、用途、使用和保管方法，起着方便选购与指导消费的作用。

5) 节约费用

商品包装与生产成本密切相关。合理的包装可以使零散的商品以一定数量的形式集成一体，从而大大提高装载容量并方便装卸运输，可以节省运输费、仓储费等项费用支出。有的包装还可以多次回收利用，节约包装材料及包装容器的生产，有利于降低成本，提高经济效益。

3. 包装策略

1) 类似包装策略

企业对其生产的产品采用相同的图案、近似的色彩、相同的包装材料和相同的造型进行包装，便于顾客识别出本企业产品。对于忠实于本企业的顾客，类似包装无疑具有促销的作用，企业还可因此而节省包装的设计、制作费用。但类似包装策略只适用于质量相同的产品，对于品种差异大、质量水平悬殊的产品则不宜采用。

2) 配套包装策略

按各国消费者的消费习惯，将数种有关联的产品配套包装在一起成套供应，便于消费者购买、使用和携带，同时还可扩大产品的销售量。如在配套产品中加上某种新产品，可使消费者不知不觉地习惯使用新产品，有利于新产品的上市和普及。

3) 再使用包装

再使用包装指包装内的产品使用完后，包装物还有其他的用途。如各种形状的香水瓶可作装饰物，精美的食品盒也可被再利用等。这种包装策略可使消费者感到一物多用而引起其购买欲望，而且包装物的重复使用也起到了对产品的广告宣传作用。但是要谨慎使用该策略，避免因成本加大引起商品价格过高而影响产品的销售。

4) 附赠包装策略

附赠包装即在商品包装物中附赠奖券或实物，或者包装本身可以换取礼品，产生吸引顾客的惠顾效应，刺激顾客重复购买。例如，我国出口的“芭蕾珍珠膏”，每个包装盒附赠珍珠别针一枚，这使珍珠膏在国际市场十分畅销。

5) 改变包装策略

改变包装即改变和放弃原有的产品包装，改用新的包装。由于包装技术、包装材料的不断更新，消费者的偏好不断变化，采用新的包装以弥补原包装的不足。企业在改变包装的同时，必须配合好宣传工作，以消除消费者以为产品质量下降或其他的误解。

6) 更新包装策略

更新包装，一方面是通过改进包装使销售不佳的商品重新焕发生机，重新激起人们的购买欲；另一方面是通过改进，使商品顺应市场变化。有些产品要改进质量比较困难，但是如果几年一贯制，总是老面孔，消费者又会感到厌倦。经常变一变包装，给人带来一种新鲜感，销量就有可能上去。

7) 复用包装策略

复用是指包装再利用的价值，它根据目的和用途，基本上可以分为两大类。一类是从回收再利用的角度来讲，如产品运储周转箱、啤酒瓶、饮料瓶等，复用可以大幅降低包装成本，便于商品周转，有利于减少环境污染。另一类是从消费者角度来讲，商品使用后，其包装还可以有其他用途，能达到变废为宝的目的，而且包装上的企业标识还可以起到继续宣传的效果。这就要求在设计包装时，考虑到再利用的特点，以保证再利用的可能性和便利性。

8) 绿色包装策略

随着消费者环保意识的增强，绿色环保成为社会发展的主题，伴随着绿色产业、绿色消费而出现的绿色概念营销方式成为企业经营的主流。因此，在设计包装时，选择可重复利用或可再生、易回收处理、对环境无污染的包装材料，容易赢得消费者的好感与认同，也有利于环境保护和与国际包装技术标准接轨，从而为企业的发展带来良好的前景。如用纸质包装替代塑料袋装，羊毛材质衣物中夹放轻柔垫纸来取代硬质衬板，既美化了包装，又顺应了发展潮流，一举两得。

二、价格策略

(一) 价格的含义

价格是营销组合中最容易调整且唯一表现为收入的要素，是商品价值的货币表现，是顾客购买商品所愿意支付的经济成本。价格不仅影响市场需求的水平，还决定着企业的盈利水平，是产品质量的指示器，向市场传递着企业对其产品的价值定位。

(二) 价格的影响因素

1. 内部因素

1) 企业的定价目标

企业的定价目标不同，所采取的定价策略也会有所不同。企业的定价目标主要有利润导向的定价目标、销量导向的定价目标、竞争导向的定价目标、生存导向的定价目标、维护企业形象的定价目标、保持良好的销售渠道的定价目标等，要注意区分。

2) 企业的营销组合

市场营销组合中的其他三个要素，即产品、渠道和促销，都会对定价产生影响。

3) 产品成本

通常来讲，成本是定价的基础，决定了产品价格的下限。

2. 外部因素

1) 市场需求

受商品供给与需求的相互关系的影响。当商品的市场需求大于供给时，价格应高一些；当商品的市场需求小于供给时，价格应低一些。反过来，价格变动影响市场需求总量，从而影响销售量，进而影响企业目标的实现。因此，企业制定价格就必须了解价格变动对市场需求的影响程度。反映这种影响程度的一个指标就是商品的价格需求弹性系数。所谓价格需求弹性系数，是指由于价格的相对变动而引起的需求相对变动的程度。通常可用下式表示：

$$\text{需求弹性系数}=\frac{\text{需求量变动百分比}}{\text{价格变动百分比}}=\frac{1}{2}$$

2) 竞争者

按照市场竞争程度，可以分为完全竞争、不完全竞争与完全垄断三种情况。竞争环境不同，对价格的控制程度也不一样。

3) 国家政策法规

政府对定价的影响主要体现在各种法律法规上，如禁止价格垄断、维护消费者权益等。

(三) 价格策略

价格是市场营销组合中最灵活的因素，它可以对市场作出灵敏的反映，在市场营销实践中需要了解一些定价策略。

1. 心理定价策略

每一件产品都能满足消费者某一方面的需求，其价值与消费者的心理感受有着很大的关系。这就为心理定价策略的运用提供了基础，使得企业在定价时可以利用消费者的心理因素，有意识地将产品价格定得高些或低些，以满足消费者生理的和心理的、物质的和精神的多方面需求，通过消费者对企业产品的偏爱或忠诚，扩大市场销售，获得最大效益。

1) 尾数定价策略

尾数定价，也称零头定价或缺额定价，即给产品定一个零头数结尾的非整数价格。大多数消费者在购买产品时，尤其是购买一般日用消费品时，乐于接受尾数价格。如 0.99 元、9.98 元等。消费者会认为这种价格经过精确计算，购买不会吃亏，从而产生信任感。同时，价格虽离整数仅相差几分或几角钱，但给人一种低一位数的感觉，符合消费者求廉的心理愿望。这种策略通常适用于基本生活用品。

2) 整数定价策略

整数定价与尾数定价正好相反，企业有意将产品价格定为整数，以显示产品具有一定质量。整数定价多用于价格较贵的耐用品或礼品，以及消费者不太了解的产品，对于价格较贵的高档产品，顾客对质量较为重视，往往把价格高低作为衡量产品质量的标准之一，容易产生“一分价钱一分货”的感觉，从而有利于销售。

3) 声望定价策略

声望定价即针对消费者“便宜无好货、价高质必优”的心理，对在消费者心目中享有一定声望、具有较高信誉的产品制定高价。不少高级名牌产品和稀缺产品，如豪华轿车、高档手表、名牌时装、名人字画、珠宝古董等，在消费者心目中享有极高的声望价值。购买这些产品的人，往往不在于产品价格，而最关心的是产品能否显示其身份和地位，价格越高，心理满足的程度也就越大。

4) 习惯定价策略

有些产品在长期的市场交换过程中，已经形成了为消费者所适应的价格，称为习惯价格。企业对这类产品定价时，要充分考虑消费者的习惯倾向，采用“习惯成自然”的定价策略。对消费者已经习惯了的价格，不宜轻易变动。降低价格会使消费者怀疑产品质量是否有问题；提高价格会使消费者产生不满情绪，导致购买的转移。在不得不需要提价时，应采取改换包装或品牌等措施，减少抵触心理，并引导消费者逐步习惯新的价格。

5) 招徕定价策略

这是适应消费者“求廉”的心理，将产品价格定得低于一般市价，个别的甚至低于成本，以吸引顾客、扩大销售的一种定价策略。采用这种策略，虽然几种低价产品不赚钱，甚至亏本，但从总的经济效益看，由于低价产品带动了其他产品的销售，企业还是有利可图的。

2. 差别定价策略

差别定价，也叫价格歧视，就是企业按照两种或两种以上不反映成本费用的比例差异的价格销售某种产品或劳务。其种类主要有：以顾客为基础的差别定价策略、以产品为基础的差别定价策略、以产品部位为基础的差别定价策略和以销售时间为基础的差别定价策略。

企业采取差别定价策略必须具备以下条件：

① 市场必须是可以细分的，而且各个子市场必须表现出不同的需求程度；

② 以较低价格购买某种产品的顾客没有可能以较高价格把这种产品倒卖给别人；

③ 竞争者没有可能在企业以较高价格销售产品的市场上以低价竞销；

④ 细分市场和控制市场的成本费用不得超过因实行价格歧视所得额外收入，就是说不能得不偿失；

⑤ 采取的价格歧视形式不能违法。

3. 折扣定价策略

企业为了鼓励顾客及早付清货款、大量购买、淡季购买，还可以酌情降低基本价格。这种价格调整叫价格折扣与折让。折扣定价方式主要有数量折扣、现金折扣、功能折扣、季节折扣、回扣与津贴等。

1) 数量折扣

数量折扣策略就是根据代理商、中间商或顾客购买货物的数量多少，分别给予不同折扣的一种定价方法。数量越大，折扣越多。其目的是鼓励大量购买，或者集中向本企业购买。

2) 现金折扣

现金折扣策略，又称付款期限折扣策略，是在“信用购货”的特定条件下发展起来的一种优惠策略，即对按约定日期付款的顾客给予不同的折扣优待。现金折扣实质上是一种变相降价赊销、鼓励提早付款的办法。现金折扣中的付款期限可分为一次性、分期分批、先预付一半等多种形式。

3) 功能折扣

功能折扣又称贸易折扣，是指由于中间商在产品分销过程中所处的环节不同，所承担的功能、责任和风险也不同，制造商据此给予不同的折扣。

4) 季节折扣

季节折扣也叫季节差价，是企业给购买过季商品或服务的顾客减价的一种销售策略。有些商品的生产是连续的，而其消费却具有明显的季节性。为了调节供需矛盾，这些商品的生产企业便采用季节折扣的方式，对在淡季购买商品的顾客给予一定的优惠，使企业的生产和销售在一年四季能保持相对稳定。例如，服装生产经营企业，对不合时令的服装，给予季节折扣；旅游公司在旅游淡季，给旅客以价格折扣，以招徕更多的生意。

5) 回扣和津贴

回扣是间接折扣的一种形式，它是指购买者在按价格目录将货款全部付给销售者以后，销售者再按一定比例将货款的一部分返还给购买者。津贴是企业为特殊目的，对特殊顾客以特定形式所给予的价格补贴或其他补贴。

三、渠道策略

(一) 渠道的含义

产品只有在市场上正常地运转和流通，才是其得以生存的根本。渠道是商品的流通路线，一般是指产品或服务从生产者流向消费者所经过的整个通道，包括制造商、批发商、零售商及其他辅助机构。

(二) 分销渠道的类型

按照中间机构级数的多少，可以将分销渠道划分为零级渠道、一级渠道、二级渠道、三级渠道和更高层次的分销渠道，其类型如表 2-3 所示。一般而言，渠道越长、越多，企业的产品市场的扩展可能性就越大，但与此同时，企业对产品销售的控制能力和信息反馈的清晰度也越低。渠道设计的好坏，直接影响企业的收益与发展。

表 2-3　分销渠道的类型

渠道级别	销售渠道结构
零级销售渠道	制造商→消费者
一级销售渠道	制造商→零售商→消费者
二级销售渠道	制造商→批发商→零售商→消费者
三级销售渠道	制造商→代理商→批发商→零售商→消费者
	制造商→批发商→中间商→零售商→消费者

1. 零级渠道

零级渠道也叫直接分销渠道，是指产品或服务直接由制造商流向最终用户的渠道。零级渠道的主要营销方式是上门推销、家庭展示会、邮购、电话营销、互联网销售和制造商自设商店，是大型或贵重产品、技术复杂所以需要提供专门服务的产品的主要销售渠道。

2. 一级渠道

这种分销渠道只包括一个中间机构，在消费者市场，这个中间机构通常是零售商；在工业市场，则可能是工业分销商、制造商的销售代表或分支机构。

3. 二级渠道

这种分销渠道包括两个中间机构。在消费者市场，通常是批发商和零售商；在工业市场，则可能是工业分销商、制造商的销售代表和分支机构中的两个。

4. 三级渠道

这种分销渠道包括三个中间机构。在消费者市场，专业批发商(中转商)从大批发商处进货，再卖给无法直接从大批发商处进货的小零售商；或是制造商通过代理商，将产品批发给批发商、零售商。在工业市场，则可能是工业分销商、制造商的销售代表和分支机构并存。

5. 更高层次的分销渠道

这种分销渠道类型很少见。从制造商的角度来看，随着渠道级数的增多，控制渠道所需解决的问题和需要付出的成本也会增加，因此较少被采用。

(三) 分销渠道冲突及维护

1. 分销渠道冲突的类型

1) 水平渠道冲突

水平渠道冲突指的是在同一渠道模式中同一层次中间商之间的冲突。产生水平冲突的原因大多是生产企业没有对目标市场的中间商数量分管区域作出合理的规划，使中间商为各自的利益互相倾轧。

2) 垂直渠道冲突

垂直渠道冲突指的是在同一渠道中不同层次企业之间的冲突，这种冲突较之水平渠道冲突要更常见。垂直渠道冲突也称渠道上下游冲突。一方面，越来越多的分销商从自身利益出发，采取直销与分销相结合的方式销售商品，这就不可避免地要同下游经销商争夺客户，因而大大挫伤了下游渠道的积极性；另一方面，当下游经销商的实力增强以后，不甘心目前所处的地位，希望在渠道系统中有更大的权利，于是向上游渠道发起了挑战。

3) 不同渠道间的冲突

不同渠道间的冲突指的是生产企业建立多渠道营销系统后，不同渠道服务于同一目标市场时所产生的冲突。随着顾客细分市场和可利用的渠道不断增加，越来越多的企业采用多渠道营销系统，即运用渠道组合、整合。

2. 分销渠道冲突的维护

1) 沟通

通过劝说来解决冲突，其实就是在利用领导力。从本质上说，劝说是为存在冲突的渠道成员提供沟通机会，强调通过劝说来影响其行为而非信息共享，也是为了减少有关职能分工引起的冲突。

2) 协商谈判

谈判的目标在于停止成员间的冲突。妥协也许会避免冲突爆发，但不能解决导致冲突的根本原因。只要压力继续存在，终究会导致冲突产生。其实，谈判是渠道成员讨价还价的一个方法。在谈判过程中，每个成员会放弃一些东西，从而避免冲突发生，但利用谈判或劝说，要看成员的沟通能力。事实上，用上述方法解决冲突时，需要每一位成员形成一个独立的战略方法以确保能解决问题。

3) 法律战略

冲突有时要通过政府来解决，诉诸法律也是借助外力来解决问题的一种方法。采用这种方法就意味着渠道中的领导力不起作用，即通过谈判、劝说等途径已没有效果。一旦采用了法律手段，另一方可能会完全遵守其意愿改变其行为，但是会对诉讼方产生不满，这样的结果可能是双方的冲突增加而非减少。从长远看来，双方可能会不断发生法律的纠纷问题而使渠道关系不断恶化。

四、促销策略

(一) 促销的含义

促销是企业通过人员和非人员的方式，沟通企业与消费者之间的信息，引发、刺激消费者的消费欲望和兴趣，使其产生购买行为的活动。

(二) 促销的作用

1. 缩短产品入市的进程

使用促销手段，旨在对消费者或经销商提供短程激励。在一段时间内调动人们的购买热情，培养顾客的兴趣和使用爱好，使顾客尽快地了解产品。

2. 激励消费者初次购买，达到使用目的

消费者一般对新产品具有抗拒心理。由于使用新产品的初次消费成本是使用老产品的一倍(对新产品一旦不满意，还要花同样的价钱去购买老产品，这等于花了两份的价钱才得到了一个满意的产品，所以许多消费者在心理上认为买新产品代价高)，因此消费者不愿冒风险对新产品进行尝试。但是，促销可以让消费者降低这种风险意识，降低初次消费成本，从而接受新产品。

3. 激励使用者再次购买，建立消费习惯

当消费者试用了产品以后，如果是基本满意的，可能会产生重复使用的意愿。但这种消费意愿在初期一定是不强烈、不可靠的。促销却可以促成这种意愿。如果有一个持续的促销计划，可以使消费群基本固定下来。

4. 提高销售业绩

毫无疑问，促销是一种竞争，它可以改变一些消费者的使用习惯及品牌忠诚。因受利益驱动，经销商和消费者都可能大量进货与购买。因此，在促销阶段，常常会增加消费，提高销售量。

5. 侵略与反侵略竞争

无论是企业发动市场侵略，还是市场的先入者发动反侵略，促销都是有效的应用手段。市场的侵略者可以运用促销强化市场渗透，加速市场占有。市场的反侵略者也可以运用促销针锋相对，来达到阻击竞争者的目的。

6. 带动相关产品市场

促销的第一目标是完成需促销的产品的销售。但是，甲产品的促销过程，却可以带动相关的乙产品的销售。比如，茶叶的促销，可以推动茶具的销售。当卖出更多的咖啡壶的时候，咖啡的销售就会增加。在20世纪30年代的上海，美国石油公司向消费者免费赠送煤油灯，结果其煤油的销量大增。

7. 节庆酬谢

促销可以使产品在节庆期间或企业庆日期间锦上添花。每当例行节日到来时，或是企业有重大喜庆时(以及开业上市时)，开展促销可以帮助主体与广大消费者开展联庆，也是企业酬谢消费者的一种方式。

(三) 促销的具体策略

促销策略是指企业如何通过人员推销、广告、公共关系和营销推广等促销手段，向消费者传递产品信息，引起他们的注意和兴趣，激发他们的购买欲望和购买行为，以达到扩大销售的目的的活动。企业将合适的产品在适当地点、以适当的价格出售的信息传递到目标市场，一般通过两种方式：一是人员推销，即推销员和顾客面对面地进行推销；另一种是非人员推销，即通过大众传播媒介在同一时间向大量消费者传递信息，主要包括广告、公共关系和营销推广等多种方式。这两种推销方式各有利弊，起着相互补充的作用。此外，目录、通告、赠品、店标、陈列、示范、展销等，也都属于促销策略。

促销策略一般有推动策略和拉引策略两种。

1. 推动策略

推动策略是靠推销人员把商品推进到目标市场，主要方法有：

① 访问销售法，即推销人员上门访问，征求客户意见，密切与客户的关系，在积极巩固老客户的同时，通过老客户介绍扩大新客户；

② 网点销售法，即在目标市场上建立销售网点，包括建立工商联销、联营网点。许多大连锁店都采用此法；

③ 巡回销售法，即有目的、有计划地在交通沿线和其他公共场所巡回销售；

④ 应用销售法，即在目标市场采用技术应用讲座、实物陈列与现场操作表演相结合等办法，使消费者对产品技术标准、性能、作用价值等有新认识，用以指导消费、刺激购买欲望；

⑤ 服务销售法，即通过文明经商、优质服务，不断扩大销路，比如，售前服务要搞好店堂卫生，美化商品陈列以吸引顾客参观选购；售中服务要主动热情接待顾客，耐心、周到为顾客服务；售后服务坚持送货上门、安装、调式、维修等。

2. 拉引策略

拉引策略又称拉式策略，是以最终消费者为主要促销对象，通过运用广告、营业推广、公共关系等促销手段，向消费者展开强大的促销攻势，使之产生强烈的兴趣和购买欲望，纷纷向经销商询购这种商品，而中间商看到这种商品需求量大，就会向制造商进货。

拉引策略多用于：① 目标市场范围较大，销售区域广泛的产品；② 销量正在迅速上升和初步打开销路的品牌；③ 有较高知名度的品牌，感情色彩较浓的产品；④ 容易掌握使用方法的产品，选择性的产品；⑤ 经常需要的产品。

技能训练

手机的 4P 策略调查

随着我国经济的飞速发展和科技的进步，智能手机已经全面普及，人手一部甚至一人多部智能手机的景象已经很普遍了。随着市场规模的不断扩大，我国这个拥有 14 亿人的超级市场，受到国外品牌和国内自主品牌的争相抢占，竞争势头异常激烈。各科品牌轮番上阵，各显神通，营销策略层出不穷。

一、实训目的

(1) 通过实地调查，了解 4P 策略的具体内容。

(2) 通过训练，使学生在了解手机的市场细分和目标市场的基础上深入调查，进一步掌握 4P 策略的案例应用，摸索技巧以指导今后的市场营销实务。

二、实训要求

(1) 调查了解某品牌手机的产品策略资料，画出产品组合图或产品进化图，写出产品品牌策略并找出证明材料，列出产品包装策略并辅以实物展示。汇总展示调查结果，制作成二维码，发送给老师。

(2) 调查了解某品牌手机的价格策略资料，列出产品进化的价格清单(包括序号、产品的规格型号、面市时间、价格、定价方法等)，形成 Excel 表格，打印出来或发送电子档给老师。

(3) 调查了解某品牌手机的渠道策略资料，查找是否有渠道冲突的案例及解决方案，形成 Word 文档，打印出来或发送电子档给老师。

(4) 调查了解某品牌手机的促销策略，找出最近两年的所有新品发布活动或促销活动(二选一)，图片、视频方式均可。汇总调查结果后制作成二维码，发送给老师。

(5) 现场汇报。因训练项目的成果较多，可安排 4 次汇报，各小组按顺序依次进行。要求思路清晰、语言流利、图文并茂。

三、实训内容

(1) 学生分组，3～6 人为一个小组，确定组长。以小组为单位，展开讨论。

(2) 根据任务二选定的手机品牌，分组展开调查。鼓励调查方法的多样性：上网查阅、电话咨询、实地走访等。

(3) 完成某品牌手机的产品策略资料。组长分工，组员分工协作，汇总形成调查结果，包括画出产品组合图或产品进化图，写出产品品牌策略并找出证明材料，列出产品包装策略并辅以实物展示。

(4) 完成某品牌手机的价格策略资料。组长分工，组员分工协作，汇总形成调查结果，包括产品进化的价格清单(序号、产品的规格型号、面市时间、价格、定价方法等)，形成 Excel 表格。

(5) 完成某品牌手机的渠道策略资料。组长分工，组员分工协作，汇总形成调查结果，包括渠道冲突的案例及解决方案，形成 Word 文档。

(6) 完成某品牌手机的促销策略资料。组长分工，组员分工协作，汇总形成调查结果，包括最近两年的新品发布活动或促销活动(二选一)，图片、视频方式均可。

(7) 商定小组汇报代表人员，教师抽签决定各小组的汇报顺序。按照产品策略、价格策略、渠道策略、促销策略的顺序分别进行，酌情可记录 4 次平时成绩。

(8) 汇报完成后，抽签进行学生个人点评或小组点评，教师进行总结点评。

四、实训考核

根据完成实训的综合情况，给予考核。手机 4P 策略的考核项目及评分标准分别如表 2-4、表 2-5、表 2-6 和表 2-7 所示。

注意：每位同学一张考核表，由小组考核和教师考核两部分构成，分别评分，各占 50%。其中，小组评分部分：组员由组长打分，组长由组内成员综合打分。综合成绩计入本课程的平时成绩。

表 2-4　手机的产品策略调查考核表

<table>
<tr><td colspan="2">学生姓名</td><td colspan="4"></td></tr>
<tr><td colspan="2">学习情境</td><td colspan="4">进行营销组合</td></tr>
<tr><td colspan="2">评价项目与内容</td><td>项目分值</td><td>小组评分</td><td>教师评分</td><td>综合成绩</td></tr>
<tr><td>知识掌握</td><td>进行营销组合</td><td>10</td><td></td><td></td><td></td></tr>
<tr><td rowspan="2">活动参与</td><td>全程参与活动，态度积极</td><td>10</td><td></td><td></td><td></td></tr>
<tr><td>分工负责，各司其职又配合紧密</td><td>5</td><td></td><td></td><td></td></tr>
<tr><td rowspan="2">产品组合/进化图</td><td>项目较多，内容基本完整</td><td>15</td><td></td><td></td><td></td></tr>
<tr><td>设计美观，有一定的创意</td><td>5</td><td></td><td></td><td></td></tr>
<tr><td>品牌策略</td><td>查找的资料丰富，有证明材料</td><td>10</td><td></td><td></td><td></td></tr>
<tr><td>包装策略</td><td>查找的资料较丰富，有实物包装</td><td>10</td><td></td><td></td><td></td></tr>
<tr><td rowspan="2">汇报情况</td><td>用语规范，阐述完整</td><td>10</td><td></td><td></td><td></td></tr>
<tr><td>声音洪亮，语言流畅</td><td>10</td><td></td><td></td><td></td></tr>
<tr><td rowspan="3">讨论点评情况</td><td>勇于大方正视自己，点评客观</td><td>5</td><td></td><td></td><td></td></tr>
<tr><td>小组点评公正，切中要害</td><td>5</td><td></td><td></td><td></td></tr>
<tr><td>积极点评同学，意见中肯</td><td>5</td><td></td><td></td><td></td></tr>
<tr><td>合计</td><td>100</td><td>100</td><td></td><td></td><td></td></tr>
</table>

表 2-5　手机的价格策略调查考核表

<table>
<tr><td colspan="2">学生姓名</td><td colspan="4"></td></tr>
<tr><td colspan="2">学习情境</td><td colspan="4">进行营销组合</td></tr>
<tr><td colspan="2">评价项目与内容</td><td>项目分值</td><td>小组评分</td><td>教师评分</td><td>综合成绩</td></tr>
<tr><td>知识掌握</td><td>进行营销组合</td><td>10</td><td></td><td></td><td></td></tr>
<tr><td rowspan="2">活动参与</td><td>全程参与活动，态度积极</td><td>10</td><td></td><td></td><td></td></tr>
<tr><td>分工负责，各司其职又配合紧密</td><td>5</td><td></td><td></td><td></td></tr>
<tr><td rowspan="2">价格清单</td><td>资料丰富，内容基本完整</td><td>30</td><td></td><td></td><td></td></tr>
<tr><td>Excel 表格制作规范，设计美观</td><td>10</td><td></td><td></td><td></td></tr>
<tr><td rowspan="2">汇报情况</td><td>用语规范，阐述完整</td><td>10</td><td></td><td></td><td></td></tr>
<tr><td>声音洪亮，语言流畅</td><td>10</td><td></td><td></td><td></td></tr>
<tr><td rowspan="3">讨论点评情况</td><td>勇于大方正视自己，点评客观</td><td>5</td><td></td><td></td><td></td></tr>
<tr><td>小组点评公正，切中要害</td><td>5</td><td></td><td></td><td></td></tr>
<tr><td>积极点评同学，意见中肯</td><td>5</td><td></td><td></td><td></td></tr>
<tr><td>合计</td><td>100</td><td>100</td><td></td><td></td><td></td></tr>
</table>

表 2-6　手机的渠道策略调查考核表

学生姓名					
学习情境		进行营销组合			
评价项目与内容		项目分值	小组评分	教师评分	综合成绩
知识掌握	进行营销组合	10			
活动参与	全程参与活动，态度积极	10			
	分工负责，各司其职又配合紧密	5			
案例	案例描写规范，资料全面	20			
	解决方案分析到位，有自己的观点	20			
汇报情况	用语规范，阐述完整	10			
	声音洪亮，语言流畅	10			
讨论点评情况	勇于大方正视自己，点评客观	5			
	小组点评公正，切中要害	5			
	积极点评同学，意见中肯	5			
合计	100	100			

表 2-7　手机的促销策略调查考核表

学生姓名					
学习情境		进行营销组合			
评价项目与内容		项目分值	小组评分	教师评分	综合成绩
知识掌握	进行营销组合	10			
活动参与	全程参与活动，态度积极	10			
	分工负责，各司其职又配合紧密	5			
新品发布/促销活动	活动查找齐全，整合方式新颖	25			
	辅证材料丰富，形式多样	15			
汇报情况	用语规范，阐述完整	10			
	声音洪亮，语言流畅	10			
讨论点评情况	勇于大方正视自己，点评客观	5			
	小组点评公正，切中要害	5			
	积极点评同学，意见中肯	5			
合计	100	100			

项 目 小 结

通过本项目的学习，应重点理解和掌握以下知识：

1. 市场营销的营销步骤主要有三个环节：进行市场调查以发现和评价市场机会；细分和选择目标市场；确定市场营销组合等。

2. 进行市场调查工作需要对市场信息进行系统性的收集和分析，采用问卷调查的方式了解市场并学会撰写市场调查报告。

3. 选择目标市场，是制定市场营销策略的基础和关键。明确企业应为哪一类用户服务，满足他们的哪一种需求，是企业在营销活动中的一项重要策略。要能够根据企业的实际情况，制定符合需求的目标市场策略。同时，要明确市场调查的设计技巧及市场调查报告的撰写要求。

4. 营销组合即营销手段，是公司在选定的目标市场上，综合考虑环境、能力、竞争状况等企业自身可以控制的因素，加以最佳组合和运用，用来追逐其营销目标，以完成企业的目的与任务的一系列营销工具的综合运用。目前常用的是 4P 组合策略，即产品策略、价格策略、渠道策略和促销策略。

思 考 与 练 习

一、知识运用题

1. 市场调查的问卷设计包括哪些内容？请列出一份完整的调查问卷模板。
2. 选择目标市场的战略有几种类型？请自选一家公司，展开阐述。
3. 市场调查报告的内容有哪些？请查找资料，列出一份完整的调查报告模板。
4. 4P 营销组合的内容有哪些？请分点阐述。

二、案例分析题

(一) 三个业务员寻找市场

美国一个制鞋公司要寻找国外市场，公司派了一个业务员去非洲一个岛国，让他了解一下能否将本公司的鞋销给他们。这个业务员到非洲后待了一天发回一封电报：“这里的人不穿鞋，没有市场，我即刻返回。”公司又派出了一名业务员，第二个人在非洲待了一个星期，发回一封电报：“这里的人不穿鞋，鞋的市场很大，我准备把本公司生产的鞋卖给他们。”公司总裁得到两种不同的结果后，为了解到更真实的情况，于是又派去了第三个人，该人到非洲后待了三个星期，发回一封电报：“这里的人不穿鞋，原因是他们脚上长有脚疾，他们也想穿鞋，过去不需要我们公司生产的鞋，因为我们的鞋太窄。我们必须生产宽鞋，才能适合他们对鞋的需求，这里的部落首领不让我们做买卖，除非我们借助政府的力量和公关活动搞大市场营销。我们打开这个市场需要投入大约 1.5 万美元，这样我们每年能卖大约 2 万双鞋，在这里卖鞋可以赚钱，投资收益率约为 15%。”

思考：

1. 市场营销活动要求企业的营销人员应具备什么素质？
2. 分析三个业务员对市场的职业敏感性。

(二) 爱尔琴钟表公司的经营观念

美国爱尔琴钟表公司自1869年创立到20世纪50年代，一直被公认为是美国最好的一批钟表制造商之一。该公司在市场营销管理中强调生产优质产品，并通过由著名珠宝商店、大百货公司等构成的市场营销网络分销产品。1958年之前，公司销售额始终呈上升趋势，但此后其销售额和市场占有率开始下降。造成这种状况的主要原因是市场形势发生了变化：这一时期的许多消费者对名贵手表已经不感兴趣，而趋于购买那些经济、方便、新颖的手表。而且许多制造商迎合消费者需要，已经开始生产低档产品，并通过廉价商店、超级市场等大众分销渠道积极推销，从而夺得了爱尔琴钟表公司的大部分市场份额。爱尔琴钟表公司竟没有注意到市场形势的变化，依然迷恋于生产精美的传统样式手表，仍旧借助传统渠道销售，认为自己的产品质量好，顾客必然会找上门，结果致使企业经营遭受重大挫折。

思考：

1. 爱尔琴钟表公司遭受重大挫折的原因是什么？
2. 你认为企业的市场营销观念应该如何紧跟市场形势的变化？

(三) 芭比的成功

芭比诞生于“二战”后的美国。1959年3月9日，世界上第一个金发美女娃娃正式问世，它的创造者美泰公司创办人露丝·汉德勒见女儿喜欢玩当时流行的纸娃娃，兴致盎然地帮它们换衣服、换皮包，便想到应该设计一款立体娃娃。而一次在德国度假时，露丝无意间发现了身高11.5寸，三围39-18-33的德国娃娃“莉莉”。正是这个娃娃激发了露丝的灵感。回到美国后，露丝立刻对莉莉的形象加以改造，让她看上去像玛丽莲·梦露一般地性感迷人。1959年3月9日，世界上第一个金发美女娃娃正式问世，露丝用小女儿芭芭拉的昵称给她命名，从此这位金发美女就叫做“芭比”。目前，芭比的足迹遍布全球150个国家，平均每一秒钟在世界上就有3个芭比娃娃被售出。几十年来，芭比始终保持着青春、亮丽的形象，曲线玲珑、光彩照人。美泰公司平均每年要推出90组芭比系列娃娃，为使芭比更加人性化，美泰专门为她设计了朋友、家人，还有一个名叫肯尼的男友；芭比从事的职业也各种各样，她当过明星、教师、工程师甚至兽医；而最让孩子们着迷的是，芭比有数不清的漂亮衣服。据统计，自问世以来，芭比和她的朋友们一共穿过近10亿件衣服，芭比以其迷人的形象征服了全世界。从1959年至今，芭比从一名摇滚明星到战地护士，有无数种身份，经专家精心设计的三围和五官，拥有达10亿套时装及10亿双鞋，共穿过45个国家或民族的服装，是所有女性的梦想。芭比的出现，将女人关于美的理想，从3岁一直延续到80岁。风靡了50年的芭比，见证了50年来时尚的各种风潮。

思考：

请从市场营销的角度分析芭比成功的原因。

三、实际操作题

模 拟 推 销

1. 操作目的：学以致用，消化、理解直至掌握市场营销的基础知识。

2. 操作准备：准备好待推销的商品(可以是水、笔、书、毛巾等任何适合在校园内售卖的东西)，思考推销的思路、对象、话术、方法、技巧等操作细节，在校园内选好推销地点，在学校允许的范围内可做适当布置。

3. 操作方法：学生分组，3～6 人一组，共同商讨推销策略。推销方式不限，现场售卖、随机向路人推销、网络推销等均是允许的。推销结果以成交额为准，网络推销可截图，现场推销用数码摄像机记录整个过程。在大屏幕回放模拟推销视频，或者现场展示网络推销的聊天话术，学生进行自我评价，老师总结点评学生存在的个性和共性问题。所有小组按不同表现分别计入平时成绩。

4. 评价标准：具体评价标准如表 2-8 所示。

表 2-8　模拟推销考核评价表

内　容		评　价	
学习目标	评价内容	小组评价 (5、4、3、2、1)	老师评价 (5、4、3、2、1)
知识掌握	市场营销基本术语的理解		
	市场营销基础知识的运用		
专业能力	推销话术		
	沟通技巧		
通用能力	观察能力		
	语言表达能力		
	临场应变能力		
态度	积极参与活动		
	快速融入场景		
	善于团队协作		
努力方向：		建议：	

拓展训练

市场营销模块理论知识的学习比较简单，实践操作却千变万化，不易掌控。本书以 iBizSim 企业竞争模拟软件为载体，向大家展示在制定市场营销策略时的基本操作和相关技巧。

一、市场营销决策的基本操作

(1) 打开浏览器，输入网址 www.bizsim.cn，登录企业模拟竞争系统。

(2) 点击“我参加的比赛”，进入比赛页面。

(3) 点击“制定决策(快捷模式)”，进入制定决策界面。

(4) 根据模拟操作系统中给定的比赛规则，摸索竞争对手的历史决策数据，制定相应的市场营销策略，具体包括价格决策、广告决策、促销决策和供货决策。在做每一个决策时，点击空格部分，都会自动出现决策提示。

二、市场营销决策的相关技巧

商场如战场，瞬息万变。企业竞争模拟软件平台就像一个虚拟的企业运营平台，制定市场营销决策时需要兼顾的因素非常多，如外部的环境变化、竞争对手的决策调整、企业内部的决策制定等，都需要掌握一定的规律和技巧。这里介绍一些市场营销决策制定的攻略供参考。

市场几乎是所有参赛队伍公认的比赛最有挑战性的领域，在整个模拟运营中，各公司实力的真正较量主要集中在市场，市场是各企业正面交锋的主战场。现实中的市场更是变化莫测，企业的收入直接来源于所销售的产品，而利润＝收入−成本。在比赛中，我们经常看到，一些公司的产品等级(质量)与别人差不多，但他们却在相同价格下的需求相差甚远，或者在相同销量下价格相差甚远。同时我们又可以看到，高收入并不意味着高利润，低收入也可以高利润。广告、促销的作用到底在哪里？影响究竟有多大？投多少，怎样投最合适？四种产品、四个市场，如何抉择才能使利润最大化？这一切信息的掌握都需要我们借助一些技巧。

(一) 产品投放攻略

当生产部门综合各种因素将本期比较合理的决策基本做出时(有可能会调整，比如资金短缺不能支持该生产方案时)，就到了整个比赛最关键的一环，即如何把产品卖出去以实现销售利润最大化，首先面临的选择是市场投放问题。

假设现在市场部门拿到的有 N 多个 A，那么到底是投三个市场还是投四个市场呢？遵循利润最大化原则，一般情况下投入四个市场的利润都会相对高，由于市场的分散性，总的价格更高，市场边际贡献也更高。但是往往在初期产能严重不足，某产品产量相对小时，则存在将产品集中到两个或三个市场中比分散到四个市场中利润更高，因为市场过于分散，虽然价格更高，能带来一定收益，但由于量的不足往往弥补不回来多投入一个市场所带来的固定运费的增加。如果我们选择的是投三个市场，那么就还有一个没有产品供给的“空”市场需要处理。

关于“空”市场如何处理的问题，往往有参赛队员喜欢将其价格定为 1 元钱或几万元钱，其目的分别是压低市场价格和缩小市场需求。从表面上来看，这也是打压对手的想法，因为自己不供货，不会受到直接损害。直觉是可行的。下面就分析一下这两种做法的可取性。

首先，定价 1 元钱将产生大量低价订货，这意味着下期我们自己还是不能进入该市场，实际上就是断了自己再进入的后路。同时，定超低价，产生大量“未满足需求”，关于本企业本期生产未满足需求，比赛规则里有明确的规定：“某公司不能满足的需求，除了转为下期定货，其余的可能变为对其他公司的需求”。这实际上就是在增加对手的需求，对自己是有百害而无一益。

其次，对于定超高价的情况，由于自己的需求已为零，所以这是绝对不会增加对手需求的做法，但这也有其弊端，假如我们下期要再进入这个市场，我们将缺乏参考价格。因此，最好的做法是适当提价，让它形成一定订货，经验性的提价是尽可能使得在这个价格下产生“下期订货+下期预计需求≈下期该市场的预计销售量”。

以上是仅从利润角度来分析，当产能不足时，存在放弃部分市场的选择，下面继续从非利润角度来分析：

首先分析市场占有率指标。在本企业某产品供货量或产量一定，实现 4 个市场的该产品市场份额均相当时，通过标准分计算实现该产品对市场占有率指标贡献最大；当 16 个市场的市场份额均相等时，则实现本企业市场占有率指标最大。故放弃市场的选择无外乎对该指标影响巨大。

其次分析市场进入壁垒。这在比赛规则中并无明确的文字叙述，但在比赛规则中的“市场机制”部分有如下说明：“各市场对各种商品的需求与多种因素有关，符合基本的经济规律。对某公司的需求量依赖于该公司的决策及状况(包括对商品的定价、广告费、促销费用及市场份额等)，也依赖于其他公司的决策及状况。同时，需求量也与整个市场的容量、经济发展水平、季节变动等因素有关”。由此可见，企业本期某产品某市场需求也会受上期该产品在该市场的市场份额影响。言外之意，上期市场份额越大，对下期积极影响越大；上期市场份额越小，对下期消极影响越大。通过研究发现，当我们的某产品在某个市场的市场份额为 0%时，该产品下期进入该市场时就存在极大的市场进入壁垒，具体表现为：和其他上期已经占有一定份额的公司相比，下期两者价格相等时需求会相差甚远。0%的市场份额包括两种情况：初次进入；中途退出再进入。当我们某产品在某个市场的市场份额为 100%时，也就是完全垄断，此时在下期，所有再进入的公司均面临着市场壁垒，这也是该产品在该市场赚取超额利润的时候。在这两种市场极端情况下，上期的市场份额对下期需求是极其巨大的。

最后分析“未满足需求转变为其他公司需求”，这是初级比赛中队员们最容易忽视的比赛规律之一。我们放弃的市场必然存在一定量的未满足需求(在不定超高价的情况下)，这无疑是为竞争对手做贡献。

根据以上三点，从理论上讲，我们不应该存在放弃市场的选择，即使当期利润受到一定影响，因为此时的少量利润一般远不如市场的延续性重要。但是如果某产品的产量低到极限，如 20 个，就另当别论。也因此，由于现实资源的限制，如前两期的人机结构，我们很难生产一定量的某种产品时，也要尽可能做一定调整，争取使其能满足每个市场均存在销售量，如意识到下期某产品产量严重不足时，可在上期的部分市场合理提价，预留合理库存，以保证在下期该产品该市场即使不供货也尚有销量。对于各产品的基本供货量达到多少我们就尽可能选择供 4 个市场，一般常见的讨论有 100 个、80 个、60 个等，再少就需要更精细的权衡。

当产量较大可在各市场分散投入时，需要考虑的问题就是如何投放是最优的。一般而言，产品的投放原则有：利润最大原则和市场份额最大原则。

(1) 利润最大原则。参赛队员在利润分析上常见的指标有：单位产品各市场利润相等原则；单位产品各市场成本利润率相等原则；单位产品各市场边际贡献相等原则等。下面仅介绍“单位产品各市场边际贡献相等”原则：对于一个即将销售的摆放在市场的产品而言，在运到市场以前，它们的成本没有任何区别，在选择市场时应不予考虑，如果我们已选定要投放的市场，那么固定运输费也是不可避免的，并且投 1 个与 100 个没有任何区别，倘若用利润率法，就会把固定运输费分摊到本市场每一个产品上，就会导致决策失误。单位产品的(市场)边际贡献最能反映一个市场的获利情况，比如现在这 1 个尚未分配到任何市场的产品，且 4 个市场的单位产品边际贡献不等，很显然这个产品产生的“市场边际贡献 = 该市场的单价–变动运输费”。实际上当单位产品各市场边际贡献均相等时，直观的结果为该产品 4 个市场的差价就是该产品在各市场的单位变动运输费的差额。但是在全国比赛中，特别是高水平对抗赛中，一般不会见到哪个团队会为了赚取少额利润而将一、二市场差异化处理。这两个市场本属无差异市场，倘若按照变动运费的不同而差异化处理，我们在模型中可以检测到确实会增加少量利润，但这对市场把握与培育并不利，同时还降低了综合市场占有率。所以实战中一般不会将前两个市场差异化处理，但其与三、四市场的价格梯度是明显的。

(2) 市场份额最大化原则。前面已经述及，当各产品在各市场的市场份额均相等时，市场占有率指标实现最大化。这也是典型的均衡投放思想(市场均衡)，2006 年全国高等院校企业竞争模拟大赛(以下简称“全国大赛”)中在这方面比较突出的如“Lord”“Fino”等，我们也是从其文章与外部数据中学习到的该思想。2007 年均衡投放思想被作为经典战略思想广泛应用。当然，要做到市场均衡，这需要很强的市场预测能力。

“一休”团队一般遵循四种产品按照“单位机时边际贡献相等”均衡投产，市场按照各产品在各市场品占有率尽可能相等均衡投放，而不是单纯遵循 16 个市场“单位机时边际贡献相等”或 16 个市场占有率均相等来定产定销。实际上水平越高的对抗赛，市场份额最大化原则与利润最大化原则的接近程度也越高，水平越低的对抗赛其接近程度越低。

在此简单叙述一下均衡战略。一般所说的均衡战略，是指各产品各市场均衡发展，以实现总效益最大化。不仅体现在产品结构、市场份额上，还体现在价格、广告及促销等方面，部分参赛队员将均衡战略理解为：生产上的各产品等量生产或等产能生产、市场上的等数量投放等，这都是对均衡战略的错误理解。真正的均衡战略会最大限度降低企业经营风险，几乎同时实现企业的最大利润和最大市场占有。

(二) 需求影响因素分析攻略

要对需求进行预测，首先要明确决定或影响需求的因素都有哪些，已知的因素有：价格、广告、促销、研发。这 4 个因素对需求影响最大，下面就这 4 个因素进行分析。

众所周知，研究价格与需求之间的关系，最常用的就是分析其需求的价格弹性。需求的价格弹性系数 = 需求变动的百分比 / 价格变动的百分比，即 $E_p = (\Delta Q / Q) / (\Delta P / P)$，可通过对历史数据的分析得到一个大约的弹性系数，各产品的弹性值一般都为 3～6，也就是说产品都是富有弹性的。比赛中各产品的价格弹性系数也并非是一个固定值，在不同的价位上表现为不同的点弹性，并且基本遵循“需求的价格弹性随着价格的升高而递增”：当价格升高时，需求的减少是加速的；当价格降低时，需求的增加是减速的。降价所带来的边际效益是递减的，当价格弹性下降至 1 时，降价的边际效益为 0，之后再降价则是没有正面意义的。当然，在有限期比赛中，产能都不足以达到使得价格下降到如此之低，不过用 400 多台机器只生产 A、B 是有可能的，因此大规模生产更适合多元化经营。根据《企业竞争模拟疑难解答》可知，当现行价格为初始价格的 70%时，继续降价不再增加需求，这是为了避免个别参赛队伍在比赛过程中恶意扰乱市场而做的系统设置。

关于广告，规则中说“可能有滞后作用”。现实中，广告是肯定有滞后作用的，尽管如此，广告的作用还是以当期为主，并且对以后各期的影响力呈现递减趋势，甚至对第三期以后各期的影响都可忽略不计。因此，广告的连续投入是必要的。比赛规则对促销则说得很确切，无任何滞后性。不论是广告还是促销，它们的边际效益都是递减的，理论上也都是当其边际效益为零的时候总效益最大。但是在这个变化莫测的市场中，要检测出它们的边际变化曲线，几乎是不可能的，更多的可能是市场感觉。但是我们如何来确定每一期的广告促销额呢？一般都是根据比赛推进、产能的扩大，以及各期适量增长。但对在各产品、各市场中如何分配，则各有差异。广告方面，不少观点认为：低端产品 A、B 较少投入，高端产品 C、D 则重点投入。促销方面，各市场均衡投入或重点投入后两个市场。“一休”团队的具体做法是确定一个营销费率，也就是用预计收入的 m%作广告促销费，至于这二者的分配，一般是各占一半。对各产品、各市场的实际投入量直接由决策单中的行列矩阵算出，同时参考市场状况做出一定调整。如某产品或某市场由于上期意外库存的原因导致销售的价格压力较大时，应适当考虑增加该产品或该市场的营销费用，以缓解价格压力；当某产品或某市场上期末由于意外因素产生部分订货，使得本期价格上升幅度较大时，则可考虑本期暂停该产品或该市场的营销费用的持续增长，以便于把握价格，以降低定价风险。

最优的营销费率百分比不是恒定的，一般在低水平比赛中，整体的营销费用较低；而高水平比赛中，整体营销费用较高。由于广告促销本身具有相对影响和外溢效应，因此本书认为，比较好的营销费用是比 16 家公司的均值高出一定水平，而不是一味地追求全场最高。

由于不少参赛队员对广告“滞后性”的揣测，常常会在最后一期进行所谓的短期行为，即把广告费用尽可能撤下来，实际上这是不可取的，从绝对情况来看，一下子少了二三十万的广告或更多，定价难度陡增，同时考虑到在市场中的广告相对量影响，这也无疑会进一步减少自己的需求，给销售带来巨大压力。

关于广告的外溢效应，该设想由“Fino”团队在 2006 年管理大赛中首次提出。外溢效应是指在为本公司的某产品做广告时，实际上宣传的不止是自己的品牌和这类产品，一定程度上也帮助别的公司宣传了这种产品。但是如果某家公司妄图利用外溢效应而节省自己的广告费用，那么后果也是很严重的，要知道外溢效应增加，它的需求量远不及别人从它这儿抢走的需求量。一般认为广告的外溢效应主要体现在增加市场总需求方面。

高额的研发对需求的刺激是十分显著的，每研发一级可增加的需求量百分比因情景而异，研发的效益理论上应该是边际递减的，但在我们的比赛中是否如此颇有争议。

以上四个因素是影响需求的最基本因素，除此之外还有：国民经济发展(市场自动扩大)；对手的相对策略；上期市场份额；本公司的供货量与理论需求量间的数量关系；市场消息和人们对市场消息的判断。

在分析前面的四项基本因素时，一定要考虑市场的自动扩大，否则就会夸大广告促销及研发的作用，也得不出正确的价格弹性分析，必须剔除其影响。根据“一休”的观测，一般每一期市场的自动扩大比例为2%～5%不等，也呈现递减趋势，且由于产品因市场和具体情景而异。根据诸多团队的实战经验，这里没有明显的季节周期性变化，但存在偶尔的尚未被人们发现其规律的市场“振动”。

对手的相对策略影响规则中有明确表述：“价格、广告和促销费的绝对值会影响需求，与其他公司比较的相对值也会影响需求”。当然，这应该是与各公司的均值作比较，越接近均值，受对手的影响就越弱。这在决策过程中更多是起着理念性的指导作用。

关于市场份额的影响，前面已经论述，在此不作重复。考虑到市场的延续性，因此有必要注意产品的市场投放策略(均衡)，有必要注意产品投放的节奏(不能太晚)。

自己的供货量与理论需求量间的数量关系，在市场定价及其竞争中极为重要，这也是最容易被人们忽视的因素之一。

根据对规则的理解，2006 年全国大赛时，“Next”团队研究认为：本期实际需求(企业在货源充足情况下的最大需求)＝本期理论需求＋上期订货＋其他公司缺货数一定比例。该公式本质上就是对规则“某公司不能满足的需求，除了转为下期定货，其余的可能变为对其他公司的需求”的实际运用。如果该理论成立，那么进一步支持了少量库存的相对高价策略和第一期的价格之争(在后面内容中会讲到)，因为上述公式只有在库存的前提下成立，假如本企业都缺货的话，其他企业的未满足需求是没有理由转给我们的。该公式同样说明最优的市场状态是全面 1 库存，而非完美的 0 订货 0 库存，全面的 1 库存才真正实现了利润最大化，因为只有在全面 1 库存时，才能证实将潜在价格空间充分利用。下面是模拟的两家公司第一期市场的产品 A 的市场反应对比，如表 2-9 所示。

表 2-9 产品市场反应对比

公司	价格	广告	促销	上期订货	供货数量	废品	本期需求	本期销售	期末库存	期末订货
公司 1	2975	5 万	2 万	6	45	2	51	43	0	4
公司 2	3200	3 万	1 万	6	66	3	56	62	1	0

历史 8 期这两公司都进行了研发升级，仅从价格、广告、促销上说，公司 1 的理论需求数应大于公司 2 的，但其结果却让人深思，这个差异发生在了 A 产品的 4 个市场。唯一的解释就是这其中包含了其他公司的一定缺货，当时其他各家公司也都确实存在不等量的未满足需求。这种情况在相对低水平的比赛中表现得较为突出，特别是在前两期，因前两期是产能严重不足期，价格把握难度较大，产生大量订货的机会也较多。但要慎重看待此公式。在 2007 年 MBA 大赛中，“一休”曾充分利用该市场空隙，但是在 2007 年管理大赛中，由于大赛交流的广度及大家的研究深度，使得这种刻意赚取他人未满足需求的行为越来越具有投机性，在 2007 年暑假友谊赛中几乎不可行，因为当所有企业都这样做的时候，最后的结果就是大家一起库存，区别只在于库存的多少。

(三) 市场消息攻略

由于市场消息具有特殊性，下面单列出来讨论。

为了增添比赛的博弈色彩，使比赛更加贴近实际，在比赛中还添加了市场消息，这是未来的预测消息，消息的内容与好坏是随机的，消息是否会发生，以及对市场是否会产生影响，也是随机的，它的结果只有两种：事件已经发生并已产生影响；事件并未真正发生或未造成影响。即使是前者，影响到底有多大，是不可预知的，怎样看待它也是由公司领导人的风格决定。往往开始接触这个比赛的队员都比较看重这条消息，但时间长了大家都会感到找不出什么规律或很难找到规律，并且诸多团队都有同感：这则消息不管是否发生，对市场的影响都是微乎其微的。故大赛交流中，一般均认为对待市场消息的最好态度是：置之不理。

(四) 定价策略攻略

一般来说，价格水平主要受成本费用、市场需求和市场竞争三个因素的影响，因此定价方法可分为成本导向、需求导向和竞争导向三大类。在比赛中一般是三者并重。

这三大经典定价理论作为最传统和基础的定价方法，在比赛中运用极其广泛，其基本理念在此不过多阐述。在大赛交流中，定价策略堪称最经久不衰的话题，一般均围绕着三大基本定价理论展开，但至此尚无哪支团队能完全解开定价之谜，也未见哪家公司的市场定价达到完美。关于定价方法，下面仅介绍“一休”团队在具体的实战过程中，以三大基本定价理论为基础，结合比赛实际情况，走出传统的定价思维模式，开创的另外一种定价思路，我们称其为“内部定价法”与“外部定价法”。

1. 内部定价法

首先我们根据以往比赛的经验值，以及对已先行比赛历史各期参数的回归分析得到内部定价基本参数(不考虑外部因素影响)：价格弹性(或价格边际效益)；广告促销弹性(或边际效益)；等级边际效益；市场自动扩大百分比；等等。在尽可能自动化的模型中，依据上期需求与本期预计销量的关系，由决策单和上述各参数会自动导出一个市场价格。这个价格是完全参数导向型的，也是一个完全不考虑外部因素的价格，并且对参数的精确度要求较高。往往在供货量(或预售量)与需求相差不大时，该定价方法比较准确，但是当市场波动较大时，该定价方法则需作一定的调整，其调整依据就是外部定价法。

2. 外部定价法

外部定价法主要是通过分析本公司的需求(或销量或市场份额)与市场平均水平的差距，以及价格与市场加权均价的差价的相关关系，并且通过预测下一期本公司的销量、份额及市场均价的变动，推导出下期本公司价格与市场均价的关系，同时重点分析参考四类竞争对手的需求(由市场份额计算出一个大约值)与价格的关系：市场份额最大者(即市场领导者)；市场价格较高者(份额不是很小)；市场份额与本公司最接近者；市场价格与本公司最接近者。最后对价格作出一定调整。

该定价理论基本的原则是：内部定价是基础，外部定价作调整。

在外部定价理论中，预测下期市场份额和均价走势显得尤为重要，这要求我们具备较高的对手还原及分析能力，从而比较清楚地了解对手的机器数量、产品结构、市场库存状况和习惯性的战法，但是要做到这一点并非易事。

为了尽可能降低定价误差，减弱对手的相对影响，中庸思想再一次凸显其特殊意义，均衡战略理念得到进一步的强有力支持。

对于4个市场的差异，有参赛队员形象地描述：一、二市场是国内市场，而三、四市场是国际市场。对此我们都有同感，三、四市场虽然运输费昂贵，但其消费水平远远高于一、二市场，需求十分旺盛，需求弹性也更大一些，在比赛中每家公司也都是将可以赚取高额利润的国际市场作为主攻市场，实际上当我们做到4个市场的单位机时边际贡献基本平衡时，三、四市场也就已经成为主打市场了。

在市场决策过程中，往往最后敲定价格，首先根据全部非价格决策信息推导出价格不变情况下各市场本企业当期需求，然后对比各市场预计销售量，通过需求的价格弹性将供求转换成价格差异，从而确定最后的基本价格。然而此处往往最难把握，比赛中各产品在不同价位上的弹性系数值是不一样的，我们平常所说的价格弹性系数 $E_{\mathrm{p}} = (\Delta Q/Q)/(\Delta P/P)$，指的是价格为 P、需求为 Q 这个点上的弹性，故当企业的预计销售量与需求比较接近时，此时定价可近似看成点定价。但在比赛中，由于市场的不确定性，经常出现产能大跳跃或大量库存、大量订货情况，此时预计销量与需求量往往差额较大，而不能简单地用某一个点的弹性值来转化价格。这就是我们在比赛中经常面临的区间定价问题(与点定价相对)。

力求解决区间定价问题，首先引入弧弹性概念。弧弹性是指曲线上两点间一段弧的平均弹性。弧弹性 $= [(Q_1-Q_0)/0.5(Q_1\ Q_0)] \div [(P_1-P_0)/0.5(P_1\ P_0)]$，$P_0$、$P_1$ 是变化前后的产品价格，Q_0、Q_1 是变化前后的需求量，即在计算弧弹性时用的前后两个价格之平均价格上这个点的价格和需求量，而不是直接采用期初价格位置下的点弹性系数值。用弧弹性分析方法来进行区间定价，从理论上说是最科学的。但从比赛的实际情况来看，能够体现出区间定价思想的具体定价思路还有下面这种：

点弹性计算是使用两个相对值相比，然而当我们用两个绝对值相比，或者一个绝对值一个相对值来相比的时候，就能体现出区间定价思想。如产品A，多少钱对应一个产品，即价格每降100元，需求增加多少数量；价格每降低100元，需求增加多少百分比；需求每减少N个，价格可上涨额度多少；需求每减少N个，价格可上涨百分比多少；等等。这些仅作为定价思路，可供参考，对其精确性及可信度在此不进行评议。

实战中，首期定价一般最难把握。其实不论首期还是哪一期，要确定某产品在某市场的价格，首先得结合自身战略看该产品在该市场预计销量是多少，然后根据一般的定价理论定价。对首期而言，往往由于供求的巨大差异，使得首期定价成为一个典型的区间定价，故A、B产品首期定价可按区间定价来处理。而C、D产品则是价格的试探，其试探性定价思路一般有：成本利润率法，一是参考A、B产品的一般利润率确定C、D产品的基本价位；二是参考以往比赛中C、D产品步入正轨以后的成本利润率。

(五) 产销结合攻略

在比赛中，不少队员总是试图从“以产定销”还是“以销定产”的争论中寻求一个结论。在团队合作过程中，也往往是生产部门倾向于“以产定销”，不愿意轻易调整自己的生产规划，而市场部门总是要求生产绝对为其服务，也就是“以销定产”。合理的企业规划与决策应该是生产与市场的紧密结合，同时与财务形成一体化，在一切都理想的情况下，均追求利润最大化或标准分最高即可，但是意外情况总是无处不在。

项目三　生产安排决策与分析

项目分析

随着制造业的逐渐发展，制造企业的生产规模不断扩大，制造设备渐渐增多，同时，顾客对于商品的个性化和多样化要求，使得制造订单不断变化，顾客对于商品体现出了质量要求高、交货期短、品种多等需求特点。

生产计划是制造企业进行生产制造活动时的主导性方案，它能够对制造资源进行合理有效的统筹应用，并且能够指导各种生产技术的应用。优秀的生产计划是制造企业能够满足消费者需求、提升自身获利的基础，它能够合理地安排制造资源和制造能力，使得资源利用率得以提高，大幅度减少资源的浪费，从而创造更多的社会财富，推动社会的发展。而生产得以顺利进行，离不开原材料、设备等的合理采购，采购不是成本中心，而是企业真正的利润中心之一。采购作为企业的生命源泉，保障了生产的顺畅，同时保障了产品的质量。无论是从采购的理论角度，还是从其在实际工作所扮演的角色而言，它对企业的利润贡献是不可估量的。生产计划的实现离不开生产排班的合理安排，企业应充分利用现有资源进行最大可能性的产出，避免人力、设备的浪费。

本项目主要学习生产采购的策略和生产排班的策略，具体框架结构如图 3-1 所示。

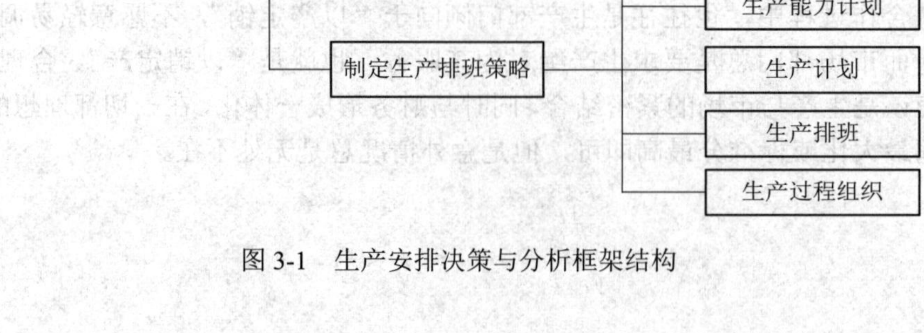

图 3-1　生产安排决策与分析框架结构

知识目标

(1) 了解采购合同的内容，以及采购流程和采购方法。
(2) 了解生产五要素：人、机、料、法、环。
(3) 了解生产计划的编制与生产能力的核定。
(4) 了解生产排班的原则、线性规划和预算模型。

能力目标

(1) 培养学生初步的采购、生产意识，并能够清楚其流程。
(2) 能够合理应用采购方法，编写简单的采购合同。
(3) 能够清楚生产五要素，培养学生的生产统筹能力。
(4) 能够针对产品的生产特点，进行生产能力核定和生产计划编制。
(5) 能够对两种产品、多种产品进行排班。

任务一 制定生产采购策略

任务目标

采购是企业运营过程中的重要环节，对企业的日常发展和经营有着重要影响。为了进一步适应企业生产，科学合理的采购已经成为重要环节。采购也是最后销售成本核算的重要组成部分，关系到后期销售定价和企业市场竞争力。通过本任务的学习，应达到以下目标：

(1) 掌握采购流程。
(2) 掌握采购方法。

案例引入

星龙湾大酒店的采购管理

2001年8月8日，星龙湾大酒店在鲜花的簇拥和鞭炮的喧嚣声中正式对外营业了。这是一家集团公司投资成立的涉外星级酒店，该酒店不仅拥有装潢豪华、设施一流的套房和标准客房，下设的老宁波餐厅更是特色经营传统宁波菜和海派家常菜肴，为中外客商提供各式专业和体贴的服务。由于集团公司资金雄厚、实力强大，因此，在开业当天，不仅社会各界知名人士到场剪彩庆祝，更吸引了大批新闻媒体竞相采访报导。一时之间，星龙湾大酒店门前是人头攒动、星光熠熠。

最让星龙人感到骄傲的是酒店大堂里的一盏绚丽夺目、熠熠发光的水晶灯。这盏水晶灯是公司王副总经理亲自组织货源，最终从奥地利某珠宝公司高价购回的，货款总价高达120万美元。这样的超级豪华水晶灯不仅在全国罕见，即使是在国外，也只有在少数几家5星级大酒店里才能见到。开业当天，来往宾客无不对这盏豪华的水晶灯赞不绝口，尤其经过媒体报道之后，更成为当天的头条新闻。星龙湾大酒店在这一天也像那盏水晶灯一样，一举成名，当天客房入住率就达到了80%以上。

王副总经理也因此受到了公司领导的高度赞扬，一连几天，他的脸上都洋溢着快乐而满足的笑容。

然而，好景不长。两个月后，这盏高规格高价值的水晶灯就出了状况。首先是失去了原来的光泽，变得灰蒙蒙的，即使用清洁布使劲擦拭，都不复往日光彩。其次，部分金属灯杆都出现了锈斑，还有一些灯珠破裂甚至脱落。人们看到这破了相的水晶灯，议论纷纷，这就是耗资100多万美元购回的高档水晶灯吗？鉴于情况严重，公司领导责令王副总经理在限期内对此事作出合理解释，并停止了他的一切职务。这个时候，王副总经理再也笑不出来了。

事件真相很快就水落石出了。原来，这盏价值近千万元人民币的水晶灯根本不是从奥地利某珠宝公司购得的，而是通过南方某地的 W 公司代理购入的赝品水晶灯。王副总经理在交易过程中贪污受贿，中饱私囊。虽然出事之后，王副总经理理所当然地得到了法律的严惩，但是星龙湾大酒店不仅因此遭受了近千万元的巨额损失，更为严重的是酒店名誉蒙受重创，成为同行的笑柄。这对于一个新开业的公司而言，不啻是一个致命的打击。

思考：

星龙湾大酒店发生悲剧的原因是什么？企业经营过程中如何规范采购流程？

知识链接

一、认识采购

(一) 采购定义

采购是指企业在一定的条件下从供应市场获取产品或服务作为企业资源，以保证企业生产及经营活动正常开展的一项企业经营活动。换句话说，采购就是从资源市场获取资源的过程。能够提供这些资源的供应商，形成了一个资源市场。为了从资源市场获取这些资源，必须通过采购的方式。也就是说，采购的基本功能就是帮助企业从资源市场获取其所需要的各种资源。

采购同时也是一种经济活动。在整个采购活动过程中，一方面，通过采购获取了资源，保证了企业正常生产的顺利进行，这就是采购的效益；另一方面，在采购过程中，也会发生各种费用，这就是采购成本。要追求采购经济效益的最大化，就是不断降低采购成本，以最少的成本去获取最大的效益。所以要科学采购，这是实现企业经济利益最大化的基本利润源泉。

(二) 采购方法

随着科技的进步和市场环境的变化，企业采购管理模式经历了从以生产为导向到以市场需求为导向的转变，在市场需求导向模式下对采购管理的方向，主要集中在如何协调买卖双方供应链的渠道、如何完善供应链系统以应对市场多变需求等问题上。目前，企业采购管理的改革趋势是打破传统的职能型组织结构，将采购管理的地位逐步提升到最高战略层次上。常用的采购管理方法有三种。

1. 基于库存理论的定量采购方法

库存理论主要以企业单方为视角，以维持企业正常的生产经营活动为根本目的，采用采购价格为外生变量，研究最优订购量和订货周期，以尽可能降低采办费用和库存投资，其决策过程往往只涉及最优采购量和采购周期问题。定量采购方法的一般做法是：当库存量下降到预定的采购点时(即最低库存数量)，按规定数量进行采购以补充库存。当库存量下降到订货点时，按预先确定的订货量(再订货点)发出货物订单，经过采购周期，收到订货，使得库存水平上升。订货量通常以总库存成本最低时的经济批量为依据来确定，如著名的 EOQ 公式。库存理论的定量采购如图 3-2 所示。

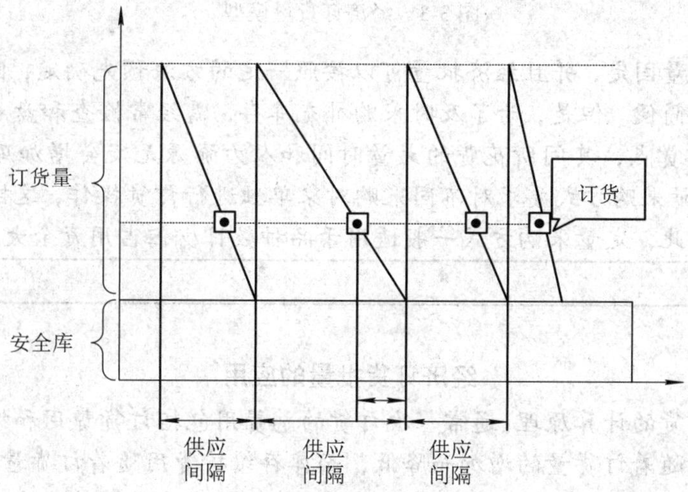

图 3-2　库存理论的定量采购

相关链接：

经济订货批量(EOQ)

经济订货批量(Economic Order Quantity，EOQ)是固定订货批量模型的一种，可以用来确定企业一次订货(外购或自制)的数量。当企业按照经济订货批量来订货时，可实现订货成本和储存成本之和最小化。在库存管理中必须作出的基本决定之一就是对照发出重新补充库存的订单的成本平衡库存投资的成本。要回答的问题是：应该订多少货。正确的订货数量要使同发出订单的次数有关的成本同所发订单的订货量有关的成本达到最好的平衡。当这两种成本恰当地平衡时，总成本最小。这时所得的订货量就叫做经济批量或经济订货量，如图 3-3 所示。

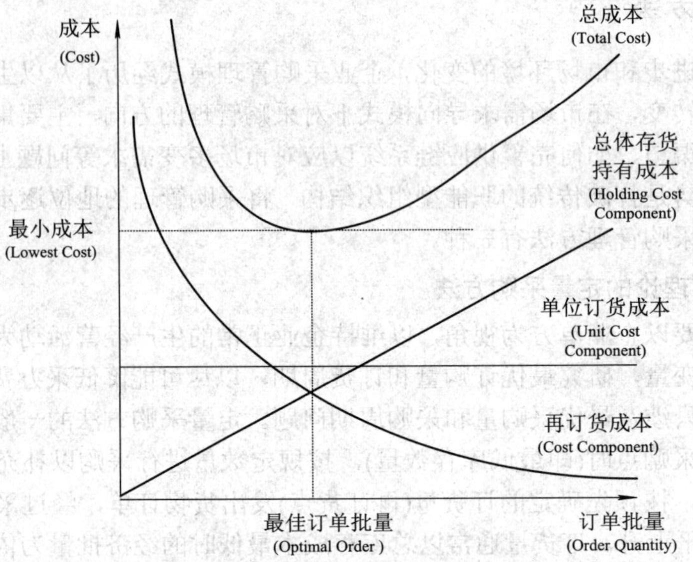

图 3-3　经济订货量模型

因为订货数量固定，并且经济批量可以按照一定的方法预先确定，因此，经济量采购方式操作较为简便。但是，为了及时采购补充库存，需经常检查和盘点库存量，以判断是否降低到订货点，其间所花费的大量时间和人力资源无疑会增加库存保管维护成本。另外，经济量采购方式要求对不同采购对象单独进行订货操作，这样就增加了订货和运输成本。因此，定量采购方式一般适用于品种数目少但占用资金大的物资。

相关链接：

经济订货批量的应用

经济批量订货的计算原理：通常一次订货的总费用包括订货费用和维持库存的保管费用，订货费用随着订货量的增加而降低，而库存维持费用随着订货量的增加而增加。因此，当企业按照经济订货批量来订货时，可实现订货成本和储存成本之和最小化。经济订货批量模型已较为成熟，且得到较多的应用，计算公式如下：

$$\text{EOQ}=\sqrt{\frac{2US}{IC}}$$

式中：

U——年需求量；

S——每次订货费用；

I——年保管费占年平均库存值的百分数；

C——物料单价。

例题：某直通管接头为生产所需的主要零部件，其连续四个月的消耗量分别为 119、99、227、305 件，月均消耗量为 187.5，则预计年需求量为 $U=187.5\times 12=2250$(件)。

查询相关资料得知，每次订货费用为 50 元，I 值为 5%，管件单价 77.87 元，则该直通管头的经济订货批量为

$$\mathrm{EOQ}=\sqrt{\frac{2US}{IC}}=\sqrt{\frac{2\times2250\times50}{5\%\times77.87}}\approx240(件)$$

该经济订货批量模型是建立在需求率为常量、订货提前期为常量、没有价格折扣等基础之上，有一些理论假设在实际情况中物料需求是随着产量的变化而变化，也会有价格折扣或价格变化，但是经济订货批量的提出对实际库存管理及订货模型仍有很大的指导意义，给采购管理人员展示了成本最低化的思想，且以此计算出的订货批量在适当的范围内变动都不会对总费用产生太大的影响，可作为采购计划的重要依据。

2. 基于库存理论的定期采购方法

定期采购方法是指预先确定订货周期和最高库存水准，然后在特定的时间点周期性地检查库存，并按照实际库存量与规定的最高库存之间的差额确定订购量。值得注意的是，由于使用率的差异，不同时期的订购量可能不尽相同。标准的定期采购方式的库存盘点时间固定，为了避免在盘点期前发生缺货，对于安全库存的要求一般要高于定量采购方式。

定期订货要求在固定时间段末订货，在每个固定时间间隔，为使库存达到预定目标值(T)所需的订货数量有所不同，如图 3-4 所示。

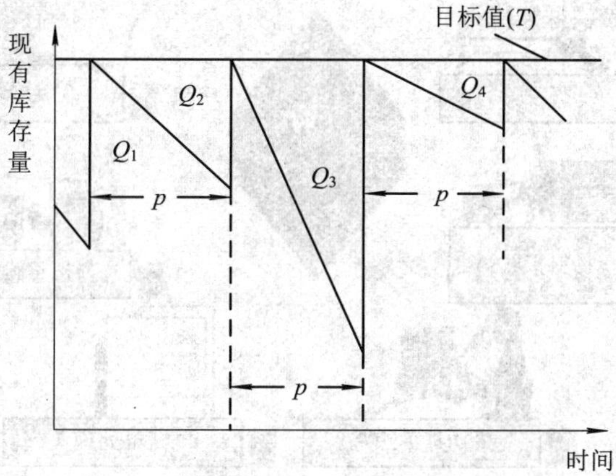

图 3-4　定期订货模型

定期采购从时间上控制采购周期，从而达到控制库存量、降低采购成本的目的。由于订货间隔期间确定，因而可实现不同货物同时采购，降低了订单处理和运输成本；另外，还可节省由于频繁检查和盘点库存所产生的费用。定期采购的缺点是：由于不经常检查和盘点库存，对商品的库存动态不能及时掌握，遇到突发性的大量需要，容易造成缺货现象，带来损失。因此，定期采购控制法一般适用于品种多、占用资金较少的物资采购。

3. 精益采购方法

精益采购是一个较广泛的概念，在采购的每一环节中可实现成本精益化控制的方法，都属于精益采购的范畴。精益化采购方式的实施一般可从三方面来考虑：

(1) 采购体系与组织结构建设。例如，建立健全采购体系，使企业采购工作规范化和制度化；建立决策透明机制，防止暗箱操作；建立精益的组织结构，实现指令的迅速传递，提高制度的执行效率。

(2) 采购价格的管理。在确保质量的前提下，尽可能降低采购价格。

(3) 加强对供应商的管理。例如：摒弃传统采购活动中通常将重点放在与供应商之间的价格谈判和争取更大的价格折让等，加强对供应商的质量水平、质量保证能力、售后服务、产品服务水平、综合实力等的综合评定和管理；与优良供应商建立长期、互惠互利的战略伙伴关系，实现供应渠道的稳定和低成本；通过与供应商签订适时适量的物资采购协议，缩短提前期、减少物料库存；等等。采购中的精益化方法远远不止这些，如何把精益化的思想运用到采购中，杜绝采购中的高价格和一切浪费，最大可能地降低采购成本，是当前企业发展需要考虑的问题。

二、采购流程

常见的采购流程为下单(分为确定需求、确定货源、选择供应商和订单处理四个环节)、采购订单跟踪、物流接收、发票校验和付款等，如图 3-5 所示。

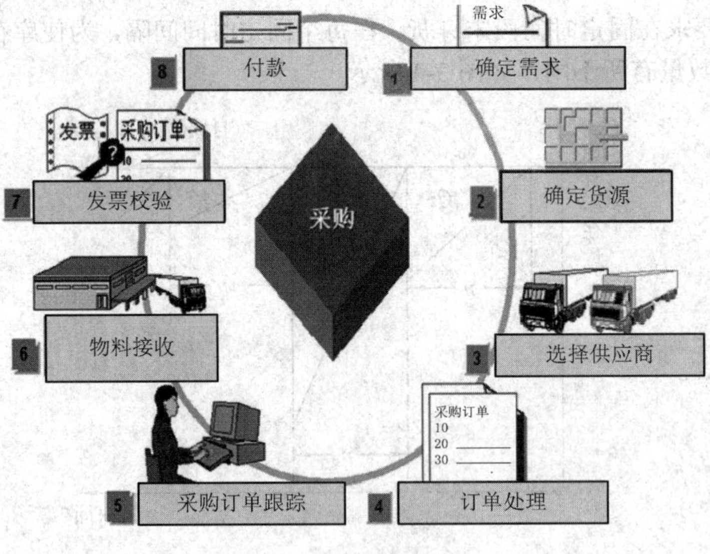

图 3-5 采购流程

(一) 下单

1. 确定需求

采购人员接到缺料信息时，核实预采购物资的基本信息(存货编码、产品型号、数量)，分析缺料信息是否合理，然后确定需求。

2. 确定货源

根据确定后的采购需求，再寻找货源，寻找合适的供应商。

3. 选择供应商

对能够提供物资的供应商进行考评，然后选择最佳供应商。

4. 订单处理

首先，将订单下发给供应商，订单必须含有材料型号、数量、单价、金额、计划到货日期等信息。采购审核员按照具体情况进行订单审核。其次，订单传给客户以后，采购人员需要与客户核对采购信息，同时要求签字回传。

(二) 采购订单跟踪

采购订单完毕以后，采购人员按照采购订单上要求的供货日期和采用时间段，向供货商反复核对到货日期直至材料到达企业。

(三) 物料接收

1. 实物入库

收货员收材料之前，需核对供应商的送货单是否具备供应商名称、订单号、存货编码、数量等信息。如订单上的信息与采购订单不符，征求采购人员意见，确定是否可以接收。

2. 单据入库

采购人员按照检验合格单，将检验单上的数据入库，便于以后对账。

(四) 发票校验

1. 对账月结表

每个月月初，各供应商将上月月结表(模板如表 3-1 所示)送至公司，采购人员按照公司收货员签字的送货单，以及公司的入库单据和单价表核对月结表。

表 3-1　月对账单模板

××年　月对账单									
客户名称：				公司电话：			E-mail：		
地　址：				联系人：			手机：		
序号	交货日期	合同	产品名称	产品型号	数量(套)	单价	金额(元)	其他费用(元)	备注

2. 增值税发票

校对发票上的以下信息：企业的全称、账号、税号，发票上的材料名称、数量、金额。

(五) 付款

对已经验收合格的入库产品，通过了对账后，财务按照付款周期编制付款计划，安排付款。

相关链接：

A 公司采购业务流程

总　　则

第一条　为了满足公司飞速发展的需要，加强本公司物资采购与付款环节的内部控制，财务部在李总的指示下，在项目部、采购部等部门的配合下，特制定此制度。

第二条　对外采购业务内部控制制度的基本要求是采购与付款中的不相容职务应当分离，其中包括：(一) 付款审批人员和付款执行人员不能同时办理寻求供应商和洽谈价格的业务；(二) 采购合同的洽谈人员、订立人员和采购人员不能由一人同时担任；(三) 货物的采购人员不能同时担任货物的验收和记账工作。

第三条　采购部门的划分。(一) 生产原材料采购，由采购部门负责办理。(二) 日常办公用品采购，由行政管理部或其指定的部门或专人负责办理。(三) 重要材料的采购，必要时由总经理指派专人或指定部门办理采购作业。

第四条　采购方式。一般情况，选择下列一种最有利的方式进行采购。(一) 集中计划采购：凡具有共同性的材料，须以集中计划办理采购较为有利，采购前，先通知请购部门依计划提出请购，采购部门集中办理采购。(二) 长期报价采购：凡经常性使用，且使用量较大的材料，采购部门应事先选定供应厂商，议定长期供应价格，批准后通知请购部门依需要提出请购。(三) 未经公司主管领导书面同意，不得私自变更、替换现有原辅材料供应商；如有更适合供应商而需要替换原供应商的，采购部必须提交书面变更供应商陈述材料，获得书面批准后方可变更。(四) 询价、议价结束后，需经公司主管领导书面同意方可定价，否则公司不予认可价格(特殊情况下，需电话征得总经理同意)，由此引起的后果由责任人负全责。(五) 采购合同签订由公司指定或授权委派专人负责，否则视为无效。

第五条　询价、比价、议价。(一) 经办人员应对厂商的报价资料进行整理并经过深入调查分析后，以电话或其他联络方式与供应厂商议价。(二) 凡是最低采购量超过请购量的，采购经办人员在议价后，应在请购单中注明，经主管签字确认后上报。(三) 采购经办人员接到“采购申请单”后，应依采购材料使用时间的缓急，并参考市场行情及过去采购记录或厂商提供的资料，需精选三家以上的供应商进行产品的书面比价，经分析后进行议价，议价结果书面上报主管领导。(四) 采购部门接到请购部门(项目部、行政管理部)以电话联络的紧急采购情况，主管应立即指定经办人员先行询价、议价，待接到请购单后，按一般采购程序优先办理。

具体实施细则

第六条　采购报销流程(如图 3-6 所示)。

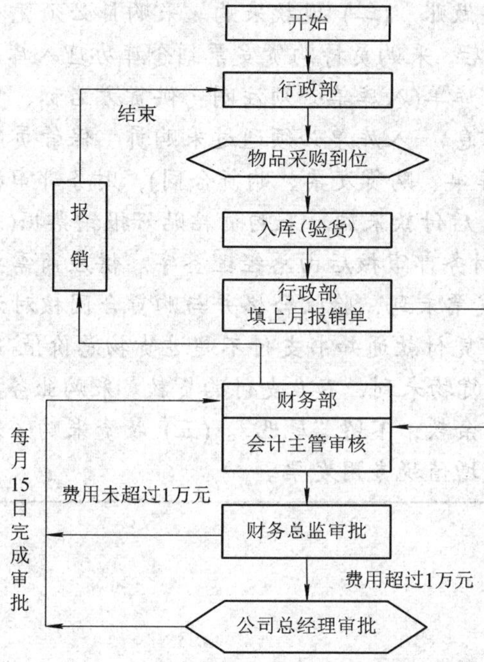

图 3-6　采购报销流程

第七条　请购与采购。(一) 使用部门根据本部门实际物资需求情况,填写请购单(即采购单第一联),明确采购物资的名称、规格、质量执行标准、数量、价格、使用日期等,交给采购部门审核。请购单应有部门经理签字。(二) 采购部门收到使用部门提交的请购单时,审核后如确有必要购买,由采购经理签字,再请总经理予以批示。采购经办人员接到经批准的“采购申请单”(即采购单第二联)后,应按照上述总则操作,货比三家,选择出合适的供应商,并以电话或传真确定交货(到货)日期。(三) 采购单一式四份,第一联即使用部门提交的请购单,第二联即采购部门使用的采购申请单,第三联交给财务(采购员核销时),第四联交给仓管员(以备验收)。

第八条　验收与入库。(一) 采购物资到货后,采购员要及时组织质监部门、仓库管理员进行入库前的清点验收,验收过程中应首先比较所收物资与请购单、发票账单上的品名、规格、数量、单价是否相符,然后检查物资有无损坏、使用性能优劣。验收合格后,验收部门的人员应对已收物资编制一式两联、事先编号的验收单进行签字,作为验收和检验物资的依据,第一联本部门留存,第二联交给仓管员。(二) 仓管员根据进货检验报告结果(主要是验收单)对合格货品进行入库,入库单必须通过采购员、仓管员签字。不合格品由相关采购员办理退货事宜。入库单一式三份,第一联本部门留存,第二联交给财务,第三联交给采购员。

第九条　付款与核算。(一) 预付款采购。1) 按合同约定需要预付购货款的,由采购员提供采购申请单、合同复印件、付款通知书(注明付款事由、付款金额、对方单位名称、开户银行及账号),办理付款批准手续后(付款通知书须由总经理签字),交公司财务部门办理预付货款业务。2) 货物及发票已到,验收合格并与购货合同、发票及清单核对无误后,采购员粘贴好报销票据(采购申请单、入库单、购货发票、购货合同),财务部审核后，由总经理签字，财务做账。(二) 现款采购。采购员必须凭有总经理签字的借款单向财务部借款，采购回来后，采购员持购货发票到仓库办理入库手续，由质监部门、仓库保管员验收，并开出入库单(入库单必须注明：供货方名称、货物的名称，以及数量、单价、金额、用途等信息)。入库单必须通过采购员、保管员签字。采购员粘贴好报销票据(采购申请单、入库单、购货发票、购货合同)，财务部审核后，由总经理签字，然后办理报销手续。(三) 后付款采购。采购员粘贴好报销票据(采购申请单、入库单、购货发票、购货合同)，财务部审核后由总经理签字。供应商需要结款时，由财务将款项汇出。(四) 货物已到发票未到，验收合格并与购货合同核对无误后，如供货方要求并经总经理签字批准，可凭付款通知书支付不超过货物总价值 80%的货款，待发票到后再付清余款；发票已到货物未到，不准支付购货款。采购业务完毕后，财务部门要催促采购员及时结清购货结余款，不留“尾巴”。(五) 物资采购必须取得发票方可报销，如无特殊情况，发票应是增值税专用发票。

三、采购合同

(一) 采购合同的定义

根据《中华人民共和国民法通则》第 85 条：合同是当事人之间设立、变更、终止民事关系的协议。依法成立的合同，受法律保护。合同是当事人双方或多方确定各自权利和义务的约定协议，依据法律成立的合同都具有法律约束力。

采购合同是企业(供方)与分供方经过谈判，协商一致同意而签订的“供需关系”的法律性文件，合同双方都应遵守和履行，并且是双方联系的共同语言基础。签订合同的双方都有各自的经济目的，采购合同是经济合同，双方受“经济合同法”保护和承担责任。

(二) 采购合同的内容

采购合同是商务性的契约文件，其内容条款一般应包括：供方与分供方的全名、法人代表，以及双方的联系电话、E-mail 等；采购货品的名称、型号和规格，以及采购的数量；价格和交货期；交付方式和交货地点；质量要求和验收方法，以及不合格品的处理，当另订有质量协议时，则在采购合同中写明“见‘质量协议’”；违约的责任；等等。

相关链接：

×××新能源有限公司 S 项目铝丝/铝带采购、制作协议

甲方：×××新能源有限公司

乙方：×××电子科技(上海)有限公司

签订日期：2018 年 12 月 12 日

签约地点：重庆市沙坪坝×××业园区

项目信息：×××新能源有限公司 S 项目铝丝/铝带采购项目

甲方：×××新能源有限公司

乙方：×××电子科技(上海)有限公司

S 项目铝丝/铝带采购、制作相关条款(包括采购、制作、运输、售后服务等费用)经双方共同协商达成协议如下：

一、适用范围

本协议适用范围包括 S 项目铝丝/铝带采购、制作及其他相关规定。

二、产品价格

S 项目铝丝/铝带采购单价清单如表 3-2 所示。

表 3-2　S 项目铝丝/铝带采购单价清单

序号	产品名称	零件号	规格型号	单位	未税单价	税额(16％税率)	含税单价	备注
1	铝带	2101120-003	TABR 2 mm × 0.3 mm	米	13	2.08	15.08	—
2	铝带	—	TABR 2 mm × 0.25 mm	米	8.55	1.37	9.918	临时替代产品
3	铝丝	2101121-002	TALF 500 μm/20 mil	米	0.85	0.136	0.986	—

备注：
1. 以上金额币种皆为人民币；
2. 以上产品价格包含所需所有材料及价格；
3. 以上价格含包装运输费用。

三、费用支付方式

合同签订生效后，甲方收到乙方货物并验收合格后，乙方开具正式增值税专用发票给甲方，甲方在 30 个工作日内一次性电汇现金转账支付乙方货款。

四、交货

1. 交货时间：以采购订单为准。

2. 交货地点：重庆市渝北区×××工业园甲方工厂内或甲方指定地点。

五、运输方式及费用负担

运输方式不限，费用由乙方承担。

六、验收

按甲乙双方确认的《汽车产品零部件开发对接表》及附页带产品零部件图纸相关要求执行。

七、包装标准、包装物的供应及回收

尽可能避免产品于运输途中受到损伤，包装满足国际运输要求。

八、技术资料与保密

1. 甲方与乙方相互提供的技术资料应完整、正确、及时。

2. 在该合同执行中，甲方向乙方提供的相关技术资料和文件，其知识产权属甲方所有，本合同项下乙方开发设计制造而形成的知识产权属甲方所有，甲乙双方都有为对方资料进行保密的义务和权利。

3. 没有甲方事先书面同意，乙方不得将由甲方或代表甲方提供的有关合同或任何合同条文、规定、计划及任何技术资料提供给与履行本合同无关的任何其他人，即使向与履行本合同有关的人员提供，也应严格保密并限于履行合同必需的范围。甲方有权对乙方使用上述资料的情况进行检查。

4. 没有甲方事先书面同意，除了履行本合同之外，乙方不得使用本合同有关商务文件、资料。

5. 如果乙方违反上述任意一项规定，如因乙方原因泄密给甲方造成直接、间接损失，由乙方赔偿给甲方。乙方应恪守商业道德，除非经过甲方授权，否则不得向第三方透露甲方所保密的信息，如因乙方故意而致使甲方商业秘密泄露，甲方应提出事实证据，可向乙方提出相对应的经济损失赔偿，经由双方协商解决，或经由法律途径解决。

九、违约责任

1. 乙方如未按照本协议进度要求完成，视实际情况双方协商处理，如未达成一致意见，乙方将每延迟一天按合同总金额的5‰对甲方进行赔偿。

2. 超过双方认可的时间2个月而不能完成计划的，甲方将视为乙方自动放弃，本合同终止，由此产生的责任均由乙方自行承担，同时甲方支付的费用，乙方需在7天内返还给甲方，乙方发生的所有费用由乙方自行承担。

十、其他

1. 在采购、制作中，乙方要和甲方保持紧密联系，乙方有责任每周或随时按甲方要求将进程报告传至甲方，产品质保不因送货终止而终止，质保期内出现任何质量问题，甲方有权进行退、换货，由此产生的运输费、返工费由乙方承担。

2. 本合同一方给对方的通知应以书面或电子邮件的形式发送到本合同规定的对方地址。电子邮件要经书面确认。

3. 本协议由甲方指定的×××新能源有限公司采购部执行。

4. 双方出现争议协商解决，或提交协议签订地法院解决。

5. 本合同一式四份，甲方执三份，乙方执一份。经双方代表签字盖章后生效。

6. 本协议包含附件有《技术协议》《保密协议》，具有同等法律效力。

甲方：×××新能源有限公司	乙方：×××电子科技(上海)有限公司
经办人：	经办人：
日期：	日期：

技能训练

采购策略案例分析

一、实训目的

(1) 通过后文案例，分析了解采购合同、采购流程的具体内容。

(2) 通过训练，加强学生“性价比最优、总成本最低”的采购意识，使学生在掌握采购程序、规避原材料供应渠道与市场价格波动风险、不断提高议价能力与主导能力。

二、实训要求

(1) 了解中国石化工程建设公司的采购流程，找到问题点，并根据所学知识对其提出合理化建议。

(2) 根据后文案例，中标的厂商需重拟定一份心得采购技术协议，试编制采购技术协议。

(3) 科学合理性的采购势在必行，案例中，采购周期的不足严重影响了后期安排，试规避此类问题。

(4) 现场汇报。因训练项目的成果较多，可安排 4 次汇报，各小组按顺序依次进行。要求思路清晰、语言流利、图文并茂。

三、实训内容

案例：中国石化工程建设公司武汉乙烯塔器采购

塔器在工程项目建设物资中占很大比例，属总部组织集中采购物资。采购周期为次长周期或中周期。随着炼化生产装置规模大型化，塔器“制造供货周期超长、运输尺寸严重超限”的特点越来越明显。

对于塔器和其他非标设备而言，按照常规采购流程，项目采购组通常是在基础设计工程图阶段，甚至是在详细设计施工图阶段才介入采购工作，等到设计组提出正式请购文件(请购文件通常包括询价版工程图或施工图)才开展招投标、询比价等采购工作。SEI 负责武汉乙烯项目中包括乙烯、汽油加氢、C5 装置等工艺装置的塔器总数有几十台。这些塔器中，以乙烯 7 台大塔为代表(如表 3-3 所示)，内径最大为 11.5 米，高度最高为 115 米，重量最重为 1100 吨，项目总原则是要求整体出厂。从这些简单的数字便可估计出其采购供货周期。但项目的建设周期不断压缩，武汉乙烯的所有大塔要求 8 个月内全部运到现场，而项目地点又决定了超大件设备必须从附近码头运至现场，但仅有的一个重件码头，业主协调给 SEI 的使用时间只有 1.5 个月。设计周期逐渐转嫁到供应总周期内，这“一长一短”势必成为一个巨大的矛盾。

表 3-3　乙烯 7 台大塔项目

设备名称	设备规格/mm	主体材质	重量/t	热处理	运输方式	吊装方式
急冷油塔	∮11 500 × 64 600 × 30	Q345R	1100	局部	整体运输	整体吊装
急冷水塔	∮10 200 × 54 570 × 28	Q345R	900	局部	整体运输	整体吊装
碱洗/水洗塔	∮4200 × 63 910 × 46	Q345R	300	整体	整体运输	整体吊装
乙烯精馏塔	∮5200 × 89 170 × 32	S30408	498	否	整体运输	整体吊装
脱乙烷塔	∮3800 × 60 460 × 44	09MnNiDR	260	整体	整体运输	整体吊装
1#丙烯精馏塔	∮5800 × 62 500 × 46	Q345R	600	整体	整体运输	整体吊装
2#丙烯精馏塔	∮7000 × 102 250 × 54	Q345R	1050	整体	整体运输	整体吊装

面对苛刻甚至几乎无法满足的项目需求，同时伴随着原材料价格不断上涨、超大型塔器厂商资源(特别是优质资源)十分有限的局面，提前开展采购工作已迫在眉睫。

四、实训考核

教师根据学生完成实训的综合情况，给予考核，考核项目及评分标准分别如表 3-4 所示。

表 3-4　案例分析考核表

学生姓名						
学习情境		进行采购策略分析				
评价项目与内容		项目分值	小组评分	教师评分	综合成绩
知识掌握	采购流程、合同	20			
讨论参与	全程参与活动，态度积极	10			
	分工负责，各司其职又配合紧密	20			
汇报情况	用语规范，阐述完整	10			
	声音洪亮，语言流畅	10			
讨论点评情况	勇于大方正视自己，点评客观	10			
	小组点评公正，切中要害	10			
	积极点评同学，意见中肯	10			
合计	100	100			

注意：每位同学一张考核表，由小组考核和教师考核两部分构成，分别评分，各占 50%。其中，小组评分部分：组员由组长打分，组长由组内成员综合打分。综合成绩计入本课程的平时成绩。

任务二　生产排班策略

任务目标

企业的一切准备活动都是为了能够顺利进行生产，合理科学安排生产能够高效率地完成生产作业，满足客户对产品的需求。通过学习本任务，应达到以下目标：

(1) 了解生产的含义。

(2) 掌握生产计划能力核定。

(3) 掌握生产计划的原则、指标和编制方法，能编制生产计划。

(4) 掌握排班的原则、线性规划、预算模型，能进行生产排班。

(5) 掌握生产过程的组织原则。

案例引入

某重型汽车公司运营模式与生产计划分析

某重型汽车有限责任公司是由三方出资组建的国有股份制企业，是20世纪80年代后期国家为改变汽车工业“缺重”局面，实施“高起点、高标准、高品质”战略决策而建设的重点项目。随着项目建设的逐步完成，公司现已成为我国三大重车生产基地之一。公司占地面积约24万平方米，建筑面积近6万平方米。拥有职工1200多名，各类专业技术人员500多名，其中高级职称40多名，中级职称170多名。有各类设备1477台(套)。技术力量雄厚，设备先进。为在引进过程中确保制造技术的完整全面吸收和不降等级的移植，实现“拥有名牌、保持名牌、发展名牌”的名牌战略，用高品质的重型车拓展国内外市场，公司累计投资 12 多亿人民币，建成了具有世界先进水平的汽车总装、车桥加工、分动箱加工、联动大型驾驶室覆盖件和车架成型冲压、艾森曼喷漆等大型生产线。生产20种基本车型229个品种载重车、自卸车、半挂牵引车、全驱动车，具有年产6000辆整车的能力，同时已开发了 99 种改装专用车底盘，目前已用于石油、化工、邮政、铁路、公路、银行、港口、水电、林业、消防、军事等各行各业，成为我国技术档次最高、最具发展潜力的重型汽车生产基地之一。

由于国家出台的相关政策加上油价问题，国内重车市场发展非常迅速，企业产品和产量进一步扩大，产量由初期1000辆增加至5000辆，品种更是增加到300余种。由于重车的本身的制造个性化的特点，尽管设计能力 6000 辆，而此时生产已经出现了捉襟见肘的地步，一线人员疲于奔命，穷于应付，质量问题时有发生。

随着产量的增加，生产制造部门的矛盾日益突出，主要体现在如下几个方面：

整车规格型号太多而导致其预测难度较大(目前的预测精度仅为20%)，而且销售公司针对客户需求提出的特殊车型要求没有统一的规范格式，由于没有建立标准、规范车型配置数据管理，订单配置混乱，所以很难准确预测销售总量与型号，结果排产计划调整频繁，计划更改和配置变化指令有时候竟然多达一个月 300 条；制造部编制的生产计划主要是依据销售公司的预测编制月度生产计划和上线作业计划等。各级物料计划由各分厂(车桥厂、冲压厂、总装厂及物质供应部门)根据生产计划自行编制，因此，计划的一致性难以保证，经常出现停工待料和紧急采购现象；生产与技术部门信息沟通滞缓，投产控制所需的基础数据资料，即整车型谱、基础件明细表、特殊件手册、物料号等，由技术中心制定、维护，在需要时派人定期或不定期去技术中心拷贝，但明细表等信息的状态几乎每天都在变化；投产控制的相关文件资料与技术中心的资料在很多时候不统一、不一致，造成各种计划的不准确，故而所产车型非用户所需，需将成品整车返回车间重新改装以满足应急订单的情况时有发生。

生产加工过程中缺乏详尽、准确的标准生产工时(或机时)消耗等工艺数据，使得制造部在制定相关计划时没有完整、准确的工艺基础数据支持，只能靠经验与估计来判断生产进度和安排后续生产计划。

思考：

(1) 问题的根源在哪里？

(2) 企业的生产制造环境是什么？

(3) 如果你是管理者，你认为应该从哪些方面提高生产计划的准确率？

知识链接

一、认识生产

(一) 生产的含义

生产(Produce；Manufacture)是指一切社会组织将输入转换为输出的过程，亦即生产要素输入生产系统内，经过生产与作业过程，转换为有形的和无形的产品。

从抽象意义上说，生产是在特定的技术条件下，通过将人的劳动作用于劳动对象和劳动资料，生产人们所需要的各种物品或服务的过程。在这一过程中，人们会运用整个人类在改造自然和利用自然的过程中积累起来的各种经验、知识和操作技巧来改造自然物质。

生产制造是把原材料加工成适用的产品制作，或者将原材料加工成器物的过程。

(二) 生产现场五要素

人、机、料、法环是全面质量管理理论中五个影响产品质量的主要因素的简称，也是生产现场五要素。“人”指制造产品的人员；“机”指制造产品所用的设备；“料”指制造产品所使用的原材料；“法”指制造产品所使用的方法；“环”指产品制造过程中所处的环境。在现场管理中，人员、机器、原料、方法、环境这五个方面是需要现场注意的，也是工业制造企业管理中所讲的五个要素。

1. 人员

人员是生产管理中最大的难点，也是目前所有管理理论中讨论的重点。围绕着“人”的因素，各种不同的企业有不同的管理方法。人的性格特点不一样，那么生产的进度、对待工作的态度、对产品质量的理解就不一样。有的人温和，做事慢，仔细，对待事情认真；有的人性格急躁，做事只讲效率，缺乏质量，但工作效率高；有的人内向，有了困难不讲给组长听，对新知识、新事物不易接受；有的人性格外向，做事积极主动，但是好动，喜欢在工作场所讲闲话。那么，作为他们的领导者，你就不能用同样的态度或方法去领导所有人。应当区别对待(公平的前提下)，对不同性格的人用不同的方法，使他们能“人尽其才”。发掘性格特点的优势，削弱性格特点的劣势，就是要你能善于用人。提高生产效率，就首先从现有的人员中去发掘，尽可能地发挥他们的特点，激发员工的工作热情，提高工作的积极性。简单地说，人员管理就是生产管理中最为复杂、最难理解和运用的一种形式。

2. 机器

机器就是指生产中所使用的设备、工具等辅助生产用具。生产中，设备是否正常运作、工具好坏都是影响生产进度、产品质量的又一要素。一个企业在发展，除了人的素质会有所提高，企业外部形象在提升，公司内部的设备也会更新。为什么呢？好的设备能提高生产效率，提高产品质量。例如：切料，由过去的手锯变为现在的机器锯，效率提升了几十倍。原来速度慢、效率低、人的体力要接受很大考验。现在，人轻松了，效率也提高了。所以说，工业化生产，设备是提升生产效率的另一有力途径。

3. 原料

原料指物料，即半成品、配件、原材料等产品用料。现在的工业产品生产，分工细化，一般都有几种甚至几十种配件或部件是几个部门同时运作。当某一部件未完成时，整个产品都不能组装，造成装配工序停工待料。不论哪一个部门，工作的结果都会影响到其他部门的生产运作。当然，不能只顾自己部门的生产而忽略其后工序或其他相关工序的运作，因为企业运作得是否良好，是整体能否平衡运作的结果。

所以在生产管理的工作里面，必须密切注意前工序送来的半成品、仓库的配件、自己工序生产的半成品或成品的进度情况。一个好的管理者，是一个能纵观全局的人，能够为大家着想的人。

4. 方法

顾名思义，方法就是法则，指生产过程中所需遵循的规章制度。它包括：工艺指导书、标准工序指引、生产图纸、生产计划表、产品作业标准、检验标准、各种操作规程等。这些法则能及时准确地反映产品的生产和产品质量的要求。

5. 环境

某些产品(电脑、高科技产品)对环境的要求很高(ISO9001-2008 质量管理体系“6.4 工作环境”指出，组织应确定和管理为达到产品符合要求所需的工作环境)。环境也会影响产品的质量。比如：调试音响时，周围环境要求应当很静。食品行业对环境也有专门的规定，否则，产品的卫生很难达到国家规定的标准。

二、生产能力计划

(一) 生产能力的定义

生产能力是反映企业所拥有的加工能力的一个技术参数，它也可以反映企业的生产规模。生产能力是在计划期内，企业参与生产的全部固定资产，在既定的组织技术条件下，所能生产的最大产品数量，或者能够处理的原材料数量。生产能力是企业编制生产计划的重要依据。

(二) 生产能力的核定

生产能力核定是指对企业、车间、班组或设备在一定时期内的生产能力进行计算和确定，又称生产能力查定。具体来说，生产能力核定就是通过对人员数量、技术水平、固定资产三大因素的调查，在查清现状的基础上将这些因素加以确定，从而计算出企业的生产能力。

1. 生产单一品种时生产能力的核定

对于流程式生产，生产能力可以用出产的产品数量来表示。例如，发电厂发多少千瓦时的电，炼油厂出产多少吨的油。对于加工装配式的生产，不同的产品组合表现出的生产能力不一样。对大批量生产，品种较单一可以用具体产品数表示生产能力。对于成批生产，品种数少，可用代表产品计算生产能力。对于多品种生产，则只能用假定产品表示生产能力。

1) 实验量法

当只生产一种产品时，计算生产能力时使用该种产品的实物量即可，计算公式为

$$\text{设备组生产能力} = \text{单位设备有效工作时间} \times \text{设备数量} \times \text{单位设备产量定额}$$

或

$$= \frac{\text{单位设备有效工作时间} \times \text{设备数量}}{\text{单位产品台时定额}}$$

2) 生产面积法

当产品生产的生产能力取决于生产面积时，用于计算生产能力的公式为

$$\text{生产面积的生产能力} = \frac{\text{生产面积的有效利用时间} \times \text{生产面积数量}}{\text{单位产品占用生产面积}} \times \text{单位产品占用时间}$$

3) 联动机单位时间法

(1) 所生产的产品使用连续开动的联动生产时，生产能力计算公式为

$$\text{联动机单位时间生产能力} = \frac{\begin{matrix}\text{原料} \\ \text{重量}\end{matrix} \times \begin{matrix}\text{单位原料} \\ \text{产量系数}\end{matrix} \times \begin{matrix}\text{计算能力时间内联动机的} \\ \text{有效工作时间}\end{matrix}}{\text{原料加工周期的延续时间}}$$

$$\text{联动机生产能力} = \text{联动机单位时间生产能力} \times \text{生产时间}$$

说明：单位原料的产量系数是指使用一个单位的原料可生产出的产品的数量。

(2) 在核定流水线的生产能力时，按流水线的有效工作时间和规定的节拍进行计算，计算公式为

$$\text{流水线生产能力} = \frac{\text{流水线有限工作时间}}{\text{节拍}}$$

说明：节拍是指流水线上生产两件相同制成品的时间间隔。

2. 生产多品种时生产能力的核定

1) 标准产品法

(1) 将不同品种或规格的同类产品按照产品的实际情况折算成标准产品。

(2) 按单一品种的生产能力核算方法来确定设备组或生产现场的生产能力。

2) 代表产品法

代表产品是指反映工厂专业方向并且产量大、劳动量大的产品，或者产量大、在结构上与工艺上有代表性的产品。代表产品法生产能力核定的操作步骤如下：

(1) 按照产品反映工厂专业方向、产量和耗费劳动量较大、工艺过程具有代表性的原则选择一款产品。

(2) 将选出的产品按照单一品种生产能力的核算办法计算出该种产品的生产能力。

(3) 分别计算其余产品与选出产品的换算系数。计算公式为

$$换算系数=\frac{其余产品的台时定额}{代表产品的台时定额}$$

(4) 计算其余产品的计划数量换算为代表产品时的数量，并计算出产品的总数量。计算公式为

$$其余产品换算后的产量=其余产品的计划产量\times换算系数$$

说明：产品的总数量是不同品种的产品的生产数量之和。

(5) 计算各种产品的生产数量占总产量的比重，具体计算公式为

$$比重=\frac{各产品的生产数量}{总产量}$$

(6) 计算出各种产品的生产能力，具体计算公式为

$$产品生产能力=\frac{代表产品的生产能力\times比重}{换算系数}$$

其中，代表产品的换算系数为1。

3) 假定产品法

当工厂生产的产品品种复杂且各种产品的结果、工艺和加工劳动量相差巨大，难以确定工厂的代表产品时，可采用假定产品法核定工厂的生产能力，操作步骤如下：

(1) 计算假定产品的台时定额，计算公式为

$$假定产品的台时定额=\sum具体产品台时定额\times\frac{具体产品计划产量}{总产品计划产量}$$

(2) 计算假定产品的生产能力，具体为使用单一品种生产能力的核算方法计算出假定产品的生产能力。

(3) 计算各具体产品的生产能力，计算公式为

$$各具体产品的生产能力=假定产品的生产能力\times\frac{具体产品计划产量}{总产品计划产量}$$

三、生产计划

(一) 生产计划的概念

生产计划是企业对生产任务作出统筹安排，具体拟订生产产品的品种、数量、质量和进度的计划。生产计划是企业经营计划的重要组成部分，是企业进行生产管理的重要依据，是实现企业经营目标的重要手段，也是组织和指导企业生产活动有计划进行的依据。企业在编制生产计划时，还要考虑生产组织及其形式；同时，生产计划的合理安排，也有利于改进生产组织。

(二) 生产计划的层次

企业里有各种各样的生产计划，这些生产计划是分层次的。一般可以分成战略层计划、战术层计划与作业层计划三个层次，如图3-7所示。

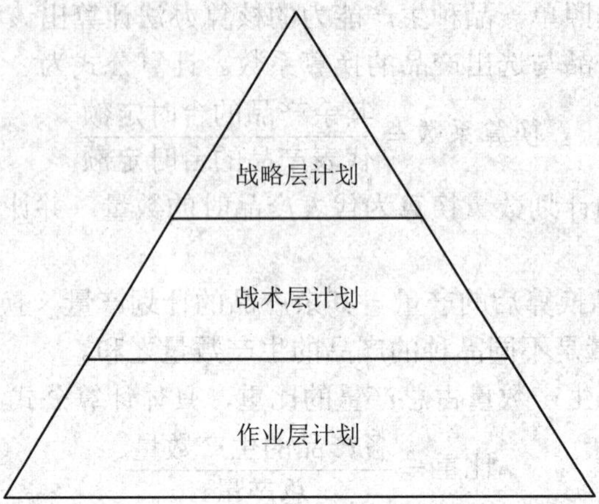

图 3-7 生产计划的层次

1. 战略层计划

战略层计划涉及产品发展方向、生产发展规模、技术发展水平和新生产设备的建造等。

2. 战术层计划

战术层计划是确定在现有资源条件下所从事的生产经营活动应该达到的目标，如产量、品种、产值和利润等。

3. 作业层计划

作业层计划是确定日常的生产经营活动的安排。

三个层次的生产计划有不同的特点。从战略层到作业层，生产计划期越来越短，生产计划的时间单位越来越细，覆盖的空间范围越来越小，生产计划内容越来越详尽，生产计划中的不确定性越来越小。

(三) 生产计划指标体系

生产计划指标是企业生产计划的主要内容之一，企业的生产计划无论是长期还是短期，都包括了各种生产计划指标。生产计划的主要指标有品种指标、产量指标、质量指标、产值指标和出产期指标。

1. 品种指标

品种指标是企业在计划期内出产的产品品名、型号、规格和种类数，它涉及“生产什么”的决策。确定品种指标是编制生产计划的首要问题，关系到企业的生存和发展。

2. 产量指标

产量指标是企业在计划期内出产的合格产品的数量，它涉及“生产多少”的决策，关系到企业能获得多少利润。产量可以用台、件、吨表示。对于品种、规格很多的系列产品，也可用主要技术参数计量，如拖拉机用马力、电动机用千瓦等。

3. 质量指标

质量指标是企业在计划期内产品质量应达到的水平，常采用统计指标来衡量，如一等品率、合格品率、废品率、返修率等。

4. 产值指标

产值指标是用货币表示的产量指标，能综合反映企业生产经营活动成果，以便不同行业比较。根据具体内容与作用不同，产值分为商品产值、总产值与净产值三种。

1) 商品产值

商品产值是企业在计划期内出产的可供销售的产品价值。商品产值的内容包括：用本企业自备的原材料生产的成品和半成品的价值；用外单位来料加工的产品加工价值，即工业性劳务的价值。只有完成商品产值指标，才能保证流动资金正常周转。

2) 总产值

总产值是企业在计划期内完成的以货币计算的生产活动总成果的数量。总产值包括：商品产值、期末期初在制品价值的差额和订货者来料加工的材料价值。总产值一般按不变价格计算。

3) 净产值

净产值是企业在计划期内通过生产活动新创造的价值。由于扣除了部门间重复计算，它能反映计划期内为社会提供的国民收入。净产值指标算法有两种：生产法和分配法。按生产法，净产＝总产值－所有转入产品的物化劳动价值。按分配法，净产值＝工资总额＋福利基金＋税金＋利润＋属于国民收入初次分配的其他支出。

5. 出产期指标

出产期是为了保证按期交货确定的产品出产期限。正确地决定出产期很重要。因为出产期太紧，保证不了按期交货，会给用户带来损失，也给企业的信誉带来损失；出产期太松，不利于争取顾客，还会造成生产能力浪费。

(四) 编制生产计划

1. 生产计划的编制原则

(1) 紧急度原则：根据交货期的要求和产品的加工时间的长短决定产品的紧急程度，越紧急的排在越前面。

(2) 饱满性原则：根据工作中心的工作时间，只要有产品可生产，当天的工作量要尽量饱满。

(3) 设备的多用途可能原则：系统考虑设备的多用途可能。但是当同一台设备有两个或多个工作中心使用时，设备的使用时间应该交错开，不能有冲突。

(4) 有限资源原则：编排以设备的产能和工作中心的工作时间为资源限制条件。

(5) 设备数量分配限制性原则：同一款产品(部件)在同一工序生产时所可以使用的设备数量应该加以限制，并以设定的数量为限制进行计划编排。

2. 生产计划的编制步骤

(1) 收集资料，编制生产计划所需的资源信息和生产信息。

(2) 拟订优化计划方案统筹安排，初步确定各项生产计划指标，包括产量指标的优选和确定、质量指标的确定、产品品种的合理搭配、产品出产进度的合理安排。

(3) 编制计划草案做好生产计划的平衡工作，主要有：生产指标和生产能力的平衡，测算企业主要生产设备和生产面积对生产任务的保证程度；生产任务与劳动力、物资供应、能源、生产技术准备能力之间的平衡；生产指标与资金、成本、利润等指标之间的平衡。

(4) 讨论修正与定稿。报批通过再综合平衡，对计划做适当调整，正确制定各项生产指标。

3. 生产计划的编制方法

从当前来看，一般通过如下五种方法编制生产计划。

1) 甘特图

甘特图由美国机械工程师和管理学家亨利·甘特(Henry L. Gantt)最先提出，经常出现于作业排序过程中，应用频率很高。甘特图的目的是实现良好的作业排序，它的优势是将时间与活动结合在一起，通常情况下，机器图、作业进度图是甘特图的基本形式。

2) 滚动计划法

滚动计划法应划入动态编制法的行列，当编制或调整计划时，一般会以时间为依据将计划向前推进，主要推进一个计划期，即向前滚动一次。在滚动计划法中，现有的计划为编制新计划提供了前提，固定期过后，根据执行计划的情况和环境变动情况调整之前的计划。调整原计划时要保证不能改变原计划期限，仅仅将计划向前推进一个计划期。

相关链接：

滚动生产作业计划编制——3 + 3 滚动作业计划

“3 + 3”滚动作业计划可及时对生产计划作出调整，保证生产计划与实际情况相符。所谓“3 + 3”滚动生产计划，是在结合成品库存的基础上，根据订单对生产进行安排的一种方式，其周期是 6 天。前 3 天的生产计划是不变的，不能够对其进行调整，通常称为执行计划。后 3 天的计划相对固定，可以依据订单情况及需求环境变化对其进行微调，通常称为预计计划。在“3+3”滚动生产计划中，每天都会顺延滚动编排，原来的预计计划变成了执行计划，再接下来的 3 天变成了预计计划。“3 + 3”滚动计划示意图如图 3-8 所示。

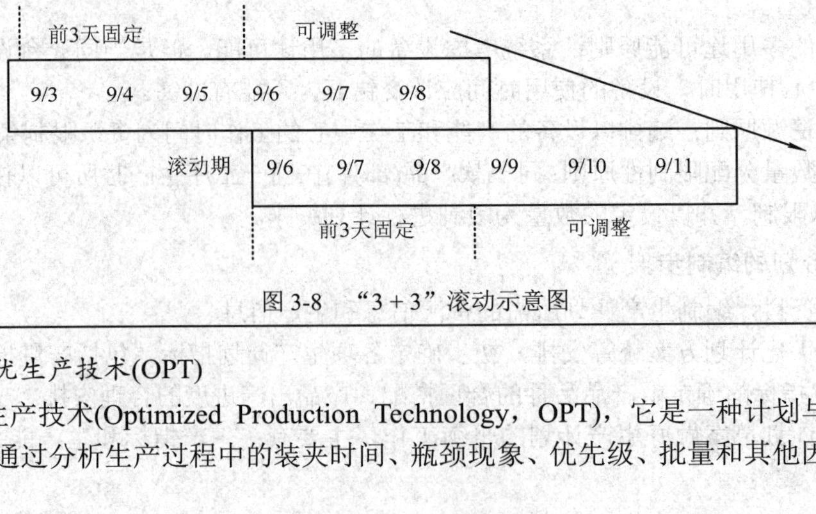

图 3-8　“3 + 3”滚动示意图

3) 最优生产技术(OPT)

最优生产技术(Optimized Production Technology，OPT)，它是一种计划与调度方法。OPT 强调通过分析生产过程中的装夹时间、瓶颈现象、优先级、批量和其他因素产生的影响，以此为依据改善和管理现场，最终达到减少成本、提高效率的目的。

4) 企业资源计划(ERP)

美国Gartner公司于20世纪90年代提出了企业资源计划(Enterprise Resource Planning，ERP)。我们可以将 ERP 视为管理信息基层，它主要应用于供应链管理过程，因此，供应链管理是 ERP 的重点关注对象。ERP 中的供应商、制造商、竞争者、合作者和用户等相关主体通过整合、协调，使节点业务流程更加密集。

5) 准时化生产(JIT)

准时化(Just In Time，JIT)生产方式的实质是保持物质流和信息流在生产中的同步，实现以恰当数量的物料，在恰当的时候进入恰当的地方，生产出恰当质量的产品。这种方法可以减少库存，缩短工时，降低成本，提高生产效率。它起源于日本的丰田汽车公司，因而曾被称为“丰田生产方式”，后来随着这种生产方式的独特性和有效性被越来越广泛地认识、研究和应用，人们才将其称为 JIT。JIT 生产方式的基本思想是“只在需要的时候，按需要的量，生产所需的产品”，也就是追求一种无库存或库存达到最小值的生产系统。JIT 的基本思想是生产的计划和控制及库存的管理。所以，JIT 生产模式又被称为“精益生产”。JIT 生产的最大优势是库存为零，能够以最快的速度对市场变化作出反应。

相关链接：

案例：加拿大邮政公司的精益生产

加拿大邮政公司(Canada Post Corporation，CPC)等同于美国的邮政局(United States Postal Service，USPS)。它是国家企业，但治理方式相同于一般私营企业，其获利被用以再投资于该公司，以确保其成长能力，或是以红利方式转交给加拿大政府。

CPC 有大约 5.7 万名员工，22 个邮件分类处理厂。顾客可在加拿大全国各地 90 万个据点获得邮政服务，这比加拿大所有银行分支机构加起来的总数还要多。加拿大国内的投递地址超过 1300 万户，营业额大约是 60 亿加元(约 317.6 亿人民币)。20 世纪 90 年代中期，CPC 开始在其分类处理与投递操作流程中应用精益方法。分类处理作业是整个流程的中枢神经系统，邮件从加拿大各地及国外拥入，经过分类与整理后，被装上卡车与飞机，递送至全球各地。

在 1995 年开始实行精益方法之前，情况非常糟糕，分类处理厂就像仓库一样。这些处理厂把重点放在自动化及加速分类处理设备上，但是，这些创造价值的流程之间的浪费情形却完全被忽略了。

CPC 的一位主管史蒂大·威瑟斯(Steve Withers)被指派了“精益资深顾问”的头衔，他描述当时的情形：

我们在架构作业厂时，保持的完全是大规模生产方法的心态。在许多情况下，我们使用的是必须累积到够大批数量后才能开始启动作业的设备。邮件极快速地通过分类机器设备后，便被移开并“存放”起来，这根本就不是无间断流程作业。工程设计的想法是在作业厂中设置更大、更快速、更昂贵的设备，使邮件分类速度快到惊人，当然，也就造成了更多浪费的移动与存放。我们煞费苦心地设置了预估与存货管理系统，让人员在作业现场走动以督促流程。我们把所有步骤用不同的色彩标记，代表流程接下来的优先处理顺序。但是，能见度非常糟糕，邮件往往被存放在员工看不到的缓冲处理高架柜上。我们有非常大型的厂房，其规模远超过我们的需要；我们有许多快速的邮件分类机器，到处都是存货。有些作业厂有数千件处理设备，造成长距离走动、不良品质、长前置期，但邮件分类处理是快速的。

CPC 分 3 个阶段进行精益改进。第一阶段是"点的改善"，在创造价值的流程的不同点上尝试；第二阶段是对更大规模的价值流程进行有系统的分析，并实行变革；到了 2003 年，开始进入第三阶段——建立一个精益企业。

在第一阶段，丰田生产方式方法的应用是反复试验、不断摸索的过程——这里进行一项计划，那里使用某项工具，但即便在当时，CPC 也运用精益方法而获得了非常显著的成果。在渥太华的分类处理作业厂，CPC 把作业厂现有的价值流程情形绘制在墙上，显示信件、广告信函、包裹等在厂内处理、移动的情形。他们发现，一封信件从进入厂内到处理完后离厂，总共移动了 167 米的距离，经过分类后移动了 8 次，总计花了 26 小时的前置期来处理，真正创造价值的分类处理时间只不过 12 秒钟而已。威瑟斯说："邮件花费秒钟来分类处理，花费分钟来输送，花费小时在临时台架上等候进入下一流程，递送时间则是以天数为单位。整个分类整理作业厂等同于一座仓库。"

1997 年，渥太华作业厂又去除了存货，并移动了一些作业，使设备的安排变成更接近持续的流程作业。这是一座三层楼的厂房，在经过一番调整后，他们竟然腾出了一整个楼层的空间。于是，他们把几处递送货栈移至这个楼层，把原货栈出售或解除租赁，从而节省了数百万加元。其他成果还包括：

1. 使邮件的移动作业时间减少了 28%。
2. 使前置期缩短了 37%。
3. 使存货空间(临时台架)减少了 27%。

(五) 生产计划的审核

计划制订之后，由生产部经理审核，审核过程应当充分进行营销部门、客户代表、各生产车间、材料供应商之间全面的沟通，确保其可行性。重大生产项目确认后，要召开生产会议做动员工作，取得统一的意识，具有决胜的把握。

四、生产排班

排班是生产运筹相对简单的运筹学问题。生产排班可分为两大类：利用运筹学原理采用线性或非线性规划模型为一类；利用企业预算模型为另一类。本书以企业预算模型为主，仅在这里辅之以线性规划。这两类模型本身没有上下高低之分，其依据都是对企业运营规律的理解和正确应用。

(一) 生产排班原则

生产的基本原则是低成本、大产量。分析企业盈利机制可以发现：企业利润的源泉是销售产品。所以进行生产运筹的原则可以归结为两条：提高产量和降低成本。与此有关的还有产品的研发等级、购买机器数量、聘用工人数量、工资系数等。这里仅说明如何在本期现有的资源(机器等)条件下进行运筹(短期规划)。

生产的班次安排曾经是一个争论不休的问题。例如，某工厂生产A、B、C、D四种产品，生产A、B、C、D四种所需要的资源如表3-5所示，生产管理成本如表3-6所示，目前工厂的班次如表3-7所示，生产过程中的人工费用如表3-8所示。

表3-5 生产单个产品所需要的资源

资源	产品A	产品B	产品C	产品D
机器(时)	100	200	257.0	349.0
人力(时)	150	250	100	100
原材料(单位)	300	1500	1890.0	2950.0

表3-6 生产管理成本

产品	第一班	第二班
A	8000元	10 000元
B	10 000元	12 000元
C	12 000元	15 000元
D	16 000元	20 000元

表3-7 班 次 说 明

班次	第一班		第二班	
班种	正班	加班	正班	加班
起止时间	6:00～14:00	14:00～18:00	14:00～22:00	22:00～2:00
时长	8小时	4小时	8小时	4小时

备注：每期第一班正常班为520小时(一季度13周，每周40小时)，加班为260小时。

表3-8 工作小时基本工资

班次	费用	班次	费用
第一班正班	2.0元	第一班加班	17.0元
第二班正班	14.0元	第二班加班	21.0元

备注：每个工人只能上一种班，加班人数不能多于本班正班人数。未值班的工人按第一班正班付工资。

A、B、C、D怎样的班次组合才最优呢？首先，利润是最重要的，可以说利润决定着一切。在产品结构既定的前提下，为了追求最大利润，一味地节省生产成本，其代价就是雇佣更多的工人，而人均利润率又是另一项重要指标。人均利润率计算公式为

$$人均利润率=\frac{利润总额}{职工平均人数}$$

思考：如果第一班反过来生产 C、D 产品，则可以少雇多少人？人均利润率的提升又将会有多大？

常规做法都是将劳动密集型产品 A、B 安排在单位工时工资比较低的第一班正班生产，而把依靠大规模机器生产的 C、D 产品安排在第二班正班及第二班加班生产，这样的排班是生产成本最低的，在其他条件不变的情况下也是利润最大的。这样的排班，固然有助于降低成本、提高利润，但还需考虑到“人均利润率”。

(二) 线性规划

建立原点为 *O* 的直角坐标系，如图 3-9 所示。其中水平轴表示 *A* 产品的产量，垂直轴表示 *B* 产品的产量。

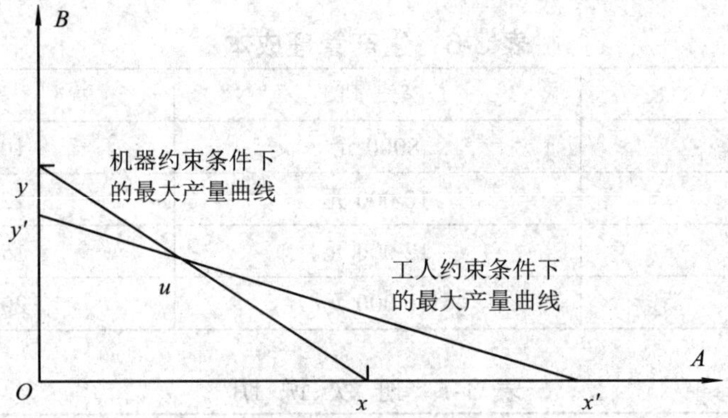

图 3-9　生产排班的规划示意图

在图 3-9 的水平轴上取 x 点，令其为所有机器全部用来生产 *A* 产品的产量；在垂直轴上取 y 点，令其为所有机器全部用来生产 *B* 产品的产量。连接 x、y 两点所得直线，即在机器约束条件下的最大产量曲线。同理可作在工人约束条件下的最大产量曲线 $x'y'$。

在图 3-9 中，$oy'ux$ 所围区域为在机器和工人两个约束条件下的可能产量区域；$y'ux$ 为在机器和工人两个约束条件下的最大产量曲线。其中，$y'u$ 线段是机器有剩余而工人正好够用的临界线；ux 线段是工人有剩余而机器正好够用的临界线；u 点是两种资源都充分利用的最优点。

两条(相交)直线与两数轴所围的两个三角形区域 $y'uy$ 和 $x'ux$ 是一种资源有剩余而另一种资源不足的区域。yux' 右上方的广大区域则是两种资源都不足的区域。

图 3-9 仅是示意图，我们可以用两点式公式列出二元一次方程组，求解，即得 u 点坐标，则为工人和机器都用上的最优方案。

(三) 预算模型

上述线性规划图只能描述两种产品的情况。利用方程组可以解决更多产品的规划，但还是难以照顾到其他相关影响因素，如降低工资水平、节约管理费用和更重要的长期规划。为此，下面介绍通过生产排班预算模型解决这个问题的方法。具体如表 3-9 所示。

表 3-9　生产排班预算模型算法说明

项　目		数据来源或计算公式或算法说明	行次	备注
期数		自然数列	①	
资源	机器	本期实际可使用机器数	②	
	工人	本期实际可投入生产工人数(新聘工人按 1/4 计算)	③	
	工人剩余	③ − ⑪ − ⑰	④	大于 0，尽量小
	材料	根据各产品的“总产出”和单位耗材率计算	⑤	
一班正	A	(② × 520 − 产品 B、C、D 耗费机器小时)/单位产品 A 耗费机器小时	⑥	取整
	B	填写	⑦	
	C	填写	⑧	
	D	填写	⑨	
	机器剩余	② × 520 − 所有产品耗费机器小时	⑩	尽量小
	工人数	所有产品耗费工人小时数/520	⑪	
二班正	A	填写	⑫	
	B	填写	⑬	
	C	填写	⑭	
	D	(② × 520 − 产品 A、B、C 耗费机器小时)/单位产品 D 耗费机器小时	⑮	取整
	机器剩余	② × 520 − 所有产品耗费机器小时	⑯	尽量小
	工人数	所有产品耗费工人小时数/520	⑰	
二班加	A	填写	⑱	
	B	填写	⑲	
	C	填写	⑳	
	D	(② × 260 − 产品 A、B、C 耗费机器小时)/单位产品 D 耗费机器小时	㉑	
	机器剩余	② × 260 − 所有产品耗费机器小时	㉒	尽量小
	工人数	所有产品耗费工人小时数/520	㉓	
总产出	A	⑥ + ⑫ + ⑱	㉔	
	B	⑦ + ⑬ + ⑲	㉕	
	C	⑧ + ⑭ + ⑳	㉖	
	D	⑨ + ⑮ + ㉑	㉗	

相关链接

排班注意事项

机器是最紧缺的资源，且在本期内没有调整余地，因此应最大限度使用。具体来说，一般情况下，应安排一班正、二班正和二班加，即每台机器每期(季度)工作时间为 520 + 520 + 260 = 1300 小时。

人员资源的特点是增长速度有限制，且本期新聘的工人只有 1/4 的生产能力。所以增聘工人要眼光长远，尽力避免解雇工人。

为了贯彻降低工资水平的原则，应考虑把劳动密集型产品(如 A、B)安排在工资费率较低的班次(如一班正)，而把非劳动密集型产品(如 C、D)安排在其他班次(如二班加等)。

为了贯彻节约管理费用的原则，应设法让每个班次生产的产品品种尽量简单。

由于机器增长节奏与工人增长节奏的差异，两者不太协调的情况经常出现，可注意用产品结构的调整来适应增长中的不协调。

要重视长期规划。长期规划要点：

① 以最大的规模和最快的速度购买安装机器。增加产能是不二的致胜法则。

② 工人聘用尽量与机器的增长保持协调，当然有许多技术问题需要解决。

五、生产过程组织

(一) 生产过程的划分

生产过程是指企业从原材料的投入开始到产品产出为止的全过程。这一过程通常又可以划分为：

(1) 工艺过程。工艺过程即直接改变劳动对象的性质、形状、大小等的过程，它是生产过程最基本的部分。

(2) 检验过程。检验过程是产品形成的必要环节，检验不创造价值，却要花费成本，所以检验过程越少越好。

(二) 生产过程的组织原则

生产过程的组织，可以按照工艺专业化、对象专业化和混合的原则来进行。

1. 工艺专业化原则(Process Focused)

按照工艺特征建立生产单位(车间或工段)，就是将完成相同工艺的设备和工人放到一个厂房或一个区域内，如图 3-10 所示。这种组织原则在服务业中很常见，如医院设有外科、产科、儿科、急诊科等。

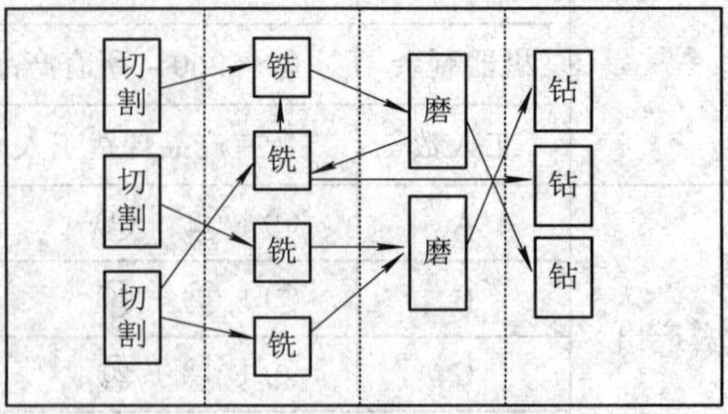

图 3-10　工艺专业化生产组织

例 1　某企业零部件 A 和零部件 B 的生产工艺流程如下。

零件 A：车—铣—钻—热处理—切齿。

零件 B：铣—钻—热处理—磨。

问：应如何进行工艺专业化生产组织？

分析：工艺专业化原则是按照工艺特征建立生产单位(车间或工段)，即将完成相同工艺的设备和工人放到一个厂房或一个区域内。零部件 A 和零部件 B 有一部分共同的工艺流程：铣—钻—热处理。所以，生产布置应考虑将共同的流程放置在一个车间生产，如图 3-11 所示。

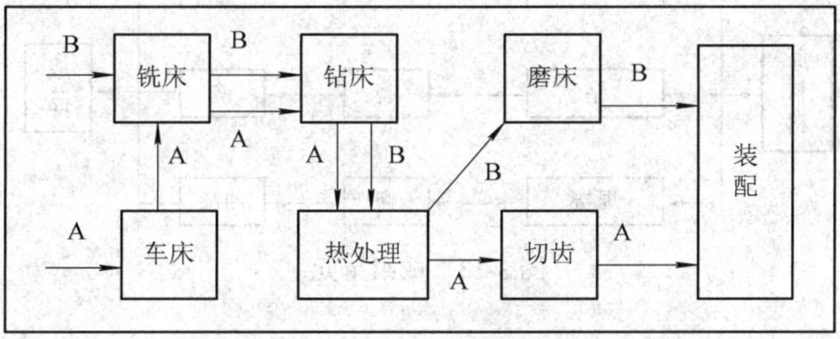

图 3-11　零件 A、零件 B 生产过程

工艺专业化过程生产组织的优势和劣势如表 3-10 所示，可见其较适用于多品种小批量生产或单件生产。

表 3-10　工艺专业化原则优势和劣势

优势	对品种变化的适应能力强 生产系统的可靠性高 工艺及设备管理较方便 设备利用率高
劣势	运输路线长，运输次数多 协作关系复杂，协调任务重 生产周期长，在制品量大 生产效率较低，只能使用通用机床

2. 对象专业化原则

对象专业化原则是按产品(零件或部件)来布置车间、组织生产。按产品或零部件建立生产单位，即把加工某种产品或零部件的全部或大部分工艺过程集中在一个厂房或一个区域内，相应地该区域内集中了加工该产品或零部件所需的设备、工艺装备和工人。项目管理是典型的按对象专业化组织生产的例子。典型的布置包括流水线布置(如图 3-12 所示)、成组单元布置(如图 3-13 所示)、U 形布置(如图 3-14 所示)、固定布置(如图 3-15 所示)。

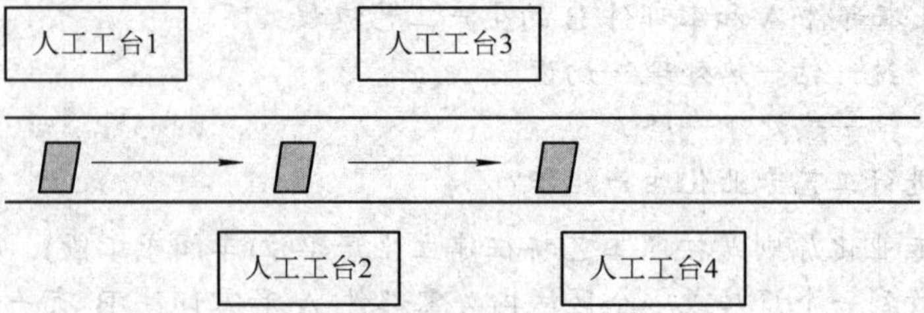

图 3-12　流水线

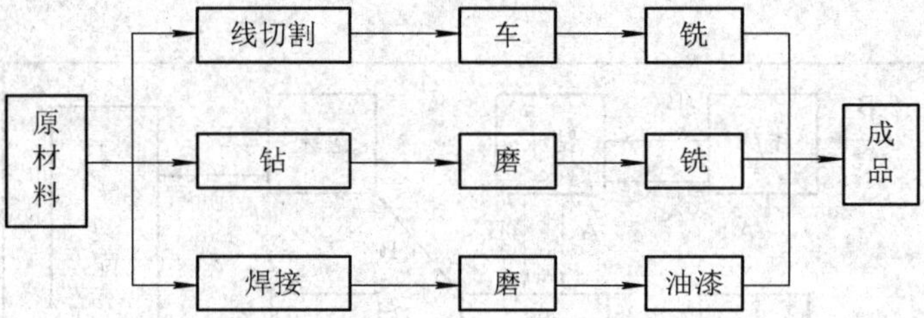

图 3-13　成组单元

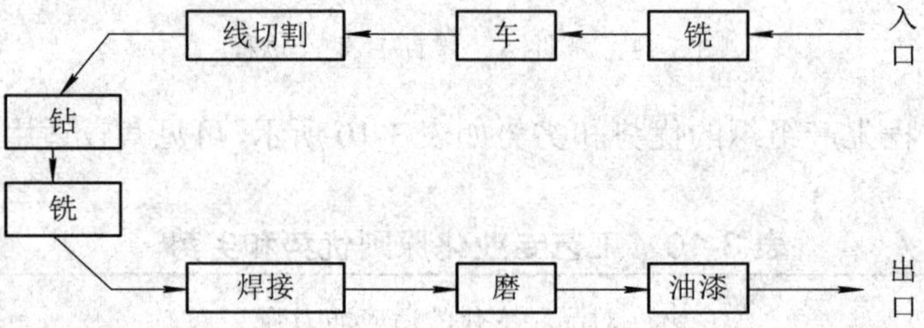

图 3-14　U 形布置

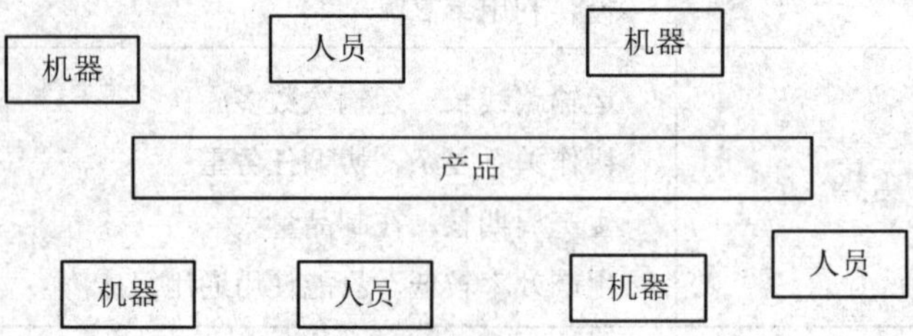

图 3-15　固定布置

例 2　某企业零部件 A 和零部件 B 的生产工艺流程如下。

零件 A：车—铣—钻—热处理—切齿。

零件 B：铣—钻—热处理—磨。

问：应如何进行对象专业化生产组织？

分析：对象专业化原则是按产品(零件或部件)来布置车间，组织生产。在对象专业化生产单位内，具有各种设备和相应工种的工人，生产布置应考虑将一个产品布置在一个车间生产，如图 3-16 所示。

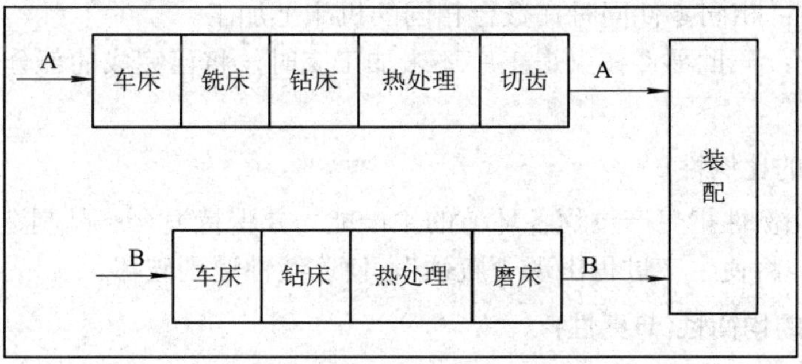

图 3-16 对象专业化生产过程原则

对象专业化过程生产组织的优势和劣势如表 3-11 所示，可见其较适用于大量大批生产。

表 3-11 对象专业化原则优势和劣势

优势	减少运输次数，缩短运输路线 有利于提高工作地的专业化程度 可使用专用高效设备和工艺装备 协作关系较简单，简化了生产管理工作 在制品较少，缩短了生产周期
劣势	对品种变化的适应性较差 工艺及设备的管理较复杂 生产系统可靠性较差

3. 混合原则

混合原则结合了工艺专业化和对象专业化的特点。在实际生产中，一般综合运用两种专业化形式进行生产过程的组织，例如锅炉厂的铸造车间和锻造车间。

(三) 合理组织生产过程的要求

合理组织生产过程的基本要求是要使生产过程保持连续性、平行性、比例性、均衡性(节奏性)与准时性，以缩短生产周期。

1. 生产过程的连续性

生产过程的连续性指产品生产过程的各个阶段、各个工序的活动是衔接的，物料处于不停的运动中，且流程尽可能短。保持连续性可缩短产品生产周期，降低在制品库存，加速流动资金周转。生产过程连续性主要表现为时间上的连续和空间上的连续。

(1) 时间上的连续：各个环节的运动处于连续状态，很少有或没有不必要的等待。

(2) 空间上的连续：各个环节在空间布置上合理紧凑，使物料流程尽可能短，没有迂回往返现象。

2. 生产过程的平行性

生产过程的平行性指生产过程的各个阶段、各个工序平行交叉进行。保持生产过程的平行性，可以大大缩短产品生产周期。

(1) 平行作业：相同零件同时在数台相同的机床上加工。

(2) 交叉作业：一批零件在上道工序还未加工完时，将已完成的部分零件转到下一道工序加工。

3. 生产过程的比例性

生产过程的比例性指生产过程各环节的生产能力要保持适合产品制造的比例关系，比例关系遭到破坏，将使生产过程出现“瓶颈”，使连续性遭到破坏。

4. 生产过程的均衡性(节奏性)

生产过程的均衡性指产品从投料到完工能按计划均衡地进行，能够在相等的时间间隔内完成大体相等的工作量(即生产的产品产量大致相等)，保持负荷均匀。均衡性的时间段一般取月、旬、日；节奏性取小时、分(用于大量大批生产)。

保持生产过程的均衡性，有利于建立正常的生产秩序，有利于提高产品质量，可使设备、人力负荷均衡，有利于加速流动资金的周转，降低产品成本。

5. 生产过程的准时性

生产过程的准时性指生产过程的各阶段、各工序都能按后续阶段和工序的需要生产，即在需要的时候，按需要的数量生产所需要的零部件。

技能训练

企业排班实训

一、实训目的

(1) 通过排班，了解排班的原则、排班的方式方法。

(2) 通过训练，加强学生对排班的认识，使学生能够运用线性规划、预算模型进行排班。

二、实训要求

(1) 掌握产品、工时、市场需求、原材料需求、班次之间的关系。

(2) 制订生产排班。

(3) 现场汇报。因训练项目的成果较多，可安排 4 次汇报，各小组按顺序依次进行。要求思路清晰、语言流利、图文并茂。

三、实训操作

1. 生产资源

生产中有多道工序，在模型中将多种机器综合为一种，各种类型工作的工人综合为一种。所以，不要理解为一人看几台机器，只考虑每种产品需要多少机时和人时。机器和人的比例必须是按规则规定的比例，如表 3-12 所示。机器若多余，则闲置；人工若多余，则不上班，只领基本工资。

表 3-12　生产单个产品所需要的资源

	产品 A	产品 B
机器(时)	100	200
人力(时)	150	250
原材料(单位)	300	1500

注意：工人的工作时间最多 12 小时，机器可以干两班，最多可为 20 小时。

2. 生产班次

每期第一班正常班为 520 小时(一季度 13 周，每周 40 小时)，加班为 260 小时(一季度 13 周，每周 20 小时)。正常班指第一班正班，8 小时，如表 3-13 所示。

表 3-13　班 次 说 明

班次	第一班		第二班	
班种	正班	加班	正班	加班
起止时间	6:00～14:00	14:00～18:00	14:00～22:00	22:00～2:00
时长	8 小时	4 小时	8 小时	4 小时

说明：公司聘用的工人至少要领正常班的工资，不管他是否真上班。其他的班，包括第一班加班、第二班正班和加班，如果工人上这些班，需要补上与正常班的工资差额。所有的工人不管是否工作，都发第一班正常班的工资。如果工人上第二班正常班，比第一班正常班高出的工资也算在特殊班工资里。

3. 管理费用

公司每期的管理费用为固定成本，仅与生产的产品和班次有关，如表 3-14 所示。

表 3-14　为每班生产的产品支付的管理费用

生产产品	第一班	第二班
生产产品 A	4000 元	5000 元
生产产品 B	6000 元	7000 元

说明：同一班可以在每期里生产两种产品，甚至三种、四种产品，或者在正班和加班生产一种或多种产品都行。但需要注意生产的固定费用(管理成本)，同时注意至少要先投入一级研发费用。

4. 生产设备

机器可在两班使用，但第一班加班和第二班用的机器总数不能多于公司机器总数。第一班加班用的机器在完工后的 4 小时也不能用于第二班正常班。每台机器每期的维修费为 200 元，不论使用与否。

5. 市场第一季度需求

市场需求是可以预测出来的，如表 3-15 所示。

表 3-15　第一季度需求

1 月市场需求				
市场＼产品	产品 A	产品 B	产品 C	产品 D
市场 1	100	120		
市场 2	100	80		
市场 3	50	100		
市场 4	80	100		
2 月市场需求				
市场＼产品	产品 A	产品 B	产品 C	产品 D
市场 1	100	100	300	50
市场 2	100	50	100	20
市场 3	80	100	80	
市场 4	100	100	50	
3 月市场需求				
市场＼产品	产品 A	产品 B	产品 C	产品 D
市场 1	50	80	400	100
市场 2	50	80	200	50
市场 3	50	80	160	50
市场 4	50	80	100	60

6. 市场需求预订

当市场对某公司的产品需求多于公司在该市场的库存加本期运去的总量时，多余的需求按以下比例变为对下期的订货，如表 3-16 所示。到时以本期价格与下期价格较低者付款。公司下期的运到该市场的产品优先满足上期订货。若上期订货不能被满足，剩余的不再转为下期订货。

表 3-16　下期订货比例

市场＼产品	产品 A	产品 B	产品 C	产品 D
市场 1	24.0%	29.0%	31.0%	33.0%
市场 2	24.0%	29.0%	31.0%	33.0%
市场 3	27.0%	26.0%	29.0%	31.0%
市场 4	28.0%	26.0%	28.0%	31.0%

7. 库存

成品可存于工厂的仓库或各市场的仓库，单位成品每期库存费为 0.02 元，如表 3-17

所示。

表 3-17　现有产成品库存

产品	库存数
产品 A	400
产品 B	420
产品 C	100
产品 D	200

A、B、C、D 产品的生产周期均为 1 个月。试根据所给资料编排本季度 1 月和 2 月生产的生产安排。

四、实训考核

教师根据学生完成实训的综合情况，给予考核，考核项目及评分标准分别如表 3-18 所示。

注意：每位同学一张考核表，由小组考核和教师考核两部分构成，分别评分，各占 50%。其中，小组评分部分：组员由组长打分，组长由组内成员综合打分。综合成绩计入本课程的平时成绩。

表 3-18　排班考核表

学生姓名					
学习情境		进行采购策略分析			
评价项目与内容		项目分值	小组评分	教师评分	综合成绩
知识掌握	排班方法、排班原则	20			
讨论参与	全程参与活动，态度积极	10			
	分工负责，各司其职又配合紧密	20			
汇报情况	用语规范，阐述完整	10			
	声音洪亮，语言流畅	10			
讨论点评情况	勇于大方正视自己，点评客观	10			
	小组点评公正，切中要害	10			
	积极点评同学，意见中肯	10			
合计	100	100			

项目小结

通过学习本项目，应重点理解和掌握以下知识：

1. 采购的方法：基于库存理论的定量采购方法、基于库存理论的定期采购方法、精益采购方法。

2. 采购流程包括下单、跟催、物料接受、发票效验、付款几个环节。其中，下单包括对供应商的选择和物料需求的确定。

3. 了解采购合同的定义和内容。

4. 生产现场五要素。人，指制造产品的人员；机，制造产品所用的设备；料，指制造产品所使用的原材料；法，指制造产品所使用的方法；环，指产品制造过程中所处的环境。

5. 生产能力计划中的生产能力的核定，对单一产品和多种产品进行生产能力核定。

6. 熟悉指标体系并会运用滚动生产作业计划编制法编制生产计划；依据排班的原则，运用线性规划、预测模型进行生产排班。

思考与练习

一、知识运用题

1. 采购的方法包括哪些？自选一家公司，分析其采购方法。
2. 编制生产计划的步骤，并分点阐述。
3. 排班的方法有哪些？自选一家公司，为其进行生产排班。
4. 采购合同的内容有哪些？查找资料，列出一份完整的采购合同模板。

二、案例分析

Force-Master 生产计划

Force-Master 公司是一家中型的制造商，主要产品是汽油引擎驱动的家园工具。公司初期只生产割草机，8 年前开始制造除雪机，之后还推出几种次要的产品。由于各种产品的相似度高，因此都在同一厂房内生产。Force-Master 的员工都具有多种技能，而且常常轮调工作，公司根据经验与实际量测定制造一部割草机需要 1.8 人工小时，除雪机则需要 2.5 人工小时，两种产品的市场需求几乎是相反的。

本年度已进入最后阶段，Force-Master 公司准备拟订下一年度的综合生产计划，此计划以两个月为一期，一月与二月为第一期，其余类推。公司目前有 350 个员工，每个员工每期约工作 300 小时，平均薪资约为 6000 美元，加班的薪资为每小时 28 美元，但公司规定每个员工每期加班时数不得超过 60 小时。员工每期的自动离职率约为 2%，各级法律与劳资合约规定，员工被解雇时应领取相当于两个月薪资的遣散费(6000 美元)，而雇佣新员工时需付出广告、面试、训练等成本，每人约是 2000 美元。另外，新进员工在第一期的平均生产力是熟练员工的一半，因此可以假设新进员工有效的工作时数只有一半。

Force-Master 公司预估在本年度结束时，库存将有 4500 部除雪机与 500 部割草机，割草机每期的库存成本大约是 8 美元，除雪机每期的库存成本大约是 10 美元。下一年度割草机的制造成本估计为 95 美元，除雪机的制造成本为 110 美元，割草机的预订出货价格为 210 美元，除雪机则为 250 美元，业务部门据此价格与过去的销售量估计下一年度各期的需求量，如表 3-19 所示。

表 3-19　下一年度各期的需求量

期别	割草机	除雪机
1～2	12 000	16 000
3～4	85 000	4000
5～6	80 000	0
7～8	32 000	5000
9～10	8000	35 000
11～12	3000	45 000

每台割草机与除雪机所需的零部件(单位：个)分解如表 3-20 所示。

表 3-20　每台割草机与除雪机所需的零部件

产品＼零部件种类	A	B	C	D	E	F	G	H
割草机	2		3	15	6	3		
除雪机	1	4		10			6	7

现公司零部件库存情况(单位：个)如表 3-21 所示。

表 3-21　零部件库存情况

种类	A	B	C	D	E	F	G	H
数量	30 000	52 000	38 000	70 000	12 000	18 000	41 000	45 000

另外，零部件订货周期为 1 个月(即从订到到货需 1 个月)。

Force-Master 公司向来采取保守的人事策略，需求增加时先加班，再考虑增聘员工，而且尽量不解雇员工。生产管理主任根据这个策略规划出下一年度的综合生产计划，如表 3-22 所示。

表 3-22　下一年度的综合生产计划

期别	员工人数(人)			加班时数(h)	割草机(台)		除雪机(台)	
	熟练	新聘	解雇		制造	库存	制造	库存
11～12	350					500		4500
1～2	343	0	0	0	41 194	29 694	11 500	0
3～4	336	27	0	21 780	64 344	9038	4000	0
5～6	356	0	0	20 932	70 962	0	0	0
7～8	349	0	0	0	32 000	0	18 840	13 840
9～10	342	0	0	0	8000	0	35 280	14 120
11～12	335	0	0	0	3500	500	37 680	6800
合计	2061			42 712	220 000	39 232	107 300	34 760

计划的成本如下：

薪　　资：$(2061 + 27) \times 6000 = 12\ 528\ 000$ 美元

加 班 费：42 712 × 28 = 1 195 936 美元

雇佣成本：27 × 2000 = 54 000 美元

制造成本：220 000 × 95 = 20 900 000 美元

库存成本：39 232 × 8 = 313 856 美元

104 500 × 110 = 11 495 000 美元

34 760 × 10 = 347 600 美元

总　　计：46 834 392 美元

问题：分析计划的合理性，如果你有更合适的计划，试给出一个新的综合生产计划。

要求：

1. 分析该综合生产计划的优缺点，要求有理有据，用数据和相关对比图表来进行说明。
2. 指出新制订的综合生产计划的特点，并和上述生产计划进行数据对比分析。
3. 根据销售计划制订本公司的采购计划。

拓展训练

模拟制定生产安排决策

生产安排模块理论知识的学习比较简单，实践操作以企业竞争模拟软件 BIZSIM 为载体，向大家展示在制定采购策略、生产策略时的基本操作和相关技巧。

一、基本操作

(1) 打开浏览器，输入网址 www.bizsim.cn，登录企业模拟竞争系统。

(2) 点击"我参加的比赛"，进入比赛页面。

(3) 点击"制定决策(快捷模式)"，进入制定决策界面。

(4) 根据模拟操作系统中给定的比赛规则，摸索竞争对手的历史决策数据，制定相应的采购策略、生产策略，具体包括原材料采购、机器设备购买，为生产排班。

(5) 在做每一个决策时，点击空格部分，都会自动出现决策提示。

二、相关技巧

企业竞争模拟软件平台是一个虚拟的企业运营平台，制定生产安排决策时需要兼顾的因素非常多，需要掌握一定的规律和技巧。这里介绍一些生产安排决策制定的攻略仅供参考。

(一) 原材料采购攻略

比赛规则中有规定：本期购买的原材料只有 50%可用于本期生产，这就产生了一个原材料库存问题。为了保证原材料的剩余量合理，每期的现金流不至于受购买原材料数目影响太大，同时降低库存成本，应尽量使本期所购买的原材料数满足：本期末的库存原材料数≈0.5 × 下期生产所需原材料数。同时参考原材料购买的优惠折扣，以降低购买成本。其中，下期生产所需原材料数≈(本期原材料耗用数额/本期机器数) × 下期机器数(产品结构不变的情况下)。原材料采购涉及融资，预计下期资金紧张，可以在本期适量多采购原材料，以缓解下期现金压力。由于原材料购买支出是一项重要的财务支出，因此原材料的购买技巧也成为一种重要的财务操作手法。

在比赛中，原材料的折扣优惠点一般设置在 1 000 000、1 500 000 和 2 000 000。故平台将讨论分为两部分。第一部分是比赛中前期，在应该购买原材料在 200 万个单位以下时；第二部分是比赛中后期，应该购买的原材料在 200 万个单位以上时。一般认为，在中前期适当多购原材料是可以多获得利益的，但是在中后期多购原材料是很不划算的事情。详细分析如下：

当本期应购原材料在 200 万个单位以下时，需要对比增加购买原材料的收益和成本，并找到一个临界点，当应购原材料的数量大于这个临界点时，增加购买原材料，而小于这个点时，不增加购买原材料。如表 3-23 所示，统计分析假设原材料采购三个折扣分别为 97%、95%、94%。

表 3-23 原材料速查表(一)

材料速查表		1 000 000		1 500 000		2 000 000	
差值	0.03	收益	成本	收益	成本	收益	成本
100 000	0.02	27 000	5000	28 000	5000	19 000	5000
200 000	0.01	24 000	10 000	26 000	10 000	18 000	10 000
300 000		21 000	15 000	24 000	15 000	17 000	15 000
400 000		18 000	20 000	22 000	20 000	16 000	20 000
500 000		15 000	25 000	20 000	25 000	15 000	25 000
374 000		18 780	18 700				
430 000				21 400	21 500		
330 000						16 700	16 500
参考值		626 000		1 070 000		1 670 000	

收益主要指通过增加购买原材料可以获得上一级的优惠而得到的收益。比如，应该购买 130 万，现在增加 20 万，而在原来 0.03 的优惠基础上获得 0.02 元的优惠，130 万 × 0.02 = 26 000 元。而增加的 20 万不考虑收益，因为如果下期购买这 20 万，也有可能获得这 0.02 元的收益。

成本主要是库存的成本，这时运输费用的成本可以不用考虑，因为比赛在继续，不论这期购买还是下期购买都需要支付运输成本，而库存成本虽然分两期支付，但是其 0.05 元的费用还是一样要支付的。

通过表 3-23 的计算，我们很容易可以找到临界点。横栏分别是 3 级优惠标准，竖栏分别是和应购买原材料相差的值，比如，在接近 150 万这个优惠级的时候，第一行是 150 万−10 万 = 140 万。这时增加购买 10 万的成本是 5000 元，收益是 28 000 元。最后得出在接近 150 万这个级别时，应购原材料为 107 万是临界点。应购原材料大于该值，则应多购；小于该值，则不多购。当然，上面的分析是建立在企业自有资金充裕的假设前提下，如果需要融资来达到多购原材料，那么需对多购部分考虑 2%～3%的融资成本。这时的临界点将会很不相同。

如表 3-24 所示是考虑了 2%的融资成本后计算的临界值。

表 3-24　原材料速查表(二)

材料速查表		1 000 000		1 500 000		2 000 000	
差值	0.03	收益	成本	收益	成本	收益	成本
100 000	0.02	27 000	7000	28 000	7000	19 000	7000
200 000	0.01	24 000	14 000	26 000	14 000	18 000	14 000
300 000		21 000	21 000	24 000	21 000	17 000	21 000
400 000		18 000	28 000	22 000	28 000	16 000	28 000
500 000		15 000	35 000	20 000	35 000	15 000	35 000
300 000		21 000	21 000				
330 000				23 400	23 100		
255 000						17 450	17 850
参考值		700 000		1 170 000		1 745 000	

以上统计分析仅仅是从当期获利的角度去考虑是否多采购原材料。但在实际的运用中，还需要灵活掌握。同时，我们在原材料采购分析上还需考虑两个问题。首先需考虑下期原材料的优惠等级。一般这个因素需要在中期考虑，因为如果在某期我们通过计算发现当期需要购进 130 万的原材料，从本期来考虑，多购 20 万的原材料可以多获一点利益；但是假如因为这期多购了 20 万原材料，而下期只需要购进 160 万原材料，而在没有多购这 20 万前，下期是需要购进 200 万的。这样我们会发现，如果下期资金足够的话，有可能是 130 万 + 200 万比 150 万 + 160 万要合算一些。其次，考虑现金流的问题。如果在预测未来两期现金都非常紧张的情况下,可以通过多买原材料来缓解资金的压力。比如，经过计算第 3 期需要借银行贷款 350 万，而第 4 期需要借 300 万，两期累计是 650 万。此时可以考虑在第 3 期多买 50 万原材料，这样调整为第 3 期借 400 万，第 4 期可以少买 100 万原材料，而只需要借 200 万，累计借入 600 万。当然，这样操作，对第 5 期的现金又会是一个考验。

(二) 生产管理攻略

1. 产能扩张

由比赛规则可知，机器的折旧是按季度(一个季度为一个经营周期)来折算而不是按使用时间来计算的。因此，当我们最大限度地使用机器并不会加速机器折旧，同样由于系统的简化处理，最大限度地使用机器也不会降低机器效率，机器产出效率始终为 100%。因此，对现有生产能力的最大利用，是让所有机器都运行 20 小时/天，不是迫不得已一般不会用第一班加班。当大家都认同这一点时，产能的扩大问题就成了机器规模的扩张问题。

具体的扩张思路一般有两种：各期均平稳的购买机器；跳跃式购买机器。对于这两种思路均见队伍实施，并且从最后的机器总效果来看，并无明显的优劣之分。第一种思路的应用是广泛的，因为这不仅仅有利于招人的平稳性，更有利于把握市场(主要在于其扩张的节奏很平稳)；第二种思路对操控能力要求更高，一般机器是买一期歇一期间歇式购买，跳跃式购买一般也分为两种情况：一种是主动的战略性选择；一种是被迫的战略性调整。对于前者，只要成熟驾驭，并无显著问题；对于后者，则是迫于市场、财务状况与预计的差异，导致其扩张步伐大调整，这往往会导致在工人市场方面与之不协调，也会给生产调整带来诸多问题。对于跳跃式扩张，曾有 2007 年北京工商大学“悠悠”团队在校园热身赛中成熟地运用过。

2. 生产班次安排

生产班次的安排曾经是一个争论不休的问题，A、B、C、D 四种产品采用怎样的班次组合才最优呢？在综合评分的七项指标中，利润是最重要的，可以说利润决定着一切。在产品结构既定的前提下，为了追求最大利润，一味地节省生产成本，其代价就是雇佣更多的工人，而人均利润率又是综合评分中一项重要指标。考虑一下，如果第一班反过来生产 C、D，则可以少雇多少人？人均利润率的提升又将会有多大？

我们的常规做法都是将劳动密集型产品 A、B 安排在单位工时工资比较低的第一班正班生产，而把依靠大规模机器生产的 C、D 产品安排在第二班正班及第二班加班生产，这样的排班是生产成本最低的，在其他条件不变的情况下也是利润最大的。这样的排班，固然有助于降低成本、提高利润，但还需考虑比赛的评分指标中还有一项“人均利润率”。2006 年全国企业竞争模拟大赛中，在人均利润率方面表现较为突出的队伍如“Fino”，从预赛、复赛到全国决赛，其人均利润率均保持着赛区较高水平，根据对其实战数据的分析，他们是均衡战略思想突出的典型代表，产能、研发、市场分额、市场价格均表现出“中庸之道”，而往往在最后两期，从市场份额上可以明显看出其转产 C、D 了。

生产环节是控制成本的重要一环，人均利润率的分母就产生于此，分子则与此直接相关，如何安排生产以使企业综合评分最高，是生产部门的重要研究任务。

在大赛交流及实战中，把 A、B 与 C、D 完全颠倒过来的做法基本上是没人认同的，因为这意味着巨额成本。一般比较受认同的还是遵循生产成本最低原则，也可视情况将劳动密集型产品与机器密集型产品在排班时相结合，如 AC、BD 或 AD、BC。一般认为比赛中前期是一个原始积累的过程，利润显得尤为重要，况且人均利润率只是一个当期指标，建议使用 AB、CD 组合，在后期适当考虑调整一下班次或产品结构(即减少 AB 产量，重点生产 CD)，以控制工人规模。中前期遵循利润最大原则，后期遵循综合分最高原则。

在各产品盈利能力均衡的前提下，生产成本最低排班模式一般有两种情况，如表 3-25 和表 3-26 所示。

表 3-25　生产排班表(一)

第一班正班	第一班加班	第二班正班	第二班加班
A			
B			
C		C	
		D	D

表 3-26　生产排班表(二)

第一班正班	第一班加班	第二班正班	第二班加班
A			
B		B	
		C	
		D	D

生产排班的基本原则是首先将 A 安排在第一班正班，D 安排在第二班加班，再到第二班正班，B 与 C 视其产量情况而定。如果 A 产品一支独秀，也可能第一班只生产 A。对于第一班加班，我们认为一般不会使用，因为这意味着对产能的浪费，但特殊情况也是需要考虑的。

项目四　人力资源决策与分析

项目分析

随着知识经济的崛起，企业间的竞争归根到底是人才资源的争夺。在社会四大资源中，人力资源如今已成为是推动经济增长、社会发展、企业发展的第一资源。作为企业经营管理工作的重要环节，人力资源管理做好了，企业管理就成功了一大半。那么在日常的经营管理活动中，企业的人力资源管理工作是如何进行的，其中主要包括哪些具体的工作内容，每个工作内容之间又是如何相互影响，最终形成合力影响企业整体运作的？本项目从企业人力资源工作者的视角出发，详细介绍了人力资源管理具体工作模块划分及内容，并选出其中“人员招聘”模块，进一步阐述其实施流程。

本项目主要学习人力资源管理的基础知识和招聘管理，框架结构如图 4-1 所示。

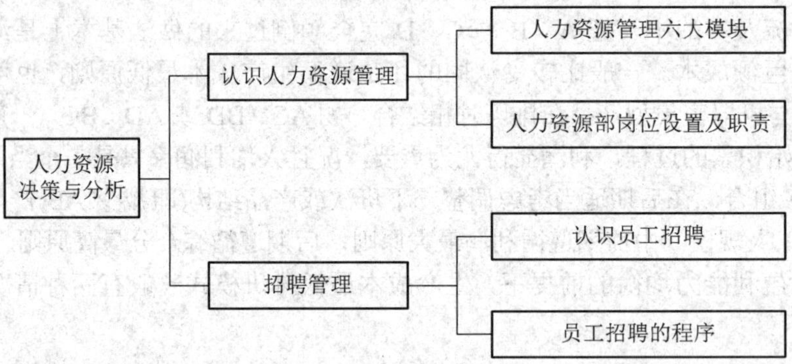

图 4-1　人力资源决策与分析框架结构

知识目标

(1) 了解人力资源管理的六大模块。
(2) 了解不同规模企业中人力资源部组织结构的划分。
(3) 了解企业招聘的目标、原则、途径。

能力目标

(1) 掌握不同情况下，员工招聘渠道的选择。
(2) 掌握员工选拔与录用的基本流程。

任务一 认识人力资源管理

任务目标

美国“钢铁大王”安德鲁·卡耐基(Andrew Carnegie)曾说：“你可以把我的工厂、设备、资金全部夺去，只要保留我的组织和人员，四年后我仍将是钢铁大王。”在知识经济时代，任何企业的稳步发展都离不开优质的人力资源和对人力资源的有效开发与配置。本任务将讲授人力资源管理相关知识。

案例引入

丰田的人力资源管理

一、丰田的人事部

在日本丰田，许多优秀的管理者通常来自三个部门：销售、制造或人事。人事部门是一个极为强势的部门，一提到人事部门，丰田员工不自觉地产生一种敬畏心理。

丰田人事部门的权威来自多个方面：一是源于人事部门是各项人事政策的制定者，员工成长的培养者和规划者。丰田人视人事政策为公司法律，“有法必依”，体现了丰田人极高的法制意识，也使得人事部门成为政策的化身。二是源于员工对人事部门的尊敬和信任，人事政策考虑问题全面、细致、长远，涉及公司各个部门、各个领域，涉及每个员工的近期、远期切身利益，而这些政策经过多年的宣传、实践，逐渐深入人心。此外，还源于丰田人事部门持续不断地培养并向各个部门输送了大量优秀管理人才。

丰田人事部门每年会招聘一批优秀人才，择其优者放到各地销售部门进行锻炼，然后再从中选拔部分有潜力的人才进入人事部门，从基础开始进行培养。这些人才逐步成熟、成长起来，成为人事管理、人才培养、职业规划等领域的专家，再通过岗位轮换派到世界各地丰田事业体的管理部门、营销部门担任要职，成为既懂销售又精通人事的管理者。

从人事部门出来的管理者，了解公司战略，熟悉公司文化，是丰田公司各项人事政策的有力支持者和执行者，同时，人事部门的工作经历也使他们在人才培养、人才使用、团队建设、成本控制和沟通交流等方面比其他部门管理者技高一筹。也正是由于这些原因，晋升会优于其他部门员工。丰田(中国)投资公司总经理矶贝匡志、一汽丰田销售公司总经理毛利悟就是比较典型的例子。

二、丰田人力资源管理理念

丰田公司的管理理念，即是大家都很熟悉的“丰田之路”，总括起来就是五个词语十四个字：挑战、改善、现地实践、尊重、团队协作。

在丰田人力资源管理理念中，丰田公司把遵守规章制度放在第一位。遵守规章制度体现在三个方面：第一，规则、手续明确化；第二，严格并公平地运用规则；第三，规则的指导思想、内容必须向员工彻底贯彻。这对人力资源管理者提出了较高的要求。要让员工遵守规章制度，首先在制定制度时就必须全面考虑，每一个细节都应考虑相应的解决方案，广泛听取多方面意见，并对员工进行宣传说明，让每个员工都能充分理解、接受。只有员工充分理解、接受的规章制度，才能得到员工的尊重并有效执行。这也充分体现了丰田公司对员工尊重。

如此形成的制度，如此的人力资源管理者在员工心目中才能真正具有权威。这一点是许多国内企业人力资源管理者亟需学习的，因为国内许多企业的人事制度是基于公司或者老板立场考虑问题，往往忽视了员工感受。这些制度难以落实，意见纷起，最后受伤的还是人力资源管理者。这样的人力资源管理者、人力资源部门谈何能树立自己的权威呢？

知识链接

人力资源管理是指根据企业发展战略的要求，有计划地对人力资源进行合理配置，通过对企业员工进行招聘、培训、任用、考核、激励和调整等一系列过程，有效调动员工积极性，从而为企业创造更多价值。

一、人力资源管理六大模块

(一) 人力资源规划

人力资源规划(Human Resource Planning)是以企业整体规划目标为依据，在分析现有人力资源配置状况的基础上，对企业的人力资源需求及供给进行预测，并在此基础上确定人力资源的发展目标和达成目标的措施。

(二) 人员招聘

人员招聘是指组织为了发展需要，根据人力资源规划及职位分析对人力资源在数量与质量方面的相关要求，及时寻找、吸引并鼓励符合要求的人来填补组织职务空缺的活动过程。有效的人员招聘可以为企业补充所需人力资源；可以树立企业形象，提升企业知名度；可以为企业人力资源的合理流动提供可能；可以降低人力资源管理成本。

(三) 人员培训

员工培训是指企业通过多种方式，使员工具备完成现在或将来工作所需的技能并改变他们的工作态度，以改善员工在现有或将来职位上的工作业绩，最终实现企业整体绩效提升的一种计划性、连续性的活动。

(四) 薪酬及福利管理

薪酬管理是指企业在经营战略的指导下，综合考虑内外各种因素的影响，针对所有员工所提供的服务来确定他们的薪酬水平、薪酬结构及薪酬形式，并进行薪酬调整和薪酬控制的整个过程。

(五) 绩效管理

绩效管理是依据管理者与员工之间达成的协议来实施的一个动态的沟通过程，其通常被定义为系统地对一个组织或员工所具有的价值进行评价，并给予奖惩，以促进系统自身价值的实现。

(六) 员工关系管理

员工关系管理是指企业管理人员和人事专员通过实施相关人力资源政策，运用具有柔性化、激励性及非强制性的管理与沟通手段，对企业与员工、员工与员工之间的关系进行调节，最终确保组织目标的实现。

二、人力资源部岗位设置及职责

(一) 人力资源部岗位设置

作为企业人力资源管理的主管部门，人力资源部的组织结构可根据企业规模及企业所处发展阶段、企业战略、外部环境、技术手段等的实际需要进行灵活设计。随着人工智能和大数据在企业人力资源管理领域的渗透，其将对企业人力资源管理及部门组织结构产生根本性的变革。目前，已有部分积极思变的企业开始进行人力资源管理流程智能化的探索，未来数据从采集到反馈、监控、评估、分析、决策预测都将越发智能化。现将目前通用的企业人力资源部组织结构介绍如下：

1. 大型企业人力资源部岗位设置

大型企业由于员工总数较大，因此人力资源部分工也更细。该类企业人力资源部按照常用模块分设各中心，常见的有招聘与培训中心、绩效福利中心、人力资源规划中心及员工关系管理中心。各中心分别设置经理 1 名，全权负责本中心相关事务。各中心下根据业务的需要，分设 1～2 名主管，协助中心经理开展中心事务。各中心主管下分别配备一定数量的各专员，负责具体事务的执行。大型企业人力资源部组织结构如图 4-2 所示。

2. 中型企业人力资源部岗位设置

中型企业人力资源部在人手配备上少于大型企业，但是业务分工仍然是按照人力资源常用模块进行分隔。该类企业人力资源部最高管理者为人力资源部经理，每个模块分设 1 名主管进行协助。各模块下根据业务的需要，配备一定数量的专员。中型企业人力资源部组织结构如图 4-3 所示。

3. 小型企业人力资源部岗位设置

小型企业人力资源管理相关工作量相对于大中型企业而言也较少，因此部分小型企业不单独设置人力资源部，而是将人力资源管理相关工作划归行政办事室负责。人力资源管理相关业务也不按照模块进行划分，每位专员需通力负责各模块所有工作。小型企业人力资源部组织结构如图 4-4 所示。

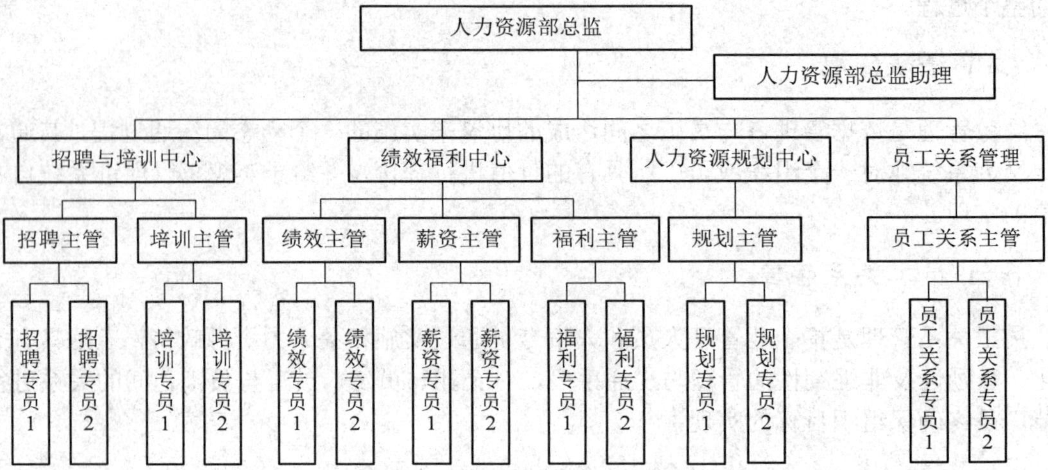

图 4-2　大型企业人力资源部组织结构

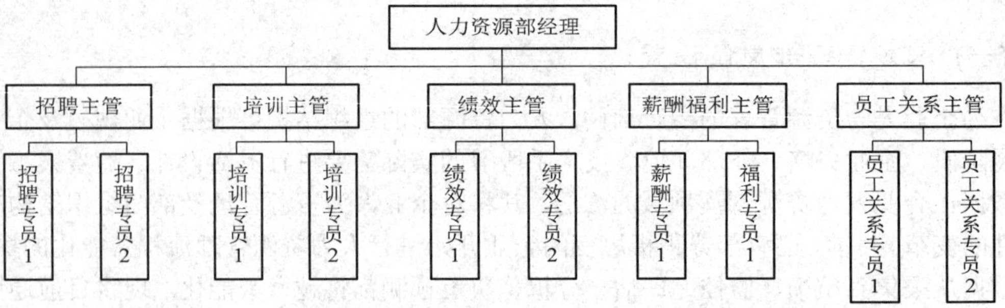

图 4-3　中型企业人力资源部组织结构

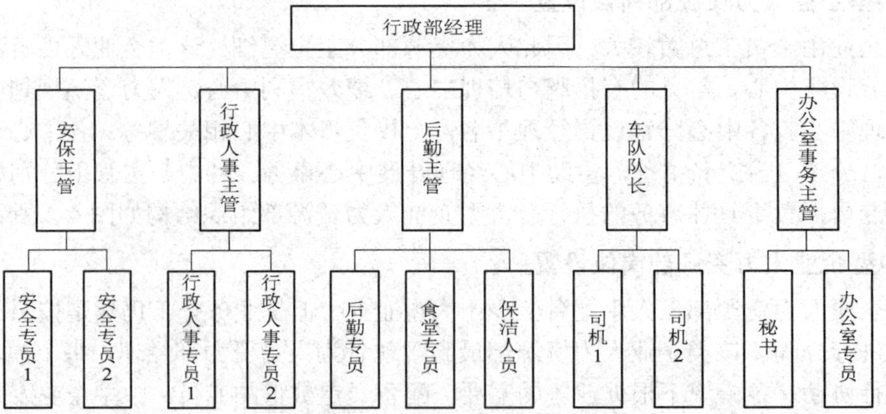

图 4-4　小型企业人力资源部组织结构

(二) 人力资源部基础岗工作职责划分

1. 招聘专员岗位职责

第一，根据公司人力资源规划，汇总招聘需求，拟定招聘计划并实施。

第二，协助上级完成需求岗位的《工作说明书》的撰写。

第三，开发、拓展及维护各类招聘渠道，从而保证人才供给的充足。

第四，负责公司招聘广告、招聘网站及相关资料的编写与更新。

第五，查收并初筛求职者简历，并通过各大招聘类网站搜索企业所需人员，邀请其参加面试。

第六，负责面试的组织与实施工作。

第七，组织用人部门进行复试，为复试工作的顺利进行提供后勤保障。

第八，与被录取者保持及时沟通并跟踪后续录用结果。

第九，做好人员入职前的相关准备工作。

第十，负责各类招聘数据的记录与汇总，并定期反馈给上级。

第十一，完成上级安排的其他任务。

2. 培训专员岗位职责

第一，在培训需求分析基础上，协助部门经理搭建及维护公司培训体系。

第二，负责年度及月度培训计划制定与实施，确保各层级培训有序开展。

第三，负责开发培训课程及相关配套资源，建立公司培训资源库，并承担相应课程的讲授任务。

第四，挖掘公司内外部培训资源，制定培训讲师考核制度与激励机制。

第五，根据公司培训评估体系，及时跟踪受培对象的培训效果。

第六，做好培训各类资料收集、整理与归档，撰写《培训效果评估报告》。

第七，完成上级安排的其他任务。

3. 绩效管理专员岗位职责

第一，协助上级制定和完善公司绩效管理制度、办法、实施方案，并在全公司进行推广。

第二，协助上级组织实施全员绩效管理工作，并提供全程绩效服务，确保各项绩效考核制度的有效落地。

第三，组织开展员工绩效合同签订工作，不断完善各部门业绩指标，推动绩效合同的全部覆盖。

第四，负责开展各部门绩效管理宣导与培训。

第五，负责汇总、统计、归档各部门绩效考核数据，建立绩效考核档案。

第六，负责绩效考核结果的跟踪工作，及时处理被考核者的投诉、复议申请及相关后续工作。

第七，完成上级安排的其他任务。

4. 薪酬福利专员岗位职责

第一，协助上级制定薪酬福利管理制度，建立与绩效挂钩的薪酬体系。

第二，负责薪酬市场调研所需数据的收集并对数据进行分析，为公司薪资架构的维护提供信息支持。

第三，负责薪资核算，确保数据准确和准时发放，做好各类资料归档，建立各种薪酬福利信息台账。

第四，负责成本预算、薪酬数据分析及统计，并提供相应报表。

第五，解决日常的薪酬福利问题，并提供支持和建议。

第六，了解掌握与薪酬福利相关的各项政策，并作相应调整。

第七，完成上级安排的其他任务。

5. 员工关系专员岗位职责

第一，协助上级建立完善的员工关系运作流程和管理机制。

第二，研究国家地方劳动法律法规与用工政策，协助上级诊断与预判公司经营活动潜在的劳动用工风险或管理漏洞，剔除防范与改进合理化建议。

第三，解决劳工关系中出现的各种纠纷，及时处理员工申诉。

第四，有效策划和组织各类员工关怀方案。

第五，负责实施员工满意度调查和各项专题调查工作，并做好调查数据的收集、整理和分析。

第六，负责为员工提供各类咨询服务。

第七，负责协助上级建立公司内部沟通机制，并予以及时维护。

第八，完成上级安排的其他任务。

6. 人力资源规划专员岗位职责

第一，定期进行企业人力资源需求调查并撰写需求分析与预测报告。

第二，协助上级进行人才盘点，建立管理人员和核心岗位人才管理体系，推动人才梯队建设与骨干人才培养。

第三，负责汇总部门年度编制计划，参与定岗定编工作。

第四，参与公司岗位体系设计，负责工作分析和岗位说明书汇编。

第五，建立关键岗位能力素质模型和人才评估与测评系统，制定关键岗位员工职业生涯发展规划地图和匹配职位的评估标准。

第六，完成上级安排的其他任务。

技能训练

人力资源管理案例分析

一、实训目的

(1) 对企业人力资源管理工作形成正确、全面认知。

(2) 了解大数据及人工智能时代的到来对企业人力资源管理未来发展趋势的影响，从而为未来从事人事类岗位提前做好规划。

二、实训要求

(1) 准备材料：纸、笔若干，计算机 1 台/组。

(2) 案例讨论以小组为单位，每组限定 6 人。

(3) 各小组委派专人以会议记录格式详细记录案例讨论全过程，于课后提交。

三、实训内容

1. 教师下达实训任务

实训任务一：将人力资源部相关事务作形象化比喻，并阐述理由。

实训任务二：阅读《任正非在人力资源管理纲要 2.0 沟通会上的讲话》，并详细分析讲话内容及心得体会。

2. 学生分组完成任务

实训任务一：以小组头脑风暴的形式开展，小组委派专人负责简要记录讨论情况。

实训任务二：首先在电脑或手机端打开“百度浏览器”，输入“任正非在人力资源管理纲要 2.0 沟通会上的讲话”后，点击“查找”。文章检索到以后，学生先独立完成阅读。阅读结束后，各小组开展讨论。

3. 学生依次汇报

(1) 进行实训任务一的汇报，每组汇报时长限定为 3 分钟。小组代表发言完毕后，组员可做补充并解答其余小组的提问。

(2) 进行实训任务二的汇报，每组汇报时长限定为 5 分钟。

4. 教师点评

(1) 教师点评实训任务一。

(2) 教师点评实训任务二。

(3) 教师对本项实训任务进行总评。

四、实训考核

根据完成实训的综合情况，给予考核，考核项目、评分标准及分值如表 4-1 所示。

表 4-1 案例分析实训考核表

考核项目	考核标准	分值	备注
语言表达	语言表达流畅、清晰，声音洪亮	10 分	声音过小、含糊不清扣 2～6 分
整体形象	精神饱满，举止自然得体	5 分	发言态度不端正，发言故意拖沓扣 5 分
抗压能力	面对压力具有一定的心理承受力	15 分	上台发言半途而废扣 10 分
分析和处理问题	1. 思路清晰，分析专业、准确 2. 结合人力资源管理未来发展趋势，观点有一定的创新	40 分	
团队协作	成员分工负责、协作配合	30 分	如有团队成员搭便车，搭便车者根据情节严重程度扣 10～25 分。其余团队成员扣 10 分

任务二　招 聘 管 理

任务目标

人员招聘是指组织为了发展的需要，根据人力资源规划和工作分析的数量与质量要求，及时寻找、吸引并鼓励符合要求的人来填补组织的职务空缺的活动过程。人员招聘包括人员招募、甄选和聘用等内容。本任务将学习人员招聘的完整流程。

案例引入

丰田的招聘制度

丰田公司实行的是模糊管理。模糊管理是根据员工能力提高速度，逐渐扩大工作范围、增加工作职责，促进其更快、更好地发展。如果像欧美一样，员工仅局限在一个领域，就会造成只关心本职工作，其他工作事不关己、团队合作差等问题，同时，如果熟悉一项工作后不能及时扩大其工作范围，增加其工作职责，对其个人成长不利。

丰田公司的模糊岗位管理，使其在人才招聘中对专业的要求低于对综合素质的要求。在丰田公司，学法律的搞采购，学汽车的搞人事，学计算机的搞制造……这种现象比比皆是。这得益于其完善、成熟的岗位轮换制度。只要你优秀，岗位轮换制度就会把你培养成一个复合型的多面手。

丰田公司的招聘理念是只招合适的，不要最优秀的。在中国丰田公司，你很少见到来自北大、清华的毕业生。大多数学生来自吉林大学、大连理工、天津大学、北京外国语大学、四川大学、中山大学，甚至还有一些省级院校，且来的学生也不是最优秀的。

同所有跨国企业一样，丰田公司喜欢招聘应届大学毕业生、中职生。丰田公司提倡终身雇佣。正如一位丰田制造部长在新员工入社动员会上所说，丰田公司把大家招进来，就有责任和义务把大家负责到退休。应届毕业生可塑性强，工作热情高，经过丰田文化熏陶，很快会适应其快节奏、高压力的工作。

中国丰田人员招聘通常一年一至两次，主要集中在岁末年初。首先会有一次持续近两个月的大型学校宣传、介绍，然后参加学校专场招聘会。优秀者进入公司参加复试。对于操作工人，还必须到公司技能培训中心进行动手能力、手脑灵活性等测试。

因为公司工作稳定、福利较好，员工流失率极低，所以每年对人员招聘控制得非常严格。部门要提出增员计划，必须附加详细的、具有说服力的定量分析报告。通常情况下，如果没有业务增加，增员计划很难得到人事部门批准。

正因为增加员工难，公司各级对招聘面试非常重视，层层筛选，层层把关。在四川一汽丰田，招聘一个办公室文员，招聘要按 1∶16 进行筛选，再按 1∶8 推荐给人事主管筛选，人事主管按 1∶4 推荐给部门主管筛选，最后部门主管按 1∶2 推荐给总经理做最后裁定。其中任何一个环节达不到比例要求，就会从头再来一次。即使顺利，前后至少也要花 1 个月时间。

知识链接

关于人员招聘的含义，需要从两个要点进行把握：第一，通过招聘活动要实现吸引足够求职者的目的，但是需保证吸引来人员的质量，即其适合岗位和企业、有意愿进一步了解岗位；第二，招聘活动吸引人员的数量应适当，并不是说吸引的人员越多越好，而是应当控制在合适的范围内。

一、员工招聘的途径

1. 内部招聘

内部招聘指在组织内部公布部分空缺职位，通过面向企业内的公开招聘或从员工资源库中进行搜索及匹配后，从内部聘用意向员工。在部分成立时间较长的公司里，外部招聘主要是寻找基层员工，而较高一级的职位或是工作内容较复杂职位，则更倾向于通过内部选拔的方法进行人员补充。

内部招聘的方法主要有以下四种：

1) 内部晋升

内部晋升是从企业内部提升员工来填补高一级的职位空缺，晋升促使企业的人力资源垂直流动，激发组织内其他员工的士气，保持组织的工作效率不断提高。这种内部招聘的方法为员工提供了更多升职机会，利于员工激励。另外，内部晋升的人员对本单位的业务工作比较熟悉，能够较快适应新的工作。然而，内部晋升的公平与公正性必须得到有力的保证，如果被提升者受到极大部分竞聘者和用人部门的非议，则极易引起员工工作积极性的损耗。当出现上述现象时，人力资源部应积极应对，不可轻易做出判断。人力资源部可设立内部招聘申诉渠道，建立顺畅的沟通途径及科学的内部人员筛选办法。

2) 工作调换

工作调换也叫“平调”，主要是指企业内劳动力的横向流动，在职务级别保持不变的前提下，调换员工的工作岗位。工作调换不仅快速填补了职位空缺，而且也是拓展员工技能的一种方式。通过工作调换的方式，更多的员工有机会了解并参与企业其他部门的工作，与企业更多的人员有了深入接触，在提升员工工作能力的同时，也增加了部门间的了解，有利于形成更加和谐的工作环境。与此同时，工作调换也是在为企业的人才库储备更多的资源。

3) 工作轮换

工作轮换和工作调换有些相似，两者都是组织内人员在职务级别不变情况下的横向流动。但从时间上看，工作调换后的任职时间往往较长，而工作轮换则通常是短期的，有时间界限。另外，工作调换往往是单独的、临时的，而工作轮换往往是有计划进行的。工作轮换使得企业的各层级员工可以了解单位内部不同工作，也给部分有潜力的人员提供了未来晋升的条件，同时也可以减少部分人员由于长期从事一项工作而引发的职业倦怠感。

4) 内部人员重新聘用

部分企业由于经营问题，会有一批不在岗的员工，如下岗人员、长期休假人员(如曾因病长期休假，现已康复但由于无位置还在休假)，已在其他地方工作但劳动关系仍在本企业的人员(如停薪留职)等。在此类员工中，有的恰好是内部空缺需要的人员。他们中不乏业务素质好、工作积极热情的人员。因此，如有内部招聘的需求，企业可通过采用布告法、熟人推荐法等方式给予他们再次合作的机会。

2. 外部招聘

所谓外部招聘，是指在企业外部吸收申请人。这种招聘方式往往针对招聘人数较多或招聘人员档次较高而组织内部缺乏合适人选的状况。外部招聘主要有内部人员介绍推荐、网络招聘、劳务中介机构推荐等多种途径。

外部招聘的方法主要有四种：

1) 人才交流中心

在全国的各大中城市都有人才交流服务机构，一般都是当地人力资源和社会保障局直属的事业单位，其主要工作内容包括：人事代理、档案管理、牵头举行招聘应聘活动、对毕业生就业进行服务和学历学位验证等工作。人才服务中心是政府深化人事制度改革的产物，它是在人力资源配置从统包统配模式向发挥人才市场基础性作用模式的转换中形成的，最基本的业务就是为单位招聘和个人求职提供信息和平台，发挥政府在市场经济中的引导服务作用。

人才交流中心建有人才资料库，用人单位支付一定的费用后，可随时从资料库中查到与岗位条件基本相符的人员资料，并通知其参加面试。将人才交流中心作为企业外部招聘的方法之一，其具有针对性强、费用低廉、选择空间较大等优点，但对于市场上的紧缺型高级人才，如大数据、人工智能等人才中心的招聘效果不太理想。另外，各地人才交流中心每年都要举办多场综合性或专场招聘会，在招聘会中，单位和应聘者可以直接进行接洽和交流，节省了单位和应聘者的时间。随着人才交流市场的日益完善，招聘会呈现出向专业化方向发展的趋势。比如有中高级人才洽谈会、应届生双向选择会、信息技术人才交流会等。通过参加招聘会，单位招聘人员不仅可以了解当地人力资源素质和走向，还可以了解同行业其他单位的人力资源政策和人才需求情况。这种方法的应聘者较集中，单位选择的余地较大，但有时还是难以招聘到合适的高级人才。

2) 猎头公司

猎头公司是英文 Head Hunter 直译的名称，在我国是近年来为适应一些企业对高层次人才的需求与高级人才的求职需求而发展起来的。对于高级人才和尖端人才，用传统的渠道往往很难获取，但这类人才对企业的作用却非常重大。因此，猎头服务的一大特点是推荐的人才素质高。猎头公司一般都会建立自己的人才库。优质高效的人才是猎头公司最重要的资源之一，对人才库的管理和更新也是他们的日常工作之一，而搜寻手段和渠道则是猎头公司专业性服务最直接的体现。当然，要通过猎头公司招聘到高素质的人才，需要支付昂贵的服务费。目前，猎头公司的收费通常能达到所推荐人才年薪的 25%～35%。但是，如果考虑单位自己招聘人才的时间成本、人才素质差异等隐性成本，猎头服务或许不失为一种经济、高效的方式。

3) 校园招聘

校园招聘指企业与学校就业办取得联系，经过学校资格审查后，方可到学校开展专场校园招聘会或参加学校组织的毕业生双选会。部分企业与学校通过校企合作的方式进行定向培养或委托培养，最终从学校获得符合其需求的高质量应用型人才。

4) 网络招聘

20 世纪 70 年代以后，互联网的出现给人类社会的经济发展和生产、生活、文化等方面带来了革命性的变化。网络招聘成本较低，方便快捷、选择余地大、涉及范围广、不受地点和时间的限制，且对应聘者求职申请书、简历等重要资料的存储、分类、处理和检索更加便捷化和规范化。但是，网络招聘过程中，由于求职者的求职成本极低，因此在无形中也加大了企业对网投简历筛选的工作量。

从企业管理的角度看，EHR(即信息化人力资源管理)的出现，使企业人员招聘方式发生了深刻的变化。目前，各企业常用的网络招聘平台有智联招聘、前程无忧、中华英才、58 同城、猎聘、BOSS 直聘、赶集网、领英等。

二、员工招聘的程序

员工招聘通常分为制定招聘计划、发布招聘信息、筛选简历、选拔测试、背景调查、录用决策等程序，如图 4-5 所示。

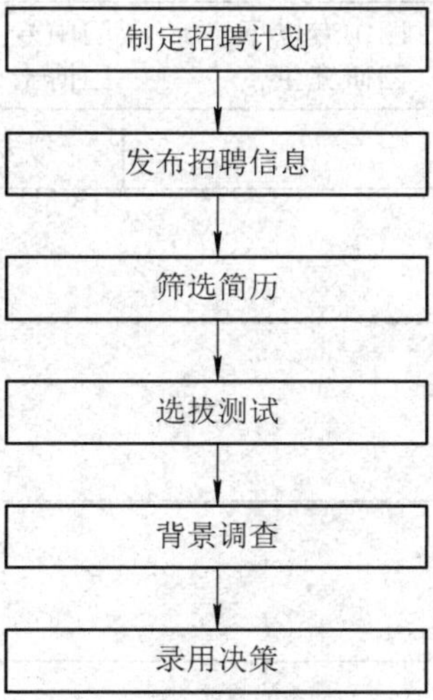

图 4-5 员工招聘程序

(一) 制定招聘计划

招聘计划是人力资源部门根据用人部门的增员申请并结合企业人力资源规划，明确一定时期内所需招聘的职位、人员数量、质量等相关因素，最终形成具体的招聘活动执行方案。

1. 招聘计划编制的基础

招聘计划的编制是建立在“两个基础”即企业人力资源规划和岗位分析之上，其中，人力资源规划决定了企业在未来的一段时间里为达到战略目标预计需求的职位类别、所需部门、需求数量、人员类型、到岗时间等因素，而岗位分析则是对各职位责任、所需的人员的素质及技能进行分析。“两个基础”为招聘工作的有效进行提供了主要的参考依据，同时也为应聘者提供了关于意向职位的详细信息。

人力资源规划是为了保证未来人力资源的供给与战略目标的一致性，用人部门的增员申请则反映了用人部门的实际需求，它可能会与企业人力资源规划的结果有一定的出入。员工招聘需求是根据企业的人力资源规划和用人部门的增员申请确定的。人力资源规划是为了保证未来人力资源的供给与战略目标的一致性，而用人部门的增员申请则反映了用人部门的实际需求，它可能与规划有一定的出入。用人部门在出现人员短缺时或定期向人力资源部递交增员申请表，如表 4-2 所示。人力资源部复核并签署意见后交上级主管领导批准，最后汇总编制企业的增员计划表，如表 4-3 所示。

表 4-2　企业增员申请表(样表)

编号：　　　　　　　　　　　　　　填写日期：　年　月　日

<table>
<tr><td>需求部门</td><td colspan="2"></td><td>需求总人数</td><td></td><td>报到时间</td><td></td></tr>
<tr><td>需求理由</td><td colspan="6">□辞职补充　□扩大编制　□短期需求　□储备人力</td></tr>
<tr><td rowspan="6">具体要求</td><td colspan="2">男____名
女____名</td><td colspan="2">婚姻状况</td><td colspan="2">□未婚
□已婚
□离异</td></tr>
<tr><td>学历要求</td><td colspan="5">□中专以下　□中专　□大专　□本科
□研究生　□博士　□博士后</td></tr>
<tr><td>年龄限制</td><td colspan="2"></td><td colspan="2">拟安排岗位</td><td></td></tr>
<tr><td>专业要求</td><td colspan="5"></td></tr>
<tr><td>技能要求</td><td colspan="5"></td></tr>
<tr><td>其他要求</td><td colspan="5"></td></tr>
<tr><td colspan="2">岗位职责及工作内容</td><td colspan="5"></td></tr>
<tr><td colspan="2">部门负责人意见</td><td colspan="5">签名：　日期：</td></tr>
<tr><td colspan="2">人力资源部负责人意见</td><td colspan="5">签名：　日期：</td></tr>
<tr><td colspan="2">分管人事副总意见</td><td colspan="5">签名：　日期：</td></tr>
<tr><td colspan="2">总经理意见</td><td colspan="5">签名：　日期：</td></tr>
</table>

表 4-3　部门增员计划表(样表)

编号：　　　　　　　　　　　　　　制表时间：　　年　　月　　日

工作岗位	职务	分类	现有员工数	合理定员数	员工需求数	备注
		正式工				
		临时工				
		兼职				
		正式工				
		临时工				
		兼职				
		正式工				
		临时工				
		兼职				
总计		正式工				
		临时工				
		兼职				

负责人：　　　　　　　　　　　　　　　　　　制表人：

2. 招聘计划具体内容

第一，招聘岗位和岗位要求，包括招聘的职位名称、人员需求量、任职资格要求等。

第二，招聘信息发布的时间和渠道。

第三，招聘渠道和方法的选择。

第四，招聘小组人选，包括小组人员姓名、职务、各自的职责。

第五，应聘者的考核方案，包括考核的场所、大体时间、题目设计等。

第六，招聘的截止日期。

第七，新员工的上岗时间。

第八，招聘费用预算，包括资料费、广告费、差旅费和人才交流费用等。

第九，完整、详细的招聘工作时间表。

第十，招聘广告样稿。

(二) 发布招聘信息

企业人力资源部在综合考虑所聘人员类别、特点及劳动力市场供应情况等因素的基础上，针对性地选择适宜的各种传播工具、传播渠道发布需招聘信息，最终吸引适合岗位任职条件的人员参加应聘。企业在发布招聘信息前必须有明确的吸引对象，发布的信息中需包含规范的职务说明书，应聘者必备的资格条件，应聘方法和简历投递方式等。

1. 发布招聘信息的相关事宜

第一，信息发布的方式。发布招聘信息的方式通常有报纸、杂志、电视、网络、布告栏等形式，应结合自身的实际情况和职位的特点来确定信息发布的方式。

第二，信息发布的范围。招聘信息发布的范围是由招聘对象的范围决定的。在招聘成本一定的前提下，发布信息的范围应尽可能地广。发布信息的范围越广，接收到该信息的人就越多，招聘到合适人选的概率也就越大，相应的招聘费用就会增加。

第三，信息发布的时间。在条件允许的情况下，招聘信息应该尽早向外界发布，这样有利于缩短招聘进程；有利于使更多的人获取信息，吸引更多的应聘者，同时也为企业招聘留有余地。

第四，招聘对象的层次。为提高招聘的成功率，节约招聘成本，应该根据招聘职位的要求和特征，有针对性地向特定层次的潜在应聘者发布招聘信息。

2. 撰写招聘广告的相关事宜

1) 招聘广告的内容

第一，企业的情况简介，如经营类型、规模、成立时间、获奖情况等。

第二，招聘岗位情况介绍，如岗位工作内容、对应薪资待遇、工作时间等。

第三，招聘人员应具备的任职资格。

第四，应聘的方式、时间、地点、联系方式、需带的证件及其他材料。

第五，其他注意事项。

招聘广告范例

××学校2019年9月招聘兼职教师简章

××学校位于重庆市××区国家级高新技术产业开发区，是经教育部批准备案的全日制普通高等院校。学院下设智能制造学院、人工智能学院、汽车工程学院、建筑工程学院、经济管理学院、艺术系、基础教学部等教学单位。

学院坚持创新发展，致力于提高人才培养质量和社会服务能力。现已建成重庆市机器人及智能装备科普基地，重庆市工业机器人应用服务工程技术研究中心等。为满足工作需要，现面向社会广纳英才。

一、招聘原则

遵循国家的法律、法规和政策，面向全社会，公开招录，对求职者进行全面考核，通过竞争、择优录用。

二、招聘计划

本次面向社会招聘兼职教师数名。

三、招聘条件

(一) 具备高尚的道德情操、较高的思想政治素质和人格修养。勤奋务实、敏而好学、乐于奉献、有事业心、责任感。

(二) 身心健康，具备所聘岗位要求的身体条件，体检合格。

(三) 具有下列情形的人员不符合应聘要求：

1. 受过刑事处罚或劳动教养的。

2. 受到过党纪、政纪处分的。

3. 法律法规规定不得聘用的其他情形。

四、薪酬待遇(面议)

五、应聘流程

(一) 报名时间：2019 年 9 月 1 日～2019 年 9 月 20 日

(二) 报名方式：网络报名

(三) 应聘人员提交“××学校应聘登记表”(请下载并填写)、个人简历和身份证、学历学位职称证(或“就业推荐表”)、获奖证书等资历、资格证明电子版材料。

(四) 应聘人员请规范填写岗位名称并附上完整的应聘材料。

(五) 简历投递邮箱：455××263@qq.com

(六) 邮件主题格式：姓名+学历+应聘岗位

(七) 筛选方式：学校人事处会对符合要求的简历进行筛选，筛选成功后，电话通知笔试和面试及相关注意事项。

六、联系方式

××学校人事处：罗老师

电话：023-4988××××

学院地址：重庆市××区××大道西段 28 号

七、其他事项

坚持公开、公平、公正、竞争、择优的原则；不得提供虚假应聘材料，违者取消应聘和聘用资格；已被聘用的，将予以解聘。

八、招聘计划表(如表 4-4 所示)

表 4-4　××学校招聘计划表

序号	需求专业	学历要求	兼职教师任职要求	需求数量	备注
1	中文学	硕士及以上	中文相关专业	4	1. 具有中级及以上职称的，学历可放宽至本科 2. 有相关工作经验者优先
2	英语学	硕士及以上	英语相关专业	4	
3	体育学	硕士及以上	体育相关专业	7	
4	无人机应用技术	硕士及以上	航空设计维修、自动化、电子相关专业	1	
5	会计学	硕士及以上	会计、财务管理、审计财务相关专业	2	

2) 招聘广告撰写原则

第一，真实、具体、准确。

招聘信息在如实反应企业人才资源需求的同时，也必须保证信息表达的准确性，避免有意或无意诱导应聘者，对于招聘信息中诸如晋升机会、挑战、责任等项目更需详细、如实列出，录用条件忌空泛化、抽象化；真实、具体且准确的招聘信息有助于企业树立以诚待人的形象。那些言过其实、夸大其辞、别有用心的招聘广告，一旦被求职者识破，会对企业声誉造成负面影响。

第二，引人注意。

招聘广告首先要能吸引求职者的注意，才能促使其深入阅读，进而产生应聘的动机。因此，招聘广告要文字要简洁、清晰易读，要避免做得花花绿绿、使人眼花缭乱，不愿深入细看。与此同时，招聘广告的标题需要反复推敲，在标题及内容的美化上应抓住应聘者眼球，引动视线，深入理解广告内容。

第三，招聘岗位相关条件描述详尽、清楚。

人才招聘广告的信息具体化、鲜明化有助于增强应聘者的信心和决心。目前，出于种种原因，劳动力市场上的招聘广告中很少直接表明工作报酬、福利、工作条件等重要信息，而这些缺失的信息又恰巧是求职者关注的核心问题。关键信息的缺失或含糊其词，造成了部分优秀人才对企业关注度降低。

3) 招聘广告撰写的注意事项

第一，避免招聘歧视。

目前，人才招聘广告中存在的歧视问题主要以下三类：第一，性别歧视。许多岗位招聘过程中都明确注明性别要求，其实绝大部分岗位男女均可胜任，无需特别标注性别。第二，年龄歧视。大部分基础性岗位更倾向于 35 岁以下的求职者，随着求职者年龄的增加，年龄将造成部分求职者求职的阻力。当然，对于一些管理类的岗位或者倾向于论资排辈的企业而言，更倾向于年龄稍微偏大的求职者。第三，学历歧视。许多招聘广告中盲目追求高学历，依此凸显企业招聘的档次，此种行为不仅对求职者造成了伤害，也造成了企业人才的高消费。第四，户籍歧视。如在招聘广告中会看到“不招××省人”“仅限××户口”“××户口优先”等字样。在设计人力资源广告时应注意这些问题，应当把“尊重”“平等”看作是人力资源开发与管理的基本准则。

第二，妥善处理求职者来访问题。

部分招聘广告的文末注明“谢绝上门”“请勿电话咨询”等字样，我们可以理解企业标注此类字样的用意，但是从求职者的角度来看，这是一个值得探讨的问题。求职者上门来访、面谈本是双方相互了解的一个极好机会，企业可以借此了解更多有关应聘者的信息，宣传企业的宗旨，树立企业的形象，而求职者对企业近距离了解后，可有效降低未来入职后的离职率。因此，一般情况下企业可安排专人负责接待来访者，为其答疑解惑。当然，如果企业担心影响有关部门的正常工作，可以在招聘广告中告知接待来访的时间，以及将接待的办公室设立在靠近企业大门处，避免外来人员频繁进入企业，从而造成一定的安全隐患。

(三) 筛选简历

应聘简历是应聘者自带的个人相关信息的介绍材料，对于如何筛选应聘者简历，实则并没有统一、通用的标准，各企业负责此项工作的人员多根据自己多年的实战经验进行定夺。应聘者的个人简历样表如表 4-5 所示。

表 4-5　个人简历(样表)

求职意向						
薪资要求						
到岗日期						
个人资料						
姓名		性别		出生年月		照片

续表

出生地		政治面貌		健康状况	
婚姻状况		身高	cm	体重	kg
户口所在地详细地址				联系电话	
家庭住址					
身份证号码					
电子邮箱					
教育程度					
学历	学校名称	专业	起/止日期	已取得学位/文凭	全日制/在职
专业资格					
专业资格证书名称及等级		颁发机构		获取时间	
语言及技能					
语种			水平		
计算机水平					
工作经历					
时间		工作单位及职务			
年 月至 年 月					
年 月至 年 月					
家庭情况					
姓名	关系	工作单位/学校		职务	

1. 简历的主要内容

关于求职者的简历并没有固定的格式，一份信息较为完整的简历，一般包含五个部分：

(1) 基本信息。该项中主要包括姓名、性别、出生日期、民族、婚姻状况、常住地、政治面貌、联系方式、意向岗位及工作地点、期望薪资等。

(2) 教育背景。该项主要是指应聘者受教育的基本情况，例如毕业院校及专业、学历等。无论公司提供的职位对于学历的要求如何，都必须对员工学历的真实性进行调查，对于伪造学历的员工，给予无条件解除劳动合同的处理，情节严重者可通过法律途径要求其承担企业相应损失。

(3) 培训经历。该项主要指应聘者曾经参加过哪些与现应聘岗位相关的培训，如技术技能型培训、学历提升型培训等。此类相关培训也是应聘者应聘时的无形资产，最终一旦录取，其对工作能够更快上手。

(4) 工作经历。此项为个人简历的核心部分，指应聘者的所有工作经历，即无论是有偿或无偿，全职或兼职都应被包含在内。在工作经历部分包含的主要内容有：① 就职日期与离任日期，包括年份和月份，如果工作经历有间断，只列出年份亦可；② 就职公司的全称，如可能，还应提供所在部门名称及母公司名称；③ 工作地点，就职公司所在的城市或区域，以及应聘者工作所在的城市或区域；④ 职务或职位，对于不同的企业，相同的职务可能会有不同的工作内容；⑤ 具体的工作内容和职责。

(5) 获奖经历。该项中主要详细列明应聘者曾经获得过何种奖项、颁奖机构名称、奖项等级、获奖时间等，团队奖则需标明应聘者的排位。

2. 简历筛选的办法

1) 两堆法

两堆法就是将简历分成两堆：一堆放着因为各种原因而明显不合格的人选的简历；另一堆放着还需要进一步考察的应聘者的简历。对于被归入第一类的应聘者，要采用电话或信函的方式通知他们求职申请已经被拒绝，并感谢他们对企业的支持。而对被归入第二类的应聘者，就要发出通知，请他们来参加面试。这种方法适用于那种相对来说应聘者不是很多的情况。

2) 三堆法

三堆法就是将简历分成三堆：将明显不合格的应聘者的简历放在第一堆；在第二堆中放入那些很感兴趣、特别想见的应聘者的简历；其他的应聘者的简历归入第三堆。

这样一来，就可以在两个相互对立的因素中找到合理的平衡。一方面可以尽量缩短面试的时间；另一方面，则确保了有足够的应聘者参加面试，从而保证了最终被选中的人即使不是最好的，也是企业现有应聘者中最优秀的。

3. 简历筛选的关注点

1) 简历的结构

简历的结构在很大程度上反映了应聘者的语言组织能力、沟通能力及换位思考能力。招聘方更倾向于结构合理且语句简练、准确，排版简洁且不失专业性的简历。一般情况下，一份完整的简历除去封面后，正文一般以不超过两页为宜。通常应聘者为了强调自己近期的工作，在教育背景和工作经历这两项多采用倒序的时间排列方式，并在与应聘岗位具有关联系的相关经历上着重表述。

2) 简历中的客观内容

个人简历的内容大体上可以分为两部分：主观内容和客观内容。在筛选简历时，招聘方的注意力更多时候放在简历中的客观内容上。客观内容主要分为个人信息、受教育经历、工作经历和个人成绩四个方面。个人信息包括姓名、性别、民族、年龄、学历等；受教育经历包括上学经历和培训经历等；工作经历包括工作单位、起止时间、工作内容、参与项目名称等；个人成绩包括学校、工作单位的各种奖励等。主观内容主要包括应聘者对自己的描述和评价，例如“本人开朗乐观、勤学好问”等内容。

3) 教育及工作经历

在简历的客观内容中，招聘方首先会注意个人信息和受教育经历，从而判断应聘者的专业资格和经历是否与空缺岗位相符合。如果不符合要求，就没有必要再浏览其他内容，可以直接筛选掉。在此项内容的筛选中，招聘方会特别注意应聘者是否用了一些含糊其辞的字眼，比如没有注明大学教育的起止时间和类别；没有标明曾经任职单位的名称以及准确的工作起止时间；对于在工作中取得的成绩夸大其重要性；等等。

4) 简历中的逻辑性

在工作经历和个人成绩方面，要注意简历的描述是否有条理，是否符合逻辑。例如，在描述自己的工作经历时，列举了一些著名的单位和一些高级岗位，而他所应聘的却是一个普通岗位；简历中声称自己在许多领域取得了什么成绩，获得了很多的证书，但是从他的工作经历中分析，很难有这样的条件和机会。当此类现象出现于简历中时，需要引起招聘方的注意。招聘方应该进一步通过背景调查等手段核实简历中存在的疑点，如发现简历中有关键性虚假成分的存在，可以直接淘汰此类应聘者。

(四) 选拔测试

选拔测试就是运用各种科学或经验的方法对应聘者进行评价，从而挑选出那些符合职位要求的人员的过程。在选拔测试中，企业会对求职者进行综合考察，经常用到的测试手段有三种：

1. 笔试

笔试是指主要通过纸笔测验的形式，对被试者的知识广度、知识深度和知识结构进行测试的一种方法。这种测试主要是用来衡量应聘者是否具有完成职位工作内容所要求的专业性知识。

为提高笔试有效性，需注意以下三点：

(1) 命题。命题恰当与否决定着笔试考核的效度如何。无论是以招聘管理人员和科技人员为目的，还是以招录工人和职员为目的的笔试，其命题必须既能考核应试者的文化程度，又能体现出应聘岗位的工作特点和特殊要求。考试命题过难或过易，都会影响其效度。

(2) 评阅规则。各个考题的分值，应与其考核内容的重要性及考题难度成比例。若分值分配不合理，则总分数不能有效地表示被试者的真正水平。

(3) 阅卷及成绩复核。在阅卷和成绩复核时，关键要客观、公平，为此，应防止阅卷人看到答卷人的姓名。阅卷人应共同讨论打分的宽严尺度，并建立严格的成绩复核制度和考试违规处理的制度等。

2. 心理测试

心理测试是指在控制的情境下，向应试者提供一组标准化的刺激，所引起的反应作为代表行为的样本，从而对其个人的行为做出评价的方法。这种测试与前面提到的笔试相比，更加规范化。由于心理测试的难度较大，用人单位应选择专业的心理测试人员或委托专业的人才机构、心理学研究机构进行测试。

3. 面试

大部分企业面试先由人力资源的开始，主要是对求职者的基础技能与素质及对应聘企业与岗位的了解程度。求职者通过 1～2 轮的初步面谈后，可推荐给用人部门，进而邀请求职者参加由用人部门实施的复试。在复试环节，考查的内容则主要涉及与应聘岗位密切相关的专业性问题和对现有岗位能力与素质的甄别。总之，通过直接的面对面接触，使用人单位全面了解应聘者的社会背景和语言表达能力、反应能力、个人修养、逻辑思维能力等，也可以使应聘者了解自己在该单位未来的发展前景，并将个人期望与现实情况进行比对后，找到最好的结合点。

1) 面试的种类

分类标准不同，面试的种类也不尽相同。常见的面试种类如表 4-6 所示。

表 4-6　面 试 种 类

面试类别	具 体 划 分
结构化程度	结构化面试和非结构化面试
对象人数	单独面试和集体面试
目的	压力面试和非压力面试
进程	一次性面试和分阶段面试

(1) 根据面试的结构化程度，可将面试分为结构化面试和非结构化面试。

结构化面试是在面试之前，已经有一个固定的框架或问题清单，面试考官根据框架控制整个面试的进行，按照设计好的问题和有关细节逐一发问，严格按照这个框架对每个应聘者分别作相同的提问。

非结构化面试并无固定的模式可寻，事先无需作太多的准备，面试者只要掌握企业及岗位的基本情况即可。这种面试的主要目的在于给应聘者充分发挥自己能力与潜力的机会，通过观察应聘者的知识面、价值观、谈吐和风度，了解其表达能力、思维能力、判断力和组织能力等。此类面试形式灵活自由，问题可因人而异，以便得到较深入的信息，因此给旁观者的感觉仿佛是漫谈，即面试考官与应聘者围绕应聘岗位相关内容进行随意交谈，无固定题目及范围。由于这种面试有很大的随意性，因此对应聘者的衡量难以有统一的标准，易带来偏差。与此同时，在非结构化面试中，需要面试考官有丰富的知识和经验，掌握灵活的谈话技巧，否则很容易导致面谈失败，并且由于面试考官所提问题的真实意图比较隐蔽，要求应聘者有很好的理解能力与应变能力。

(2) 根据面试对象人数，可将面试分为单独面试和集体面试。

单独面试又叫个人面试，指主考官个别地与应试者单独面谈，这是最常见的一种面试方式。单独面试分为两种类型：一种是一对一，即只有一个主考官负责整个面试过程，一般情况下，这种面试大多在较小规模的单位录用较低职位人员时采用；一种是一对多，即多位主考官参加整个面试过程，但每次均只与一位应试者交谈，公务员面试大多属于这种形式。

单独面试的优点是能够提供一个面对面的机会，让面试双方较深入地交流。一旦通过，一般可以参加小组面试。经过小组面试和小组讨论，从中即可筛选出参加最终面试的应聘者。最终面试会再次出现个人面试的情况，这时大约有 5～6 位考官参加，他们中的任何人都可以向面试者提出问题，这种情景犹如毕业答辩，应试者的处境形同“众矢之的”。面临这样的场面和这种气氛，应试者事先必须做好心理准备，到时才能沉着冷静、应答自如。然而，无论哪种场合，个人面试所要谋求的是尽可能地挖掘出应聘者的真实内涵，通过交谈，相互进行了解，要牢记自己的目的是要让对方接纳自己，这是应试者回答问题的出发点和根源所在。

集体面试又叫小组面试，指多位应试者同时面对面试考官的情况。在集体面试中，应试者通常被要求作小组讨论，相互协作解决某一问题；或者轮流担任领导，主持会议、发表演说等。这种面试方法主要用于考查应试者的人际沟通能力、洞察与把握环境的能力、领导能力等。无领导小组讨论是最常见的一种集体面试法。

(3) 根据面试目的不同，可分为压力面试和非压力面试。

非压力面试是指企业不刻意制造压力，通过创建轻松的面试氛围考查应试者相关方面的素质和能力。

压力面试是将应试者置于一种人为的紧张气氛中，让应试者接受诸如挑衅性的、非议性的、刁难性的刺激，以考查其应变能力、压力承受能力、情绪稳定性等。典型的压力式面试是以考官穷追不舍的方式连续就某事向应试者发问，并且问题刁钻棘手，甚至逼得应试者穷于应付，考官以此种“压力发问”方式逼迫应试者充分表现出对待难题的机智灵活性、应变能力、思考判断能力、气质性格和修养等方面的素质。有一点很明显，即压力面试在多数情况下是不适合的，可用于对高级管理人员的测试。

(4) 根据面试进程不同，可分为一次性面试和分阶段面试。

一次性面试是指用人单位对应试者的面试集中于一次进行。在一次性面试中，面试考官的阵容一般都比较“强大”，通常由用人单位人事部门负责人、业务部门负责人及人事测评专家组成。在一次面试情况下，应试者是否能面试过关，甚至是否被录用，就取决于这一次面试表现。

分阶段面试又可分为两种类型：依序面试和逐步面试。

依序面试一般分为初试、复试与综合评定三步。初试的目的在于从众多应试者中筛选出较好的人选。初试一般由用人单位的人事部门主持，主要考查应试者的仪表风度、工作态度、上进心、进取精神等，将明显不合格者予以淘汰。初试合格者则进入复试，复试一般由用人部门主管主持，以考查应试者的专业知识和业务技能为主，衡量应试者对拟任工作岗位是否合适。复试结束后再由人事部门会同用人部门综合评定每位应试者的成绩，确定最终合格人选。

逐步面试一般是由用人单位的主管领导和一般工作人员组成面试小组，按照小组成员的层次，由低到高的顺序，依次对应试者进行面试。面试的内容依层次各有侧重，低层一般以考查专业及业务知识为主，中层以考查能力为主，高层则实施全面考查与最终把关。实行逐层淘汰筛选，越来越严。应试者要对各层面试的要求做到心中有数，力争每个层次均留下好印象。在面对低层次面试时，不可轻视大意，不可骄傲马虎；在面对高层次面试时，也不必胆怯拘谨。

2) 面试提问的技巧

面试技巧是面试实践中解决某些主要问题与难点问题的一些技术，是面试操作经验的积累。在面试中，问、听、观、评是几项重要而关键的基本功。在此，我们重点讨论面试提问的技巧。就“问”而言，无论哪种面试，都有导入过程，在导入阶段中的提问应自然、亲切、渐进式地进行，如“什么时候到的？家离的远吗？是怎么来的”。同时，面试考官的提问与谈话，应力求使用标准话及不会给应试者带来误解的语言，通俗、简明地表达自己的问题，并且问题安排尽量先易后难，循序渐进，先熟悉后生疏，先具体后抽象，让应聘者逐渐适应、展开思路，并进入角色。当然，提问方式的选择以及恰到好处地转换、收缩、结束，扩展问题和问话，也有很多值得注意的技巧。

面试考官作为面试的召集者，也是面试的主持者，其提问的方式和所问的问题，决定了从应聘者那里可以得到多少信息。面试考官主要提问方式有：

(1) 开放式提问。开放式提问让应聘者自由地发表意见或看法，以获取信息，避免被动。一般在面试开始的时候运用，用以缓解面试的紧张气氛，消除应聘者的心理压力，使应聘者充分发挥自己的水平和潜力。开放式提问又分为无限开放式和有限开放式。无限开放式提问没有特定的答复范围，目的是让应聘者说话，有利于应聘者与面试考官进行沟通，例如：“谈谈你的工作经验”。有限开放式提问要求应聘者的回答在一定范围内进行，或者对回答问题的方向有所限制。

(2) 封闭式提问。封闭式提问即让应聘者对某一问题做出明确的答复，例如：“你曾干过销售类工作吗？”一般用“是”或“否”回答。它比开放式的提问更加深入、直接。封闭式提问可以表示两种不同的意思：一是表示面试考官对应聘者答复的关注，一般在应聘者答复后立即提出一些与答复有关的封闭式问话；二是表示面试考官不想让应聘者就某一问题继续谈论下去，不想让对方多发表意见。

(3) 清单式提问。清单式提问即鼓励应聘者在众多选项中进行优先选择，以检验应聘者的判断、分析与决策能力。例如：“你认为企业产品质量下降的主要原因有哪些？请对上述原因按照影响力从大到小排序。”应聘者在回答问题的同时，还需对提及的诸多原因进行优先选择。

(4) 假设式提问。假设式提问即鼓励应聘者从不同角度思考问题，发挥应聘者的想象能力，以探求应聘者的态度或观点，例如：“如果你处于这种状况，你会怎样处理？”

(5) 重复式提问。重复式提问让应聘者知道面试考官接收到了应聘者的信息，检验获得信息的准确性。例如：“你是说……，我这么理解对吗？”

(6) 确认式提问。确认式提问鼓励应聘者继续与面试考官交流，表达出对信息的关心和理解。例如：“我明白你的意思了，你的这种想法很好！”

(7) 举例式提问。针对应聘者面试过程中可能会编造一些假象或者夸大其词的现象，在考查应聘者的工作能力、工作经验时，可针对其过去工作行为中特定的例子加以询问。基于行为连贯性原理，所提问题应涉及工作行为的全过程，而不应当集中在某一点上，从而能较全面地考查一个人。当应聘者回答该问题时，面试考官可通过应聘者解决某问题或完成某项任务所采取的方法和措施，鉴别应聘者所谈问题的真假，了解应聘者实际上解决问题的能力。在面试中，一般可让应聘者列举应聘职务要求的及与其过去从事的工作相关的事例，从中总结和评价应聘者的相应能力。

3) 面试的程序

面试的程序通常分为面试准备、面试导入、正式面试、面试结束和面试评估等五个阶段，如图 4-6 所示。

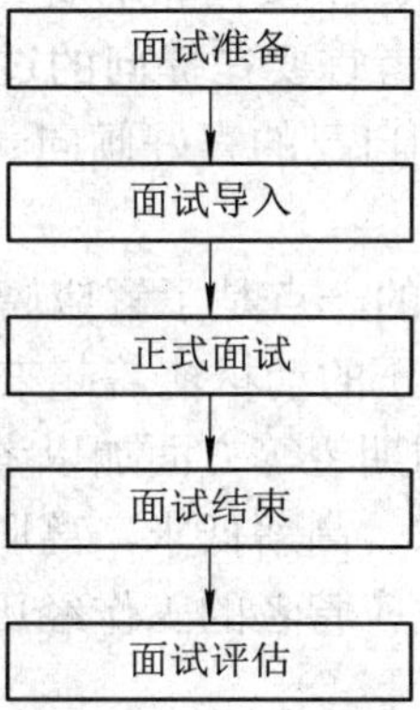

图 4-6 面试流程

面试是一种操作难度较高的测评形式，可能由于面试方对于程序设置的不合理、面试技巧的缺乏等原因，从而导致面试无法实现应有的效果。

(1) 面试准备阶段。

在面试正式开始前，主要需做六项准备：第一，企业方有关人员需要再次确定面试的目的。不同的面试目的意味着考官提问的侧重点、面试选择的测评方法、面试场景的布置与地点、时间的选择等因素都会发生调整。第二，参与面试的所有考官需要认真阅读面试者的“职位申请表”及“个人简历”，对以上资料中存在的疑点或不清楚的部分进行标注，并针对以上疑问设计制定面试问题提纲、选择面试方法。第三，组织面试的人员需要确定面试的时间、地点并负责通知所有考官和面试者。第四，布置好面试场地。主要根据面试的类型进行相应场景的布置，一般情况下，初试在人力资源部办公室或公司会议室进行，部门复试多在部门经理办公室或部门会议室进行。第五，准备好文字性材料。人力资源部相关工作人员需提前准备好所有面试者的“个人简历”及其他相关佐证材料，以及“面试评分表”“面试者清单”“面试流程图”等文字性材料。第六，其他工具设备。如：面试当天人手的安排、指示牌的制作，以及电脑、投影仪、翻页笔、黑色签字笔和水等各项物资的准备。

(2) 面试开始阶段。

一场轻松、自然的面谈，可以使应聘者发挥真实水平，使公司招聘到真正合适的人才。所以，除压力面试外，大部分面试在面谈开始前，接待人员要设法使自己及应聘者放松。应聘者到达公司后，一般是人力资源部的招聘人员或行政人员将其引领到招聘地点。在走向招聘会议室的途中，接待人员可以帮应聘者消除紧张的情绪，问一些轻松的问题，例如：“路上还顺利吧？”“在哪里看到我们公司招聘信息的？”等问题，帮助应聘者放松下来。若招聘人员希望将面试过程录音或录像，必须先行告知应聘者，征得同意后方可实施。

面试结束后，招聘人员应将应聘者送离公司，一方面表示礼貌，另一方面可防止其在公司里滞留或与未接受面谈者沟通。当面试双方均放松下来，就要开始进入下面的面试提问环节了。

(3) 正式面试阶段。

常规性面试，一般按照面试提纲展开，所提问题可根据求职申请表中发现的疑点，先易后难逐一提出。在正式面试过程中，考官应注意以下几点：

① 尽量避免提出引导性的问题。不要问带有提问者本人倾向的问题。例如，“你一定……”“你没……”“你不介意”。考官要在提问的过程中，运用技巧隐藏自己问此项问题的真实意图，不要让应聘者了解到自己的喜好倾向、观点和想法，这样才能有效避免应聘者为迎合而给出无效答案。

② 客观判断。面试中非常重要的一点是了解应聘者的求职动机，这是一件比较困难的事，因为一些应聘者往往把自己真正的动机掩盖起来。但我们可以通过对他的离职原因、求职目的、个人发展、对应聘岗位的期望等方面加以考查，再与其他的问题联系起来综合加以判断。如果应聘者属于高职低求、高薪低求，离职原因讲述不清或频繁离职，则须引起注意。在这方面，一定要注意通过应聘者的工作经历分析应聘者的价值取向，而不要轻信或妄加怀疑应聘者的说法。

③ 做好记录，认真倾听，及时沟通。在面试过程中，考官或记录员应及时、准确地记录面试过程。在面试者作表述时，企业方需认真倾听，不可随意打断应聘者讲话。对于应聘者阐述不清或过于简洁的部分，可待其表述完毕后及时与其沟通、确认。

④ 仔细观察。面试中，除了要倾听应聘者回答的问题，还要进行非语言信息的观察与判断，如身体语言、行为习惯、体态、语音、语调等。在面对面的交流中，语言所传递的信息量只占到信息总量的35%，而非语言所传递的信息量占到信息总量的65%。面试过程中，应聘者为了增加其面试的成功率，在语言上可能会“言不由衷”，但是非语言却是人们在无意识或者半意识状态下的“真情流露”。因此，通过非语言信息的考查，考官可以从另一个角度在此甄别应聘者所述内容的真实性、准确性，从而进一步增加正确决策的概率。

(4) 面试结束阶段。

面试工作应做到有始有终，在结束阶段的工作主要包括：整理面试记录、填写面试评价表、核对有关材料和做出总体评价意见。在该阶段应注意三点：

① 面试进行到后半程，要给与应聘者充分提问的机会与时间。

② 不管对应聘者是否满意，是否录用，招聘方仍然应该在友好的气氛中结束面试。当面试者走出面试考场后，他仍然能有自信和勇气去参加其他公司的面试。

③ 考官们如果对某一应聘对象的面试得分产生意见分歧时，不必急于下结论，可以做好记录，待冷静下来后再次商议，如有必要，还可安排应聘者参加第二次面试。

(5) 面试评估阶段。

面试结束后，招聘方应根据面试记录表对应聘人员进行评估。评估可采用评语式评估，也可采用评分式评估。评语式评估的特点是可对应聘者的不同侧面进行深入的评价，能反映出每个应聘者的特征，但缺点是应聘者之间不能进行横向比较。评分式评估则是对每个应聘者相同的方面进行比较，其特点正好与评语式评估相反。

(五) 背景调查

背景调查通常是用人单位通过第三方对应聘者的情况进行了解和验证。这里的“第三方”主要是指应聘者原来的雇主、同事和其他了解应聘者的人员，或是能够验证应聘者提供资料准确性的机构和个人。背景调查的内容通常是对应聘者的教育状况、工作经历、个人品质、工作能力、个人兴趣等情况进行调查。假学历、假成绩单、虚假的工作经历与经验、言过其实的工作能力、精心伪装的个人品质与兴趣，会严重妨碍人员选拔的公正性、准确性，挫伤组织内员工的积极性，从而给组织带来不必要的损失。

从深层意义来看，由于人才在市场上处于供大于求的状况，用人单位招聘的门槛越来越高，因而对求职者的学历、工作经验、个人特长等要求也水涨船高，给广大求职者造成了极大的压力。因此，为迎合用人单位的需要，部分求职者在工作经验方面往往夸大其实，甚至杜撰简历。例如：把做过一周化妆品促销人员的经历放大为具有丰富的市场销售经验；把曾经担任小型企业出纳岗位的经历发挥为熟悉财务运作，以满足应聘职位的要求。

1. 背景调查原则

背景调查应本着简明、相关的原则。简明原则是为了控制背景调查的工作量，降低调查成本，缩短调查时间，以免延误上岗时间而导致用人部门人力紧张，影响业务开展，并且长时间的调查会给竞争对手制造机会。相关原则是指调查的项目必须与拟任职位需求高度相关，以避免查非所用，用者未查。

2. 背景调查内容

背景调查的内容可以分为两类：一是通用项目，如毕业证书和学位证书的真实性、任职资格证书的有效性；二是与职位说明书要求相关的工作经验、技能和业绩，不必面面俱到。

第一，学历、证书的调查。一般会采取办证机构官网查询或直接与其毕业院校核实的办法进行学历及证书真实性及有效性的查询。在学历上存在的问题主要是两种：一是学历属于完全伪造，根本就没有在这个学校读过书，拿过学位；二是曾经在此读书，但是学历层次伪造、专业伪造、是否毕业伪造。在职责资格证书上，除非本证书的获得与能否获得岗位密切相关，否则没有必要去做如此细致的调查，可通过其他方式加以印证，如面试、实操，毕竟调查工作需要花费一定的成本。

第二，工作经历的调查。调查的对象主要是求职者以往的同事、部门领导或人力资源部，常采用电话访谈的形式对求职者近10年左右的工作经历及在岗期间的表现进行调查。这一方面的调查尤为重要，往往很多看似合适的求职者，就是在这样的调查中被排除和淘汰掉的。

关于工作经历调查，核心的内容有：任职时间、任职职位、具体工作内容、求职者的工作表现、人际关系能力和离职原因。有不少求职者喜欢在任职时间上做假，一般表现为加长任职时间。很多求职者也知道，频繁跳槽对于应征新的岗位是个很大的障碍，因为频繁的跳槽给人的感觉是能力不够、心浮气躁，或是忠诚度很差等。为此，为了带给未来企业好的印象，部分求职者对其任职时间进行了肆意的修改。任职职位上的造假主要表现为：要么应聘者给自己“升官”，比如从经理升到总监、从一般员工升为主管或经理、从经理升为副总；要么捏造任职经历，比如不曾在某公司任职过，但由于其亲戚、朋友在该公司任职，因此对该公司比较了解，从而谎称在该公司任职。在具体工作内容上，调查人员一定要弄清楚求职者担任此职务应该负责的工作有哪些。有的求职者可能也就在前一个公司刚刚提拔为经理，大部分时间是主管，却在简历上写担任经理职位两年的时间；将不分管销售的副总说成了分管销售。在求职者曾经的工作表现上，调查人员需获得更多与业绩相关的客观数据。在人际关系能力上，调查人员应了解应聘者与同事相处得如何，是喜欢单打独斗，还是团队精神很好；人际关系紧张，还是特别受欢迎；个性如何，是否诚信，特别是对于从事管理类工作的求职者来说，良好的交际能力和人际关系能力是不可或缺的。最后，在离职原因的获取上，调查人员尽力获得需要的信息。出于对自己企业的保护，对方企业不一定会对一些离职原因坦白告知，或者会直接决绝回答此原因。

(六) 录用决策

人员录用是依据选拔的结果做出录用决策并进行安置的活动，应避免主观武断和不正之风的干扰，把选拔阶段多种考核和测验结果组合起来，进行综合评价，从中择优确定录用名单。以下是录用过程中的注意事项：

1. 未被录用者的处理方法

在应聘过程中的任一阶段，求职者都可能被拒绝。一般而言，招聘方会选择以邮件或电话、短信通知的方式告知应聘者未通过面试。当然，如果时间及人手允许的情况，企业可安排专人负责通知并做好解释工作。

关于此类通知，招聘方应该及时通知，以便求职者早做打算。另外，在通知的过程中，相关通知人员应注意礼貌用语、态度温和。

辞谢通知书(范例)

辞谢通知书

尊敬的<u>　张　</u>女士：

十分感谢您对我们企业<u>　人力资源专员　</u>岗位的关注，您对企业的支持，我们不胜感激。您在申请与应聘该岗位时的良好表现，使我们印象深刻。但由于本次招聘名额有限，所以未能达成合作。我们已经将您应聘时提交的有关资料进行妥善存档并存入人力资源部人才信息库。未来如果企业有了适合您的岗位空缺，我们会优先考虑您。

感谢您的理解，祝您早日寻找到理想的岗位！

对您参加企业的招聘，再次表示感谢！

××公司人力资源部

年　　月　　日

2. 被录取者的处理方法

为了不失去合格的应聘者，录用通知要及时送出。在录用通知书中，应该讲清楚什么时候开始报到，在什么地点报到；应该附上如何抵达报到地点的详细说明和其他应该说明的信息。当然，还不要忘记欢迎新雇员加入单位。在通知中，让被录用的人知道他们的到来对于组织提高生产率有很重要的意义，这对于被录用者是一个很好的吸引手段。对于被录用者，应该用相同的方法通知他们被录用了，不要有的人用电话通知，有的人用信函通知。公开和一致地对待所有被录用者，能够给人留下好印象。

3. 关注拒聘者

无论单位如何努力吸引人才，都仍然会发生接到录用通知的求职者最终未到企业报到的情况。当此类情况发生时，企业人力资源部负责人有必要主动打电话与对方沟通，并展示出积极的争取态度。在争取的过程中，企业派出的沟通者应该明确且准确地知道自己手中拥有的权限，遇到不可解决的问题应该及时汇报，切忌擅自做主。在争取无果的情况下，应该争取获得对方拒聘的理由。此类拒聘理由的获得，可以帮助企业有效地制定后期的招聘计划，从而在一定程度上提高录取者的按时报到率。

(七) 办理报道手续

人员录用是人员招聘的重要环节之一，它主要涉及在对应聘人员进行挑选之后，对候选人进行录取、任用等一系列具体事宜，如试用合同的签订、试用、正式录用等内容。

1. 员工安置与试用

员工进入企业后，企业需为其安排合适的岗位。一般来说，员工的岗位均是按照招聘的要求和应聘者的应聘意愿来安排的。安置工作的原则是用人所长，人适其岗，使人与事的多种差异因素得到最佳配合。人员安排是人员试用的开始。试用是对员工的能力与潜力、个人品质与心理素质的进一步考核，一般试用期是3～6个月。

员工还要与单位签订相应的试用合同。员工试用合同是对员工与单位双方的约束与保障。试用合同应包括试用的岗位、试用的期限、员工在试用期的薪酬、员工在试用期应接受的培训、员工在试用期的工作绩效目标与应承担的义务和责任、员工在试用期应享受的权利、员工转正的条件、试用期单位解聘员工的条件与承担的义务和责任、员工辞职的条件与义务、员工试用期被延长的条件等内容。

2. 正式录用

员工的正式录用，即我们通常所称的“转正”，是指试用期满，且试用合格的员工正式成为该单位成员的过程。员工能否被正式录用关键在于试用部门对其考核的结果如何，单位对试用员工应坚持公平、择优的原则进行录用。正式录用过程中用人部门与人力资源部门应完成以下主要工作：员工试用期的考核鉴定；根据考核情况进行正式录用决策；与员工签订正式的雇用合同；给员工提供相应的待遇；制定员工发展计划；为员工提供必要的帮助与咨询服务；等等。

根据《中华人民共和国劳动法》的规定，与员工签订正式的雇用合同，符合国家政策，便于维护用人单位和被录用员工双方的合法权益。合同是单位与被聘者的契约，也是建立劳动关系的依据，并成为当事人的行为准则。

(八) 招聘评估

1. 成本效益评估

招聘成本效益评估是指对招聘中的费用进行调查、核实，并对照预算进行评价的过程。招聘成本效益评估是鉴定招聘效率的一个重要指标。

1) 招聘成本

招聘成本分为招聘总成本与招聘单位成本。招聘总成本是人力资源的获取成本，由两个部分组成：一部分是直接成本，包括招聘费用、选拔费用、录用员工的家庭安置费用和工作安置费用、其他费用(如招聘人员差旅费、应聘人员招待费等)；另一部分是间接费用，包括内部提升费用、工作流动费用等。招聘单位成本是招聘总成本与实际录用人数之比。如果招聘实际费用少，录用人数多，意味着招聘单位成本低；反之，则意味着招聘单位成本高。

2) 成本效用评估

成本效用评估是对招聘成本所产生的效果进行的分析。它主要包括招聘总成本效用分析、招聘成本效用分析、人员选拔成本效用分析和人员录用成本效用分析等。计算方法为

$$总成本效用=\frac{录用人数}{招聘总成本}$$

$$招聘成本效用=\frac{应聘人数}{招聘期间的费用}$$

$$选拔成本效用=\frac{被选中人数}{选拔期间的费用}$$

$$人员录用效用=\frac{正式录用的人数}{录用期间的费用}$$

3) 招聘收益成本比

它既是一项经济评价指标，同时也是对招聘工作的有效性进行考核的一项指标。招聘收益成本越高，则说明招聘工作越有效。招聘收益成本比计算公式为

$$招聘收益成本比=\frac{所有新员工为组织创造的总价值}{招聘总成本}$$

2. 数量与质量评估

1) 数量评估

录用员工数目的评估是对招聘工作有效性检验的一个重要方面。通过数量评估，分析在数量上满足或不满足需求的原因，有利于找出各招聘环节上的薄弱之处，改进招聘工作。同时，通过录用人员数量与招聘计划数量的比较，也为人力资源规划的修订提供了依据。而录用员工质量的评估是对员工的工作绩效行为、实际能力、工作潜力的评估，它是对招聘的工作成果与方法的有效性检验的另一个重要方面。质量评估既有利于招聘方法的改进，又对员工培训、绩效评估提供了必要的信息。录用人员评估主要从录用比、招聘完成比和应聘比三方面进行。其计算公式为

$$录用比=\frac{录用人数}{应聘人数}\times 100\%$$

$$招聘完成比=\frac{录用人数}{计划招聘人数}\times 100\%$$

$$应聘比=\frac{应聘人数}{计划招聘人数}\times 100\%$$

当招聘完成比大于或等于 100%时，则说明在数量上完成或超额完成了招聘任务；应聘比则说明招聘的效果，该比例越大，则招聘信息发布的效果越好。

2) 质量评估

录用人员的质量评估实际上是对录用人员在人员选拔过程中对其能力、潜力、素质等进行的各种测试与考核的延续，也可根据招聘的要求或工作分析中得出的结论，对录用人员进行等级排列来确定其质量，其方法与绩效考核方法相似。当然，录用比和应聘比这两个数据也在一定程度上反映录用人员的质量。

从招聘组织的角度看，招聘工作的成绩还有多种方法来评价，但所有的评价方法都要落实到在要花费的资源既定的条件下，为空缺岗位找到申请人的适应性。这种适应性可用全部申请人中合格的数量所占的比重，合格申请人的数量与空缺岗位的比率，录用的新员工绩效水平和新员工的辞职率等指标来评价。另外，也可通过对新员工的调查问卷、访谈等方式，了解他们对招聘工作的满意度，征求他们改进招聘流程的建议，为完善以后的招聘工作积累经验。

技能训练

校园模拟招聘

一、实训目的

(1) 掌握企业开展招聘会的基本流程。

(2) 熟悉个人简历的制作。

(3) 熟悉求职者简历筛选的基本方法。

(4) 初步掌握面试的基本方法与技巧。

二、实训要求

(1) 需要准备纸、笔若干，计算机 1 台/组、投影仪 1 个。

(2) 校园模拟招聘会以小组为单位，每组限定 6 人。每个小组代表一家企业的人力资源部，每位成员在本次模拟招聘会中的具体角色及分工由小组内部自行商议。

(3) 各小组均委派专人以会议记录的格式详细记录案例讨论全过程，于课后提交。

(4) 全体成员注意选择与招聘会相匹配的着装。

(5) 每位参与者必须投递出至少两份简历。

(6) 应聘者准备好个人简历及其他求职过程整需要的资料，招聘方准备好相关招聘材料，如招聘海报、宣讲会相关展示性材料、“职位申请表”“面试评分表”等。

(7) 各小组在课前自行进行预演，预演后对预设方案进行打磨和调试，务必确保模拟招聘会当天流程的顺畅性、规范性。

(8) 招聘会期间，小组内部团结协作，各小组间形成良性竞争。

三、实训内容

1. 教师下达实训任务

实训任务一：召开校园模拟招聘会。

实训任务二：登录企业模拟竞争系统，完成“人员招聘、退休与解聘”板块的操作。

2. 学生分组完成任务

实训任务一：

第一，每组自拟本轮招聘的岗位，对拟招聘岗位进行工作分析，形成工作说明书。

第二，根据具体时间及企业招聘需求安排，针对本次校园招聘会撰写简要的《招聘计划书》。

第三，做好校园宣讲会所需宣传性资料的准备，如招聘海报、企业宣传册及宣传片、宣讲会 PPT 等。具体所需资料由各小组自行商定，资料准备尽量充分。

第四，各小组依次上台召开校园宣讲会，每组限定 8 分钟。

第五，宣讲会结束后，各求职者从其余小组中任意选择两个以上的意向岗位进行简历的投递以及与招聘方的交流。

第六，每组从收到的简历中进行筛选并确定面试名单，依次通知求职者参加面试。

第七，各组分区域同时开展面试，面试中需要专人记录面试官与面试者的行为表现。此处的记录人员并非本组人员，而是由教师随机指定的其余小组人员。

第八，面试结束后，面试官综合考量并充分商议后，最终确定并依次公布录用人员名单。

实训任务二：

(1) 登录企业模拟竞争系统。

第一，打开浏览器，输入网址 bizsim.cn，登录企业模拟竞争系统。

第二，点进“赛区”，进入本班级所在赛区。

第三，点击左侧导航条中的“制定决策(快捷模式)”，完成“发展”模块中新雇人员数和辞退人员数的填写。

(2) 相应版块填写规则。

注意：以下规则中的数据会因为模拟时选择的难度系数的不同而发生改变。各难度系数准确数据应该在系统中及时查阅。以下以难度系数 9 为例进行介绍，规则界面如图 4-7 所示。

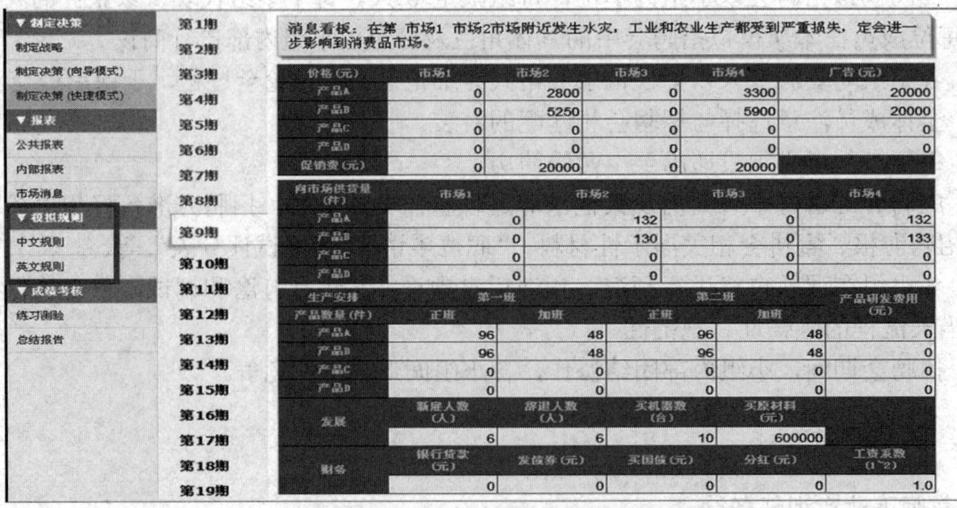

图 4-7　企业模拟竞争系统模拟规则界面

第一，新工人招聘与培训规则。

企业可以在每期期初招聘工人，但招收人数不得超过当期期初工人总数的 50.0%。本期决策招收的新工人在本期为培训期。每个新工人的培训费为 500.0 元。培训期间新工人的作用和工资相当于正式工人的 25.0%。经过一期培训后，新工人成为熟练工人。

第二，工人退休或解聘。

企业每期有 3.0% 的工人正常退休。企业决策时，可以根据情况解聘工人。决策单中的解聘工人数是退休和解聘人数之和。根据政府规定，退休和解聘人数之和不能多于期初工人数的 10%。本期退休或解聘的工人不再参加本期的工作，企业要发给退休和解聘的工人每人一次性生活安置费 1000.0 元。

第三，工作小时基本工资，如表 4-7 所示。

表 4-7　工作小时基本工资

第一班	正班：3.0 元	第二班	正班：4.0 元
	加班：4.5 元		加班：6.0 元

每个工人只能上一种班，加班人数不能多于本班正班人数。未值班的工人按第一班正班付工资。

第四，员工激励。

以上的小时基本工资是本行业的基本工资，也是各企业确定工资的最低线。

企业可以用提高工资系数的办法激励员工。设对应基本工资的工资系数为 1，若工资系数为 1.2，则实际工资为基本工资乘以 1.2。提高工资系数有助于提高企业的产品质量，减少废品率，也可以提高产品的级别。当然，提高工资系数会增加成本。

废品会浪费企业的资源、运费，还会因为顾客退换产品造成折价 40%的经济损失。工资系数变化只对模拟难度 5 以上的情景。当难度等级小于 5 时，系数设为 1，在决策单上不包括工资系数，也不考虑废品率。

3. 学生依次汇报任务一

(1) 面试录取名单公布后，各小组派代表上台陈述录取理由及淘汰的理由。

(2) 记录人员依次上台陈述观察过程中发现的问题。

(3) 随机抽取 5 名求职者上台陈述参与面试过程中的感受，以及提出招聘方存在的不足。

4. 教师点评

(1) 教师点评招聘方表现。

(2) 教师点评求职者表现。

(3) 教师对本项实训任务进行总评。

四、实训考核

根据完成实训的综合情况，给予考核，考核项目、评分标准和分值见表 4-8 所示。

表 4-8　模拟招聘实训考核表

考核项目	考核标准	分值	备注
流程的完整性	招聘会流程各项环节完整	30 分	如有环节的缺失，且无充分理由支持，根据缺失的程度扣 5～25 分
流程的规范性	各项流程操作规范，无违规行为	25 分	根据违规行为的严重程度扣 5～25 分
突发事件处理	面对招聘会中的突发情况，如求职者的质疑、招聘方所述信息的错误、竞争对手的不正当竞争等，能够冷静处理	10 分	
团队协作	成员分工负责、协作配合	35 分	如有团队成员搭便车，搭便车者根据情节严重程度扣 10～25 分，其余团队成员扣 10 分

项目小结

通过本项目的学习，应重点理解和掌握以下知识：

1. 通常情况下，人力资源管理日常工作事务分为了六大模块，分别是人力资源规划、员工招聘、员工开发与培训、绩效管理、薪酬与福利管理、员工关系管理。六个模块环环相扣，形成合力，推动企业人力资源管理的稳步运行。

2. 了解到了并不是每个企业都单独设有人力资源部，该部门单独设置与否取决于企业规模、工作需要。一般情况下，大中型企业都单独设置人力资源部，小型企业虽没有单独设置该部门，但是该类事务划归行政部或办公室负责。

3. 在了解招聘目的、途径的基础上，遵守招聘原则，制定并实施招聘流程。在招聘流程的实施过程中，严格遵守招聘的规范性、合法性。

思考与练习

一、论述题

人工智能时代的逐步到来对企业人力资源管理工作的影响？在此背景下，HR 工作者应该如何提升转型，以应对变化的来临？

二、分析题

2019 年 7 月，A 企业在 Y 市人才市场召开了一场销售类的专场招聘会，拟在 Y 市招聘 15 名销售部门经理。招聘会当天，A 企业的招聘工作人员把 Y 市人才市场的 2 楼大厅布置得井井有条。楼梯上贴着 A 企业的大幅招聘宣传海报，三楼门口放着一台电视机，电视机里连续播放着介绍 A 企业的相关视频资料。

A 企业负责本次招聘工作的人力资源部经理刘女士自信地说："A 企业重视流程管理，招聘工作也不例外。在本次招聘前企业早已做好了充分的准备，制定了详细的招聘计划，我们只需要在本次招聘会的各个流程环节中把好关，最终招聘到人员的质量不会有太大问题。" A 企业本次销售类人员专场招聘会具体流程展示如下：

流程 1：领表。

进场的应聘人员先在入口处领取一张"A 企业职位申请表"，填写有关个人资料、教育程度、家庭状况、来 A 企业应聘的原因等问题。在领表这个看似简单的环节，却可以淘汰一部分求职人员。例如：有些求职者没有准备简历或应聘相关的其他资料，A 企业认为他们可能缺乏策划组织能力，或是并非诚意应聘。

流程 2：初选。

应聘者填好"A 企业职位申请表"后，将其交给现场的企业工作人员，由他们进行初选。刘经理提到，在这个过程中，工作人员会认真查看所有申请表，并针对申请表中含糊其辞、表达不准确的部分向应聘者提问。对招聘方提出的疑问不能给予清晰、准确解释的应聘者，在此环节会被淘汰。

流程 3：初试。

通过初选后，应聘者就被推荐到部门经理处面试。初试的面试官来自求职者所面试门店的部门经理们，主要包括销售部门经理、人力资源部经理、收银处经理、财务经理。每位经理都会围绕其应聘的岗位分别提出专业性的问题，对其实施专业技能考核。根据每一位应聘者回答的状况，最终打出其分数等级。通常被评为 A 等和 B 等的应聘者才能进入下一轮面试。

流程 4：复试。

一周内应聘者会接到 A 企业人力资源部的复试电话通知，随后根据面试岗位的等级不同，应聘者至少还要经过至少 2 次复试。复试通过后，其最终将接受该企业总经理的面试。

请回答下列问题：

1. A 企业在 Y 市人才市场召开销售类专场招聘会前，需要做哪些准备工作？

2. 在 A 企业招聘流程的"初选"阶段，审查"求职申请表"时，作为实施审查的工作人员，你认为在审查过程中应该注意哪些问题？

3. 你作为 A 企业销售部经理，被邀请在"初试"阶段担任主考官，请你采用开放式的提问方式，向应聘者提出两个问题，并在对方回答的过程中进行追问。

拓展训练

人力资源决策攻略

一、员工待遇与激励攻略

1. 工作小时基本工资

第一班正班：3.00 元　　　　第一班加班：4.50 元

第二班正班：4.00 元　　　第二班加班：6.00 元

每个工人只能上一种班，加班人数不能多于本班正常班人数。

未值班的工人也要按第一班正常班付工资。

2. 员工激励

以上的小时基本工资是本行业的基本工资，也是各企业确定工资的最低线。

企业可以用提高工资系数的办法激励员工。设对应基本工资的工资系数为 1，若工资系数为 1.2，则实际工资为基本工资乘以 1.2。提高工资系数有助于提高企业的产品质量，减少废品率，也可以提高产品的级别。当然，提高工资系数会增加成本。

废品会浪费企业的资源、运费，还会因为顾客退换产品造成折价 40%的经济损失。

工资系数变化只对模拟难度 5 以上的情景。当难度等级小于 5 时，系数设为 1，也不考虑废品率。

二、新工人招聘与培训攻略

解聘人和雇佣人发生时间都在期初，解聘的人员在本期不再领工资。如果期初 200 人，退休 6 人，不再多解聘，不聘用新人，按 194 人计算基本工资。

每期招收工人数不得超过当时工人总数的 50%。

本期决策招收的新工人在本期为培训期。新工人每人花培训费 500 元。培训期间新工人的作用和工资相当于正式工人的 25%。经过一期培训后，新工人成为熟练工人。

三、工人退休或解聘攻略

企业每期有 3% 的工人正常退休。企业决策时，可以根据情况解聘工人。决策单中的解聘工人数是退休和解聘人数之和。根据政府规定，退休和解聘人数之和不能多于期初工人数的 10%。

本期退休或解聘的工人不参加本期的工作，企业要给退休或解聘工人每人一次性生活安置费 1000 元。

决策单上的解聘数包括正常退休人员。如果输入的少于应退休人数，系统会改动。计算结果若是 7.6，按 7 人退休计算。

项目五　财务管理决策与分析

项目分析

企业财务管理是企业管理的核心，财务管理涉及资金管理，关系到企业的生死存亡，因此极其关键。规范的企业财务管理，可以增强企业的资金运作能力，感知企业面临的风险并及时化解风险，而企业财务战略是财务管理的重要组成部分。

企业财务战略是指为谋求企业资金均衡有效的流动和实现企业整体战略，对企业资金流动进行全局性、长期性与创造性的谋划，并确保其执行的过程。与其他企业战略的本质区别在于，财务战略关注的核心是企业的资金运动。全面预算管理是财务战略的具体表达形式。财务报表是财务战略的实施结果。

本项目的内容主要包括企业投融资规划、全面预算管理、财务报表识读与填制和主要财务指标分析。

本项目主要学习投资融资规划与全面预算、财务报表与财务分析，框架结构如图 5-1 所示。

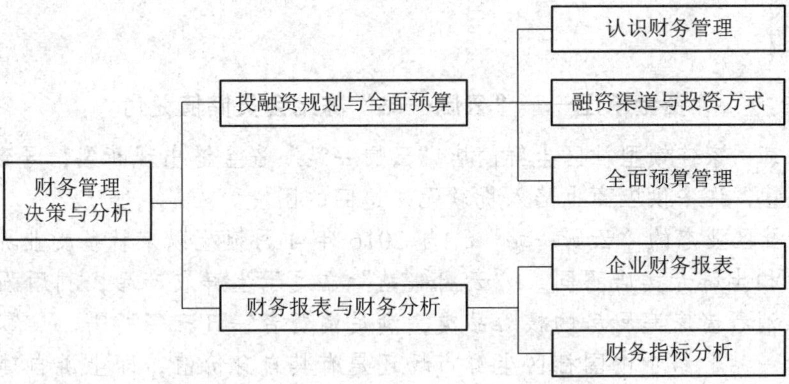

图 5-1　财务管理决策与分析框架结构

知识目标

(1) 掌握财务管理的内涵。
(2) 了解投融资基本途径。
(3) 掌握投融资规划的基本要领。

(4) 掌握财务报表的构成。

(5) 掌握主要企业财务分析指标的内涵。

能力目标

(1) 能有效选择融资途径。

(2) 能根据企业发展需要做融资、投资规划。

(3) 能对虚拟仿真企业经营进行财务预算。

(4) 能识读并编制简单的财务报表。

(5) 能通过财务报表数据对主要财务指标进行分析。

任务一　投融资规划与全面预算

任务目标

在现代企业管理当中，财务管理是一项涉及面广、综合性和制约性都很强的系统工程，它是通过价值形态对资金运动进行决策、计划和控制的综合性管理，是企业管理的核心内容。本任务目标是掌握基本的投融资方式、渠道，能做简单的投融资规划，特别是生产性投资规划，并通过全面预算、现金管理等手段做好财务管理工作。

案例引入

资金承压——“云厨一站”冻结会员储值兑付

近日，南京一家连锁型社区生鲜门店“云厨一站”资金链出现断裂，导致240多家门店无法正常经营，许多供应商也陷入货款无法追回的困境。

作为生鲜社区业态的“云厨一站”，自2016年4月诞生以来就备受业界关注。与以往的社区超市和生鲜专卖店不同，“云厨一站”立足于生鲜农产品，利用强大的供应链体系精准聚焦消费者家庭厨房的核心品类，满足消费者一日三餐所需。“零售研学社”认为，“云厨一站”给予中国社区生鲜市场还是有其自身价值，即上游自建农业蔬菜基地和中央厨房，大量研发半成品的模式虽重，承受较大的资金压力，却是在培养一种真实存在的需求场景——即时、便捷的生鲜购买需求，并提供了生鲜熟食化、生鲜加工化的一种解决方案。那么，“云厨一站”为何会出现资金吃紧这样的局面呢？

1. 舆情监控不力——祸起谣言

据江苏永鸿控股集团发布公告称，旗下投资的南京社区生鲜店“云厨一站”，因315谣言事件，正常经营出现阻碍，各生产经营流动资金出现缺口。永鸿控股方面表示，集团也曾通过各种渠道和方式努力，但谣言造成了会员大量挤兑以及供应商恶意加价，让公司经营出现风险。

有位知情人士透露，这起谣言是一位离职的线上业务人员，在“云厨一站”多个会员微信社群散布“云厨一站”不实信息，引起会员恐慌及纷纷到店“退卡”。同时，不实传闻也很快传导至供应商端，此前一般享有的3个月账期的供应商结付现遭停止，变为只能现金采买。

不久前，永鸿控股集团还发布过一份声明，称对于网络上出现的针对江苏永鸿控股集团有限公司旗下公司“云厨一站”和巴布洛等的不实传闻，公司郑重声明：“云厨一站”与巴布洛生态谷都在正常运营发展中，对于恶意造谣并传播该公司不实传闻的企业和个人，该公司将会采取一切必要的法律手段维权，维护该公司声誉。

2. 行业诱人——模式不成熟

实际上，生鲜这门生意虽诱人，但做起来十分不易，“云厨一站”也在商业模式上进行摸索。目前“云厨一站”以生鲜、果蔬、熟食为切入点，采用“社区店+服务”模式运营。供应链方面，“云厨一站”采用“自有供应链+工厂”体系，并通过互联网营销的方式吸收新客。

此外，在全链路把控方面，“云厨一站”也提供了一种参考。传统的农产品销售模式，由于环节过多，给食品安全、采购成本、资源利用带来巨大的压力和浪费。“云厨一站”于是采用“基地种植采摘+中央厨房加工+冷链车队配送+社区门店销售”模式，打造出一条包含采、产、供、销的产业链体系，用自营一体化模式发展社区生鲜店。

此外，“云厨一站”的会员基本上都在储值卡中预存了两三千元的现金。也有会员储值上万元现金的。“云厨一站”门店会推出较大力度的充值返利优惠活动，曾有“充多少返多少”的会员充值折扣，到年终也有诸如“充值5000元返2000元”的大促。

一边是会员预付储值卡金额在抽出，另一边是供应端要增加采买现金，两头挤压，令还处于门店业务拓展期的“云厨一站”资金链“吃紧”。

不过“云厨一站”这种重投入方式，正是生鲜行业入局玩家的众生相。生鲜行业重投入，且盈利期漫长，一旦其中某个环节出现问题，将会引发一系列连锁反应。

3. 输在致命伤——现金流吃紧

关于“云厨一站”破产的直接原因，虽然公司到现在没有给出结论，但疑似资金链断裂可能是唯一结果。事实上，这也是绝大多数企业倒下前的“临门一脚”。通过纳食舆情监测系统发现，近7日里，关于资金链断裂的事件就发生了超1200条，供应商处处都将面临货款危机。

资金是企业的血液，现金流是公司的命脉，保证资金安全、现金流循环顺畅，永远是零售企业稳健发展的前提，也是企业实施转型升级、创新变革的前提，没有足够的资金，没有稳定、可靠的现金流，一切都是纸上谈兵。

这一点，“云厨一站”为我们上了生动的一课。电商的流量思维、爆品思维是一个不太好的示范，为了做大流量、规模，不惜烧钱引流、亏本圈粉，只图“想象空间”，不求当下收益，这对于实体零售是非常有害的。

各界普遍看衰实体零售，特别是百货、超市等“重灾区”，纵是上市公司，市值也普遍偏低，指望像电商一样搞“PPT创业”，一轮又一轮融资几无可能，就是银行贷款，受美国两次加息影响，融资成本只会越来越高，纵然融到，条件也会比以往更为苛刻。

所以，实体零售“现金为王”的阶段远未过去，老板们一定要像爱护眼睛、保护心脏一样维护好资金安全、现金流循环顺畅，最低限度也要保障企业正常经营所需，保证供应商货款、员工工资按时发放，能够偿还短期银行借款及债务，在此前提之下，才能搞多元化扩张、探索新模式、新业务。否则，任何一个环节出了问题，都可能导致连锁反应，陷企业于万劫不复。

零售业是个相当艰苦的行业，只宜深耕细作、步步为营、稳扎稳打，从来没有任何一种零售形态能够稳赚不赔、一夜暴富，不熟悉的领域，未必就是安全的、容易的，多元化跨界也只适宜与主业关联度高的领域，对完全陌生的行业，一定要慎之又慎。

在困难的时下，活下去才是最重要的，只有活着才有未来，而要活着，就必须保护好资金，维护好自身的“造血”能力。

知识链接

一、认识财务管理

财务管理(Financial Management)是在一定的整体目标下，关于资产的购置(投资)、资本的融通(筹资)和经营中现金流量(营运资金)，以及利润分配的管理。财务管理是企业管理的一个组成部分，它是根据财经法规制度，按照财务管理的原则，组织企业财务活动，处理财务关系的一项经济管理工作。简单地说，财务管理是组织企业财务活动、处理财务关系的一项经济管理工作。财务管理的目标为：产值最大化，利润最大化，股东财富最大化，企业价值最大化，相关方利益最大化。货币的时间价值和投资的风险价值是财务管理的基础观念，理解了财务管理的价值观，有助于做好投融资规划。

财务管理是企业内部管理的中枢，企业的生产、经营、进、销、调、存每一环节都离不开财务的反映和调控，企业的经济核算、财务监督，更是企业经济活动的有效制约和检查；财务管理能有效提高经济效益，加强财务管理能够促进企业节约挖潜、控制费用、降低消耗；通过资金的筹集调度，合理运用资金，提高资金的使用效果，防止资金的浪费；财务管理是企业和外部沟通的桥梁，一系列财务管理环节使企业能够向外界提供准确、真实的信息，从而有助于国家宏观调控，使投资人进行合理投资，银行作出信贷决策以及税务机关依法征税。

二、融资渠道与投资方式

(一) 企业融资途径

任何企业要进行生产经营活动都需要有适量的资金，而通过各种途径和相应手段取得这些资金的过程称为融资。融资方式根据资金来源渠道可分为内部融资和外部融资。但应用较多的融资方式是从外部开辟资金来源，通过与其他投资人联合投资，或以股权、债权、混合融资等方式筹集资金。

1. 企业融资渠道

一般来说，企业融资渠道可以分为债务性融资、权益性融资和混合性融资。

(1) 债务性融资：企业按约定代价和用途取得且需按期还本付息的一种融资方式。债务融资往往通过银行、非银行金融机构、民间资本等渠道，采用申请贷款、发行债券、利用商业信用、租赁等方式筹措资金。企业债务融资主要包括三种方式：贷款融资、债券融资和租赁融资。

(2) 权益性融资：企业通过直接吸收投资或发行股票或利用权益资本融资筹集资金。权益资本是投资者投入企业的资金。企业并购中最常用的权益融资方式包括吸收直接投资、权益资本融资和发行股票融资。风险投资是企业选择较多的权益性融资途径之一，因为一旦获得投资机构的投资，既解决了企业当前的资金需求，也成功地将投资机构和创业企业的风险和收益绑在了一起，投资机构也会尽可能在战略方向和市场资源上给予支持。

(3) 混合性融资：企业通过发行混合性融资工具筹集资金而进行的并购。常见的混合性融资工具主要有可转换债券和认股权证。

2. 中小企业主要融资方式

1) 综合授信

银行对一些经营状况好、信用可靠的企业，授予一定时期内一定金额的信贷额度，企业在有效期与额度范围内可以循环使用。

2) 信用担保贷款

担保基金的来源，一般是由当地政府财政拨款、会员自愿交纳的会员基金、社会募集的资金、商业银行的资金等几部分组成。当企业提供不出银行所能接受的担保措施时，如抵押、质押或第三方信用保证人等，担保公司却可以解决这些难题。

3) 买方贷款

企业的产品有可靠的销路，但在自身资本金不足、财务管理基础较差、可以提供的担保品或寻求第三方担保比较困难的情况下，银行可以按照销售合同，对其产品的购买方提供贷款支持。

4) 异地联合协作贷款

在生产协作产品过程中，需要补充生产资金，可以寻求一家主办银行牵头，对集团公司统一提供贷款，再由集团公司对协作企业提供必要的资金，当地银行配合进行合同监督。也可由牵头银行同异地协作企业的开户银行结合，分头提供贷款。

5) 项目开发贷款

商业银行对拥有成熟技术及良好市场前景的高新技术产品或专利项目的中小企业，以及利用高新技术成果进行技术改造的中小企业，将会给予积极的信贷支持，以促进企业加快科技成果转化的速度。

6) 出口创汇贷款

对于生产出口产品的企业，银行可根据出口合同，或者进口方提供的信用签证，提供打包贷款。对有现汇账户的企业，可以提供外汇抵押贷款。对有外汇收入来源的企业，可以凭结汇凭证取得人民币贷款。对出口前景看好的企业，还可以商借一定数额的技术改造贷款。

7) 自然人担保贷款

中国工商银行推出了自然人担保贷款业务，今后工商银行的境内机构，对中小企业办理期限在3年以内信贷业务时，可以由自然人提供财产担保并承担代偿责任。自然人担保可采取抵押、权利质押和抵押加保证三种方式。

8) 个人委托贷款

个人委托贷款是由个人委托提供资金，由商业银行根据委托人确定的贷款对象、用途、金额、期限、利率等，代为发放、监督、使用并协助收回的一种贷款。

9) 无形资产担保贷款

依据《中华人民共和国担保法》的有关规定，企业依法可以转让的商标专用权、专利权、著作权中的财产权等无形资产，都可以作为贷款质押物。

10) 票据贴现融资

票据贴现融资是指票据持有人将商业票据转让给银行，取得扣除贴现利息后的资金。在我国，商业票据主要是指银行承兑汇票和商业承兑汇票。这种融资方式的好处之一是银行不按照企业的资产规模来放款，而是依据市场情况(销售合同)来贷款。

11) 金融租赁

金融租赁是一种集信贷、贸易、租赁于一体，以租赁物件的所有权与使用权相分离为特征的新型融资方式。比如，设备使用厂家看中某种设备后，即可委托金融租赁公司出资购得，然后再以租赁的形式将设备交付企业使用。

12) 典当融资

典当融资是以实物为抵押，以实物所有权转移的形式取得临时性贷款的一种融资方式。与银行贷款相比，典当贷款成本高、贷款规模小，但典当也有银行贷款所无法相比的优势。

(二) 企业投资方式

企业投资是企业作为一级投资主体所进行的投资，可分为直接投资和间接投资。

1. 企业直接投资

直接投资是指把资金投放于生产经营环节中，以期获取利益的投资。在非金融性企业中，直接投资所占比重较大。企业直接投资主要有企业的改建、扩建、新产品新技术研发、高端人才招募等生产性投资和职工住宅、文化娱乐等非生产性设施的投资。企业投资主要靠自筹资金，如企业的生产发展基金、折旧基金、大修理基金和职工福利基金等；也可采取多种方式筹资，如采取银行贷款，争取产品购买者预付货款，向社会及本企业职工发行股票、债券，与其他企业合资，通过商业信用赊购设备、租赁设备，等等。

2. 企业间接投资

企业间接投资又称证券投资，是指把资金投放于证券等金融性资产，以期获得股利或利息收入的投资。随着我国证券市场的完善和多渠道筹资的形成，企业的间接投资会越来越广泛。

1) 股票投资

股票投资(Stock Investment)是指企业或个人用积累起来的货币购买股票，借以获得收益的行为。股票投资的收益是由“收入收益”和“资本利得”两部分构成的。收入收益是指股票投资者以股东身份，按照持股的份额，在公司盈利分配中得到的股息和红利的收益。资本利得是指投资者在股票价格的变化中所得到的收益，即将股票低价买进，高价卖出所得到的差价收益。

2) 债券投资

债券投资是指债券购买人(投资人、债权人)以购买债券的形式投放资本，到期向债券发行人(借款人、债务人)收取固定的利息和收回本金的一种投资方式。债券的主要投资人有保险公司、商业银行、投资公司或投资银行，以及各种基金组织。此外，公司、企业和个人也可以将闲置资金投放到债券上，投资人以相当于债券票面价格的货币购买债券，按照一定的利率收取利息，取得收益，在规定的期限到来时，再收回本金，债券按发行人可分为政府债券、公司债券和金融债券三种。

三、全面预算管理

(一) 全面预算管理的含义

全面预算管理是利用预算对企业内部各部门、各单位的各种财务及非财务资源进行分配、考核、控制，以便有效地组织和协调企业的生产经营活动，完成既定的经营目标。

全面预算反映的是企业未来某一特定期间(一般不超过一年或一个经营周期)的全部生产、经营活动的财务计划，它以实现企业的目标利润(企业一定期间内利润的预计额，是企业奋斗的目标，根据目标利润制定作业指标，如销售量、生产量、成本、资金筹集额等)为目的，以销售预测为起点，进而对生产、成本及现金收支等进行预测，并编制预计损益表、预计现金流量表和预计资产负债表，反映企业在未来期间的财务状况和经营成果。

(二) 全面预算编制

单位编制的经营预算和财务预算，是指导未来经营活动和财务工作的大纲。为了使预算内容更精确、更符合实际情况，应遵循以下原则：充分做好预测，广泛占有资料；健全组织机构，完善各项规章制度；预算指标既要有先进性，又要留有余地。

全面预算的内容极为复杂，为了保证自编预算的统一性，企业的预算管理委员会应制定一些基本目标、要求和原则，作为各部门、各单位自编预算的基础。具体有以下几点：预算期的目标利润；预算期的销售总额；工资标准、主要原材料的单价和工料消耗定额；物资的储备水平和控制。

(三) 全面预算执行与控制

全面预算的有效实施，必须充分调动各级责任人的积极性与创造性，强化其责任意识，形成预算执行与控制的责任体系，保证预算执行的进度和效果。全面预算执行与控制的具体内容包括全面预算的分解、执行和调整等。

1. 全面预算的分解

1) 全面预算分解的步骤

(1) 预算一经批复下达，预算执行单位应当将预算作为预算期内组织协调各项经营活动的基本依据，将年度预算细分为月份和季度预算，以分期预算控制确保年度财务预算目标的实现。

(2) 将全面预算分解为部门预算，明确各预算执行单位的工作目标。

(3) 各预算执行单位将预算指标层层分解，从横向和纵向落实到内部各部门、各单位、各环节和各岗位，形成全方位的预算执行责任体系，保证预算目标的实现。

2) 全面预算分解的原则

(1) 以利润的形式，按价值量分解，保证指标的可衡量性。

(2) 应分尽分，不留死角，保证指标分解的彻底性。

(3) 谁可控谁承担，责任到人，保证做到责、权、利的有效统一。

(4) 指标分解与保证措施相结合，保证预算指标的落实。

2. 全面预算的执行和调整

单位正式下达执行的预算，一般不予调整。但预算执行单位在执行中由于市场环境、经营条件、政策法规等发生重大变化，致使预算的编制基础不成立，或者将导致预算执行结果产生重大偏差的，可以调整预算。对于预算执行单位提出的预算调整事项进行决策时，一般应遵循以下要求：预算调整事项不能偏离单位发展战略和年度预算目标；预算调整方案应当在经济上能够实现最优化；预算调整重点应当放在预算执行中出现的重要的、非正常的、不符合常规的关键性差异方面。

(四) 现金管理

1. 现金流规划与控制

“现金为王”一直以来都被视为企业资金管理的中心理念。企业现金流量管理水平往往是决定企业存亡的关键所在。在面对日益激烈的市场竞争，企业面临的生存环境复杂多变，通过提升企业现金流的管理水平，才可以合理地控制营运风险，提升企业整体资金的利用效率，从而不断加快企业自身的发展。

1) 现金流的概念

现金流(Cash Flow)是指一段时间内企业现金流入和流出的数量。企业在销售商品、提供劳务或是出售固定资产、向银行借款时，都会取得现金，形成现金的流入。而企业为了生存、发展、扩大需要购买原材料、支付工资、构建固定资产、对外投资、偿还债务等，这些活动都会导致企业现金的流出。如果企业手头上没有足够的现金流来面对这些业务的支出，其结果是可想而知的。从企业整体发展来看，现金流比利润更为重要，它贯穿于企业的每个环节。在现实生活中我们可以看到，有些企业虽然账面盈利颇丰，却因为现金流量不充沛而倒闭；有的企业虽然长期处于亏损当中，但其却可以依赖着自身拥有的现金流得以长期生存。企业的持续性发展经营，靠的不是高利润，而是良好、充足的现金流。

2) 规划现金流

规划现金流主要是通过运用现金预算的手段，并结合企业以往的经验，来确定一个合理的现金预算额度和最佳现金持有量。如果企业能够精确地预测现金流，就可以保证充足的流动性。企业的现金流预测可以根据时间的长短分为短期、中期和长期预测。通常期限越长，预测的准确性就越差。到底选择何种现金流的预测方式就要纵观企业的整体的发展战略和实际要求。同时，企业的现金流预测还可以从现金的流入和流出两方面出发，来推断一个合理的现金存量。

3) 控制现金流

控制现金流是对企业现金流的内部控制。控制企业的现金流是在正确规划的基础上展开的，主要包括企业现金流的集中控制、收付款的控制等。现金的集中管理将更有利于企业资金管理者了解企业资金的整体情况，在更广的范围内迅速而有效地控制好这部分现金流，从而使这些现金的保存和运用达到最佳状态。

2. 中小企业资金断链的原因

企业规模扩张过快，因过度交易、存货增加、收款延迟、付款提前等原因，导致营运资金不足；突发性坏账风险、宽松的信用政策大量赊销导致信用危机；增加流动负债弥补营运资金不足、短资长用导致流动能力不强；投资失误，企业在与其他企业开展担保、借贷以及存款业务过程中，因对方内部发生重大损失而受到牵连，从而引发的资金链风险；同时，企业治理制度不够完善的话，也会增加资金链断裂的风险。

技能训练

财务预算实践

一、实训目的

基于 iBizSim 企业竞争模拟系统(以下简称 iBizSim 系统)进行企业经营实践全面预算管理，掌握企业经营过程中的财务管理要领，领会资金流的内涵，掌握各预算模型之间的逻辑关系，能做基本的预算管理。

二、实训要求

(1) 充分分析初始历史数据，包括评分权重分析、财务状况分析、成本影响分析、原材料采购及研发等，通过分析，掌握企业运营初始状态。

(2) 对历史数据进行分析，包括广告、促销市场营销预估、需求价格弹性预估等，为后期营销策略制定奠定基础。

(3) 制定企业仿真经营整体战略，包括财务战略，研发、招工及原材料采购，以及定价销售和促销广告。

以下战略仅供参考：

(1) 财务：由于初始现金较多，可借资金也较多，因此初期可以较为扩张性地买机器，保证期末现金符合要求，10 期少量贷款，保证在 13 期或 14 期用完贷款额度。

(2) 研发、招工及原材料采购：由于初期人机比处于过低位置，必须生产利润率较低的 C、D 产品，因此在前 3 期放宽招工，与此同时保持最优惠的原材料采购，前期保持研发优势。

(3) 定价销售及促销广告：整体定价要处于一个较高位置，后期需求与销售差额留出一定宽容度。四产品结构分散销售风险，在此基础上允许25%左右的前期库存，同时高促销高广告取得更高的市场需求和连续影响。

(4) 运输结构：贴合上期需求结构。

三、实训内容

(1) 根据指导教师提供的企业仿真经营预算管理模型，基于 iBizSim 系统开展仿真企业运营实践，按照“近细远粗”的原则，根据上一期的预算完成情况，调整和具体编制下一期预算，并将编制预算的时期逐期连续滚动向前推移，使预算总是保持一定的时间幅度，凸显了“长计划，短安排”的理念，结合实际需要做好现金管理。

(2) 在全面预算的基础上，开展仿真企业经营实践，完成至少 8 期的企业经营模拟实践，并通过公共报表、内部报表了解企业发展趋势和各项财务数据走向。

四、实训考核

考核要点：

(1) 预算表(企业竞争模拟预算模型)应用检验。

(2) 8 期仿真企业经营成绩排名。

◆ 实训知识链接

一、仿真企业经营投融资规划

由 iBizSim 系统规则可知，银行贷款的规模是有累计限额的，而债券的规模则是无累计限额的，偿还以后还可以再发行，从理论上讲当经营期数无限长时，其累计规模也可无限大。

根据银行贷款及债券的各自特点，坚持融、投资相匹配的原则，应将债券作为主要融资渠道，在长期战略性投资项目需要资金时应考虑发行债券，如购买机器、研发等，故在竭力扩张且企业自有资金不足的中期，坚持债券发行规模最大化也就理所当然，而银行贷款则是作为每期现金调节的手段，主要是用来补足短期的生产经营活动所需，如原材料采购、支付工人工资等。对于发多少债、贷多少款的一般原则是：要多少就发多少贷多少；在比赛中前期，现金不够时首先选择发行债券，全额发债还不够时就用银行贷款补足；最后两期或三期，如果现金不够并且还有银行贷款，应优先考虑将银行贷款用完，而把债券作为调节手段。因为此时已经不存在长期的战略性投资，没必要优先考虑债券，且银行贷款的利息率更低，同时发行的债券会被计入资本利润率的分母中，如果还优先考虑发债，就会相对增加成本、减少利润，同时降低资本利润率这项指标。

从实战经验来看，一般而言，如果企业最大限度且比较合理地发展了，在融资上应该表现为中前各期最大限度地发行了债券(首期除外)，最后一到两期停止发行债券，同时，银行贷款从第 3 期开始连续 3 期大约比较平稳耗尽 90%左右，第 6 期基本用光。如到第 7 期尚有大量银行贷款，则说明前期规划较为保守，企业潜能没能得到充分挖掘。对于 10 期比赛的情况，一般也无需延期使用银行贷款，从第 7 期开始，企业自身会创造大量现金。

从纯财务角度看，为了实现企业的价值最大化，应该尽可能地利用财务杠杆，将财务资源发挥到最大。只要资产增值率(资本利润率)大于负债筹集成本(债券利息率)，负债比例越高，股东权益增长就越快。但是比赛规则中明确写道："在计算标准分时，会考虑上期综合评分的影响，也会根据企业的发展潜力进行调整。如果企业所留现金小于本期期初现金或本期费用，这意味着经营的连续性不佳，其标准分将适当下调。"因此，我们在充分利用财务资源的同时，还需权衡经营的连续性。

银行贷款和发行债券是比赛中最常用的融资渠道，到底是发债券还是贷款，又发多少贷多少，取决于各队的决策。至于紧急救援贷款，一般来说，"高手不需要用，新手不会用"，根据其借贷及支付原则，该贷款不能用于企业一般生产经营活动，故不能作为常规融资渠道。

由于我们的企业竞争模拟中，企业内部投资的投资回报率远远高于买国债的利息率，所以一般都不会进行买国债投资。

二、仿真企业业务预算

业务预算是基础，主要包括与企业日常直接相关的销售预算、生产预算、直接材料及采购预算、直接人工预算、制造费用预算、产品成本预算、期末存货预算、销售及管理费用预算等。其中，销售预算又是业务预算的编制起点，这里主要介绍销售预算、生产预算和供应预算。

(一) 销售预算

在整个业务预算中，销售预算是最难把握的，同时也是最关键的环节。这里的销售预算只能根据对市场的正确判断来编制，当然，"正确"是相对的。

在单一产品的企业里，销售预算反映的是产品的销售数量、销售价格和销售额；在多品种的企业里，销售预算通常只需要列示全年及各季度的销售总额，并根据各种主要产品的销售量和销售单价，分别编制销售预算的附表。iBizsim 系统的企业模拟可以有 2～4 种产品，在这里以 4 种产品为例编制销售预算表。销售预算表中的项目及其算法如表 5-1 所示。

表 5-1　销售预算算法说明

期数		算法及说明	期数		算法及说明
本期运到	A	从生产(排班)预算表中返回的数字	期末结存	A	实有数量－销售数量
	B			B	
	C			C	
	D			D	
实有数量	A	本期运到＋上期末市场存货	价格	A	决策表中价格的平均数
	B			B	
	C			C	
	D			D	
预计销售	A	实有数量×预计销售百分比	销售收入	A	销售数量×价格
	B			B	
	C			C	
	D			D	
			合计金额		销售收入的合计数

(二) 生产预算

生产预算编制的主要依据是预算期各种产品的预计销售量及产品存货资料。在正常情况下，企业预计的生产量和销售量往往存在不一致现象，企业就需要储备一定数量的产成品存货。因此，在预计生产量时，要考虑成品期初存货和期末存货的水平。可以按照下面的公式确定本期的预计生产量：

预计生产量=预计销售量+预计期末存货量−预计期初存货量

1. 提产量降成本

在企业竞争模拟中的生产就相当于一个简单的运筹学问题。分析本系统的盈利机制可以发现：企业利润的唯一源泉是销售产品(当然，购买原材料的优惠也可作收入处理)。所以，进行生产运筹的原则可以归结为两条：提高产量和降低成本。与此有关的还有产品的研发等级、购买机器数量、聘用工人数量、工资系数等。这些内容将在投资预算等部分讲解。这里仅说明如何在本期现有的资源(机器等)条件下进行运筹(短期规划)。

2. 线性规划

线性规划的内容详见第 114 页的相应内容。

3. 预算模型

生产排班预算模型的算法说明详见表 3-9，生产排班预算模型示例如表 5-2 所示。

表 5-2　生产排班预算模型示例

期数		8	9	10	11	…
资源	机器	100	100	100	223	
	工人	165.5	185.5	240.5	354.5	
	工人剩余		0.153 846	−0.365 38	0.134 615	
	材料		792 900	703 500	1 942 600	
一正	A	269	330	520	337	
	B	110	76		329	
	C					
	D					
	机器剩余		0	0	10	
	工人数		124.4231	150	223.75	
二正	A			83		
	B			174		
	C		144		120	
	D		0	0	173	
	机器剩余		160	200	100	
	工人数		60.923 08	90.865 38	130.6154	

续表

期数		8	9	10	11	…
二加	A					
	B					
	C					
	D		61	61	138	
	机器剩余		380	380	20	
	工人数		56.307 69	56.307 69	127.3846	
总产出	A		330	603	337	
	B		76	174	329	
	C		144	0	120	
	D		61	61	311	

生产注意事项详见第 116 页“相关链接”。

(三) 供应预算

1. 供应原则

iBizSim 企业竞争模拟的供应比较单一，这里只介绍原材料的供应。供应原则主要有三个内容：最小资金占用原则、最大折扣优惠原则和长期平衡原则。按照最小资金占用原则，原材料采购应在保证生产需求的前提下，尽量减少采购量以节约财务资源。

所谓最大折扣优惠原则，是指在保证最小资金占用原则的基础上，当采购数量接近某个优惠等级时，将实际采购量提高到该等级，以便享受更高的批量折扣优惠的策略。

长期平衡原则是指在遵循上述两个原则的基础上，从整个经营期(例如 8 期)的长度统筹安排每期采购量，以取得最佳综合效益的策略。

2. 供应预算模型

原材料采购预算模型中数据的计算方法如表 5-3 所示，其示例如表 5-4 所示。

表 5-3　原材料采购预算模型中数据的计算方法

项目	数据来源或公式或算法说明	行次
期数	自然数列	①
本期需要	取自表 3-9“资源”—“材料”行数据	②
本期采购	(本期需要 − 上期库存) × 2	③
最低库存	③/2	④
期末库存	上期库存 + ③ − ②	⑤
安全差额	⑤ − ④	⑥

表 5-4　原材料采购预算模型示例

期数	8	9	10	11	…
本期需要		792 900	703 500	1 942 600	
本期采购	388.52		341 600	3 543 600	
最低库存		0	170 800	1 771 800	
期末库存	1 325 600	532 700	170 800	1 771 800	
安全差额		53.27	0	0	

供应注意事项：

(1) 每期的财务压力可能不一样，有时可通过调剂各期之间的原材料采购量，平衡财务压力。

(2) 原材料采购也是一种融资手段。

(3) 到后期资金充足的情况下，购买原材料越多，可能利润就越高。

三、仿真企业专门决策预算

专门决策预算是指企业为那些在预算期内不经常发生的、一次性业务活动所编制的预算，主要包括：根据长期投资决策结论编制的与购置、更新、改造、扩建固定资产决策有关的资本支出预算；与资源开发、产品改造和新产品试制有关的生产经营决策预算；等等。这里主要介绍投资预算和筹资预算。

(一) 投资预算

这里所指的投资，包括购置机器、聘用工人、进行新产品的研发，以及老产品的升级等生产性投资预算，它们的共同特点是都为企业带来长期效益。

1. 购置机器

在 iBizSim 系统中，企业获利的唯一途径是销售产品，努力扩大产能是企业经营首选策略。购置机器开支大、时间长、见效慢，但一经投入使用，将带来持续不断的收益，所以必须从战略上高度重视生产设备投资，做好产能储备。从理论上讲，投资达到一定规模也会出现边际效益递减；从实践上看，投资规模的大小与产能分配及其边际收益高度相关。无论怎么考虑，购置机器总是最长久、影响最深远的投资，需要优先安排。购置机器属于基础投资，还需要相当比例的配套投资，如聘用工人、购买原材料等，在现金预算上必须要有长远的打算。

2. 聘用工人

作为一项投资，聘用工人比购置机器投资少、见效快，但增减幅度都直接受“规则”限制。原则上说，工人的数量应与机器保持一定的比例，但由于两者增长节奏的不同，因此需要从“技术”上进行处理。其基本做法是以机器到位期(第 3 期)平衡为标准，倒推第 1、2 期的投资安排。更为长远的做法是统观整个经营期(8 或 9 期)，力求长期内的平衡。

3. 产品研发

企业要生产某种产品，需先投入基本的研发费用，其数量相当于等级 1(A 产品和 B 产品一开始即为 1 级)。它包括为生产该新产品需要的专利的获得、设施的购置和技术的培训等。

为了提高该产品的等级，企业还需要进一步投入研发费。它包括为提高产品质量的技术革新和生产工艺的改进等。这些费用相当于等级 2、3、4、5。若产品等级高，可以增加客户的需求。在计算成本时，将本期的研发费用平均分摊在本期和下一期，即投资预算算法。投资预算算法说明如表 5-5 所示，其示例如表 5-6 所示。

表 5-5　投资预算表算法说明

项目	指标	行号	算　法
机器	新增	1	准备采购的数量。直接填写
	现有	2	上期现有 + 上上期采购数
工人	退休	3	按上期实际数 × 3%取整
	新增	4	准备新增加的数量。直接填写
	总量	5	上期实际数减退休数加新增数
	当量	6	上期实际数减退休数加 1/4 新增数
	差额	7	从生产(排班)预算表中返回的差额数字。应大于零
材料	本期需要	9	从生产(排班)预算表中返回的数字
	本期采购	10	(本期需要减去上期末库存)乘以 2。可按照优惠数量调整
	最低库存	11	本期采购除以 2
	期末库存	12	本期采购加上期末库存减去本期需要
	安全差额	13	期末库存减去最低库存。应大于零
	存储费	14	((期初库存 + 期末库存)/2) × 存储费率
研发	A 产品	15	准备研发的金额。直接填写
	B 产品	16	准备研发的金额。直接填写
	C 产品	17	准备研发的金额。直接填写
	D 产品	18	准备研发的金额。直接填写
	研发合计	19	所有产品研发金额合计

表 5-6　投资预算表示例

项目	期数	1	9	10	11	12	13	14	15	16	17	18
机器	新增		123	11	4	40	40	22				
	现有	100	100	100	223	234	238	278	318	340	340	340
工人	退休	6	6	7	10	15	16	18	18	19	17	17
	新增	6	46	110	162	70	63	16	16	16	16	16
	总量	180	220	324	476	531	578	576	574	572	570	570
	当量	165.5	185.5	240.5	354.5	478.5	530.75	564	562	559	558	557
	差额		0.1538 46	-0.365 38	0.134 615	0.096 154	0.230 769	4.192 308	36.326 92	51.692 31	103.6731	115.1538
材料	本期需要		792 900	703 500	1 942 600	1 816 000	1 751 800	2 139 600	2 726 100	3 087 800	3 168 800	3 188 000
	本期采购	1479.4		350 000	3 580 000		3 504 000	1 000 000	4 360 000	2 000 000	4 690 000	4 100 000
	最低库存		0	175 000	1 790 000	0	1 752 000	500 000	2 180 000	1 000 000	2 345 000	2 050 000
	期末库存	1 325 600	532 700	179 200	1 816 600	600	1 752 800	613 200	2 247 100	1 159 300	2 680 500	3 592 500
	安全差额		53.27	0.42	2.66	0.06	0.08	11.32	6.71	15.93	33.55	154.25
	存储费	419 231	46 457	17 797	49 895	45 430	43 835	59 150	71 507	85 160	95 995	156 825
研发	A 产品	100 000	100 000	100 000								
	B 产品	200 000	150 000									
	C 产品		300 000									
	D 产品		500 000	100 000	100 000							
	研发合计	300 000	1 050 000	200 000	100 000	0	0	0	0	0	0	0

(二) 筹资预算

筹资是企业的重要经营活动，通常应根据投资和经营活动需要的资金及可利用的财务资源来安排，具体可放到“现金收支预算表”中一并进行预算。一般原则是有限用完利息率最低的银行贷款，并最大限度地发行企业债券。更具体地说，大致应该在第 3、4、5 期用完银行贷款额度的80%，其余作为机动应付意外。从第3期起，企业债券应发行到最大限度。根据情况，最后两期可少发或不发企业债券，以节约利息费用并提高资本利润率。筹资预算表说明如表 5-7 所示，其示例如表 5-8 所示。

表 5-7 筹资预算表说明

项目	银行贷款			债券		
期数	本期	累计	可用额度	本期	应还债券本金	累计
自然数列	本期贷款	本期贷款 + 上期累计银行贷款	贷款总额 − 本期累计贷款	本期所发债券	上期应还债券 + 本期所发债券 × 5%	上期累计债券 + 本期所发债券 − 本期应还债券

在表格中建立筹资预算模型，在这里假设银行贷款额度为 10000000 元，第 1 期所发债券为 1000000(每期换 5%，因此第 8 期末累计债券为 600000)。

表 5-8 筹资预算表示例

项目	银行贷款			债券		
期数	本期	累计	可用额度	本期	应还债券本金	累计
8	0	0	10 000 000	0	50 000	
9	0	0	10 000 000	4 500 000	50 000	5 050 000
10	0	0	10 000 000	1 200 000	275 000	5 975 000
11	2 500 000	2 500 000	7 500 000	700 000	335 000	6 340 000
12	2 800 000	5 300 000	4 700 000	900 000	370 000	6 870 000
13	3 200 000	8 500 000	1 500 000	1 000 000	415 000	7 455 000
14	600 000	9 100 000	900 000	1 100 000	465 000	8 090 000
15	300 000	9 400 000	600 000	800 000	520 000	8 370 000
16	0	9 400 000	600 000	0	560 000	7 810 000
	0	9 400 000	600 000	0	560 000	7 250 000

以表 5-8 为例，11、12、13 期所用银行贷款总和为 8500 000 元，剩下 1500000 元为机动贷款以应付意外状况。

注意：

(1) 应尽量在模拟期内将银行贷款用完，以充分利用贷款资源。

(2) 中期最大额度发放债券；后期(后两期)尽量不发债券，既可以减少成本，又可以提高资本利润率(发债券分红有利的情况除外)。

(3) 不要在模拟期内发生紧急贷款，紧急贷款的利息率比较高，会导致成本增加。

四、仿真企业现金预算

(一) 现金管理的必要性

无论是在现实企业，还是仿真企业经营过程中，最致命的就是预留现金不够，足见现金的重要性。现金在销售收入实现以前的支出主要取决于累积的发债规模(每期都偿还一定比例的本息)、本期的生产决策(工资、原材料、研发、管理费、机器维护费、新雇工人的培训费及辞退工人的安置费)和市场营销策略(广告、促销及运输费)。这些安排好了，企业在现金流上基本不会出现太大问题，当然，这要建立在一张计算完全精确的现金流或会计科目表的基础上。在 iBizSim 系统中的现金流非常重要，往往到最后，现金流会成为决定胜负的关键。为了管理好现金，最常用的方法是编制现金流量预算表。

(二) 现金预算

1. 现金收支次序

现金收支次序为：期初现金＋银行贷款＋发行债券－部分债券本－债券息－培训费－退休费－基本工资(工人至少得到第一班正常班的工资)－机器维护费＋紧急救援贷款－研发费－购原材料－管理费－特殊班工资(第二班差额及加班)－运输费－广告费－促销费＋销售收入－存储费＋上期国债本息－本期银行贷款本息－上期紧急救援贷款本息－税金－买机器－分红－买国债。

当资金不足时，在银行信用额度之内，银行会自动贷款，使现金达到决策所需金额。但是，若想多贷款，或者在现金超过该数量时也贷款，就需要在决策时将想贷款的数量填入决策单。如果通过贷款获得的现金也不够支付“机器维护费”以前的项目，会得到紧急救援贷款。此贷款年利率为 40%，本息需在下期末偿还。

2. 现金流量表

根据现金收支次序及业务逻辑关联，参考 iBizSim 系统“会计项目”表设计出现金预算表，现金预算表样式算法说明如表 5-9 所示，其示例如表 5-10 所示。

表 5-9　现金预算表样式算法说明

项目	运算符号	计算公式或算法说明
上期转来		上期期末现金余额
还债券本金	－	上期债券发行额 × 5% + 上期还债券本金
还债券利息	－	上期期末债券余额 × 利率
新工人培训费	－	新聘工人数 × 每个新工人的培训费
解雇工人安置费	－	退休和解雇工人数 × 退休和解聘的工人每人一次性生活安置费
工人基本工资	－	本期实际工人数(本期新聘工人按 1/4 计算) × 本期满额工作小时数 × 第一班正班基本工资水平
机器维修费	－	本期实际可以投入使用的机器数(无论实际是否使用) × 每台机器每期的维修费

续表

项目	运算符号	计算公式或算法说明
购原材料	–	本期实际采购原材料数
购材料运费	–	原材料的运输费固定费用 + 本期实际采购原材料数 × 原材料的运输费变动费用
特殊班工资	–	因加班、上第二班和工资系数提高所多支付的工资
管理费	–	按“管理成本”的有关规定计算。与生产的产品和班次有关
成品运输费	–	本期实际运往各市场的各产品的固定运费和变动运费之和
广告费	–	本期实际为各产品支付的广告费之和
促销费	–	本期实际在各市场支付的促销费之和
销售收入	+	本期实际在各市场销售各产品的金额之和
废品损失	–	本期实际在各市场发生的各产品废品数 × 本期价格(改为“ × 本期价格”) × 40%之和(参见有关“员工激励”的规定)
产品库存变化	–	本期期末各产品库存价值之和 – 上期期末各产品库存价值之和
原材料存储费	–	(本期期末原材料库存数 + 上期期末原材料库存数)/2 × 每期原材料库存费率
成品存储费	–	(本期期末各产品库存数 + 上期期末各产品库存数)/2 × 每期各产品库存费率(注：工厂库存和市场库存之和)
上期国债返回	+	上期国债金额
国债利息	+	上期国债金额 × 国债利息/4
付银行贷款	–	期初银行贷款额
付银行利息	–	期初银行贷款额 × 利息率/4
本期纳税	–	本期利润总额 × 所得税率
买机器	–	机器数量 × 机器单价
分红	–	期末分红金额
买国债	–	期末买国债金额
期末余额		按本表计算

表 5-10 现金预算表示例

期数	运算符号	6	7	8	9	10	……
上期转来		6 034 809					
还债券本金	–	50 000					
还债券利息	–	22 500					
新工人培训费	–	3000					

续表

期数	运算符号	6	7	8	9	10	……
解雇工人安置费	−	6000					
工人基本工资	−	259 350					
机器维修费	−	24 000					
购原材料	−	500 000					
购材料运费	−	15 000					
特殊班工资	−	182 475					
管理费	−	11 000					
成品运输费	−	164 100					
广告费	−	40 000					
促销费	−	60 000					
销售收入	+	2 085 000					
废品损失	−	50 400					
产品库存变化	−	156 912					
原材料存储费	−	29 055					
成品存储费	−	6198					
上期国债返回	+	0					
国债利息	+	0					
付银行贷款	−	1 500 000					
付银行利息	−	18 750					
本期纳税	−	98 710					
买机器	−	1 000 000					
分红	−	200 000					
买国债	−	0					
期末余额		3 879 272					

五、仿真企业现金管理方法

(一) 加强市场预测

企业最主要最根本的现金收入来源只有一项：销售收入。债务融资终需偿还，销售收入能否正常实现，直接影响了企业的期末现金，也就是下期企业生产经营的自有资金。因此，各期预计销售收入的实现程度，直接决定了企业战略是否得以继续贯彻下去，这是由决策者的判断与市场实际结果的误差程度决定的。

(二) 应对现金紧张举措

通常而言，在中、前期，银行贷款富足的情况下，如果市场出现重大偏差，一般是通过减少长期预算来调整企业战略，如减缓扩张步伐，延迟研发等；而在中、后期交替之时，银行贷款额度一般会耗用殆尽，而企业也还在进行最后的大扩张，企业处于一个即将进入拥有超额资金的时期，也是资金最为紧张的时刻，因为银行贷款额度为 0，意味着可供企业生产经营的调节性资金没有，而企业仍在最大程度地使用资金额。此时若由于市场意外滞销导致现金不足，一般是通过调整当期基本生产经营预算予以解决。具体调整手段按企业的损失大小依次为：缩减营销费用，压缩生产，调整生产结构，降低工资系数，调整工厂库存。

任务二　财务报表与财务分析

任务目标

财务分析的主体包括权益投资人、债权人、经理人员、政府机构和其他与企业有利益关系的人士。他们出于不同目的使用财务报表，需要不同的信息，采用不同的分析程序。本任务主要学习财务报表的构成，掌握各财务报表的主要项目及其逻辑关系，要求学生能识读各财务报表主要项目数据，能填制简单的财务报表，能根据财务报表数据分析主要的财务指标。

案例引入

从“老母亲餐厅”的经营看财务报表

在旧社会，穷人夏洛是一个大家庭中兄弟姐妹四个里的老大，他和他的弟弟妹妹都各自成家，互相住得有点远。某天，老母亲说，你是老大，你帮我在家组织大家吃个饭，这个钱我出，也不知道会花多少钱，我先给你 100 元，剩下的你自己想办法，最后花了多少钱我们再算，厨房用具一般的都有，你直接用就好。然后，她把饭菜规格，以及几个凉菜、几个热菜一说，扔下 100 元就回自己屋了。

这顿饭后，夏洛要给老母亲一个交代：花了多少钱，除了老母亲给的 100 元钱外，其余的钱是怎么筹备的，做了哪几个菜，大家吃饱了没有，老母亲是否满意等。这就是财务报表。

夏洛做饭前要筹备，除了老母亲给的 100 元，家里只有 60 元，他还向弟弟借了 30 元，向高利贷借了 40 元，大米是自家产的，等等，以上这些就是财务状况，用资产负债表反映。

他买了鸡鸭鱼肉等，请了村子里的厨师二胖，在借高利贷时就付了高利贷的利息，由于吃饭的人太多，家里的厨具和餐具不够，于是便租赵三家的锅碗瓢盆用了 12 元。大家吃饭时，对这顿饭评价很好，觉得这顿饭够 280 元的档次，夏洛的老母亲听了很高兴，认为夏洛两口子辛苦了，便给了他们 280 元，多余的就当他们的工钱。夏洛推辞不掉便收下了，事后他一算账，除本钱、利息、工钱外，还赚了 20 元。夏洛所列的这个账单就是利润表。

再仔细清点一下剩下的鱼和肉，是卖了回收现金，还是留着自己吃呢？夏洛想反正也要买，就留着自己吃了，但是这样可能就还不上高利贷了。夏洛的这些统计，就是现金流量表。

除了这些，可能还有一些与组织这顿饭相关的事情，比如夏洛自己那 60 元本来计划要干什么，邻居家的吴老太太也想要夏洛帮忙筹备一顿饭，她付工钱等，再同老母亲商量，这些就是财务报表附注中所反映的内容。

财务报表包含的内容非常丰富，但是，对不同的报表使用人，其关注点可能不一样。一般来说，投资者最关注的是企业的利润表，也就是他的钱能生出多少钱来，这就好比买股票，从一定期间来看，投资者希望自己买的那只股票天天能涨停。投资者也一样，只要利润高就好。在前面老母亲餐厅的例子中，老母亲就是一个投资者，她不关心夏洛借了多少钱，请了几个师傅，她只关心最后这顿饭大家是不是满意，会不会让大家觉得超值。

而企业的经营者(管理者)重视的是企业的绩效，对利润表和现金流量表都很关注。只有利润丰厚，才能让投资者、债权人、企业员工和管理者均受益。在前面老母亲餐厅的例子中，夏洛充当了这个角色，他需要同时考虑到老母亲(投资方)、兄弟姐妹各个家庭(客户)、债权人(高利贷)以及雇员(厨师二胖)的感受。同时，他还需要去确认有现金可以花，可以买到东西来筹备这次聚餐。

债权人重视的是企业的现金流量表，因为只有足够多的现金，才能归还他们的欠款。在前面老母亲餐厅的例子中，高利贷放贷者不在意聚餐组织得怎么样，他只在乎到期夏洛是否能还钱。

除此之外，比如企业员工，可能重视的是企业的经营现状，期望在企业经营好的情况下，得到更多的薪水，所以他们也关注利润表。供应商更多关注的是资产负债表，只有资金运转良好，才能长期合作。

知识链接

一、企业财务报表

(一) 财务报表的构成

财务报表是对企业财务状况、经营成果和现金流量的结构性表述。财务报表至少应当包括五个组成部分：① 资产负债表；② 利润表；③ 现金流量表；④ 所有者权益(或股东权益)变动表；⑤ 附注。

虽然与企业关系不同的人对财务报表的各个表的关注度是有差别的，但由于财务报表各表间存在严密的逻辑勾稽关系，因此，在阅读财务报表时，一定不能只是单纯地看其中某张表，只见一叶不见树木的做法是不可取的。

(二) 认识财务报表

1. 资产负债表

资产负债表是反映企业某一特定日期资产、负债、所有者权益等财务状况的会计报表，它的作用主要有三个方面：

(1) 资产负债表能够体现企业在特定时点(比如 2019 年 6 月 30 日当天就是一个时点)拥有的资产及其分布状况。也就是说，它表明的是企业在特定时点所拥有的资产总量有多少，资产是什么。同时，通过资产负债表，能了解到企业流动资产有多少，固定资产有多少，长期投资有多少，无形资产有多少，等等。

(2) 资产负债表能够表明企业在特定时点所承担的债务、偿还时间及偿还对象。如果是流动资产，就必须在 1 年内偿还；如果是长期负债，偿还期限就超过 1 年。因此，从负债表可以清楚地知道，在特定时点上企业欠了谁多少钱，该什么时候偿还。

(3) 资产负债表能够反映在特定时点投资人所拥有的净资产及其形成的原因。依据复式记账法的平衡公式，资产等于负债加股东权益。也就是说，企业的所有资产，除了用来偿还债务外，剩下的不管多少，都归投资人所有。

针对老母亲餐厅的例子，将老母亲提供的“一般厨房用具”全部折现，金额为 200 元，这样老母亲共投资了 300 元，其中 100 元为现金，夏洛自己的 60 元视为借款。在做饭前编制相应的报表，如表 5-11 所示。

表 5-11　“老母亲餐厅”聚餐前资产负债表

编制单位：老母亲餐厅		2019 年 6 月 30 日	单位：元
资产	聚餐前	负债及所有者权益	聚餐前
流动资产		流动负债	
货币资产	230.00	短期借款——自己出借	60.00
库存商品	0.00	短期借款——夏洛弟弟	30.00
		应付账款	0.00
流动资产合计	230.00	流动负债合计	90.00
固定资产		长期负债	
固定资产原值	200.00	长期借款——高利贷	40.00
减：累计折旧	0.00	长期负债合计	40.00
固定资产净值	200.00	负债合计	130.00
无形资产	0.00	股东权益	
		股本	300.00
		股东权益合计	300.00
资产合计	430.00	负债和股东权益合计	430.00

从表 5-11 左列(资产列)可以非常清楚地看出，在聚餐前，老母亲餐厅拥有资产 430 元，分别是 230 元现金和 200 元的厨房房产及餐厅用具等。同样，从表 5-11 右列(负债及所有者权益列)可以看出，这个家庭聚餐对外欠款是 130 元，其中 90 元(夏洛及夏洛弟弟分别出借 60 元、30 元)是短期内需要偿还的，还有 40 元可以适当延期偿还，但是高利贷利息费用比较高。

通观整个表格，联系左右两列，可以知道老母亲餐厅除了130元欠款外，剩下的全部为净资产，共300元。

2. 利润表

利润表是反映企业在一定期间经营成果的会计报表，它的作用主要有三个方面：

(1) 利润表可以反映企业一定期间内收入的实现情况，如实现的营业收入有多少，实现的投资收益有多少，实现的营业外收入有多少等。

(2) 利润表可以反映企业在一定期间内的各种耗费情况，如耗费的营业成本有多少，营业税金及附加有多少，营业费用、管理费用、财务费用有多少，以及营业外支出有多少，等等。

(3) 利润表可以反映企业在一定期间内获得利润或发生亏损的数额，从而衡量企业收入与产出之间的关系。

沿用前面老母亲餐厅的例子中发生的行为(财务分析中称为经济业务)编制一个利润表，并分析这个利润表的作用。这次聚餐，取得的收入应该为280元，假设成本主要有如表5-12所示的内容。

表5-12　“老母亲餐厅”费用支出表

编制单位：老母亲餐厅　　××年7月1日—31日　　单位：元

行次	费用项目明细	支出金额	通过成本会计科目的核算和转接，最终归属利润表科目
①	购买鸡鸭鱼肉及蔬菜水果等原材料开支(共买170元，剩大约20元的没有吃完)(备注1)	150.00	主营业务成本
②	请村子里的厨师二胖所支付的工钱	20.00	主营业务成本
③	夏洛的妻子协助厨师工作的工钱(备注2)	15.00	主营业务成本
④	厨房磨损费	10.00	主营业务成本
⑤	支付村里的人头税	4.00	营业税金及附加
⑥	租赵三家的碗筷等	12.00	营业费用
⑦	夏洛本人筹划整个事情计算工钱(备注2)	25.00	管理费用
⑧	支付夏洛垫付款、夏洛弟弟借款及高利贷利息(备注3)	1.70	财务费用
⑨	夏洛的大妹从自家带来的大米一袋(备注4)	2.00	营业外收入

备注：

1. 准备聚餐中个别物品由夏洛直接从自家取，假设每一样东西都付钱买。
2. 为了成本核算准备，对夏洛、夏洛的妻子的劳动都计划支付工资。
3. 对于所有借款，无论是夏洛垫付的资金，还是他弟弟暂时借给老母亲餐厅的钱，都全部计算利息。
4. 夏洛的大妹送来一袋米，坚决不收钱，视为营业外收入。

所有费用的发生，都不直接计入利润科目，而是通过成本归集和核算后，结转到利润表科目的，这个问题本处不再赘述。

基于上面的费用表汇总，得出的利润表如表 5-13 所示。

表 5-13　“老母亲餐厅”聚餐经营后利润表

编制单位：老母亲餐厅		××年 7 月 31 日	单位：元
行次	项　目	本期金额	数据来源说明
①	一、主营业务收入	280.00	消费者老母亲同意付款金额
②	减：主营业务成本	195.00	表 5-12 中①＋②＋③＋④
③	主营业务税金及附加	4.00	表 5-12 中第⑤行
④	二、主营业务利润(亏损以“–”填列)	81.00	本表①－②－③
⑤	加：其他收入		
⑥	减：其他业务支出		
⑦	其他业务利润(亏损以“–”填列)		
⑧	减：营业费用	12.00	表 5-12 中第⑥行
⑨	管理费用	25.00	表 5-12 中第⑦行
⑩	财务费用(收益以“–”填列)	1.70	表 5-12 中第⑧行
⑪	三、营业利润(亏损以“–”填列)	42.30	本表④－⑧－⑨－⑩
⑫	加：投资收益(损失以“–”填列)		
⑬	补贴收入		
⑭	营业外收入	2.00	表 5-12 中第⑨行
⑮	减：营业外支出		
⑯	四、利润总额(亏损总额以“–”)填列	44.30	本表⑪＋⑭
⑰	减：所得税费用		
⑱	五、净利润(净亏损以“–”填列)	44.30	

从表 5-13 中可以很直观地看出，经历聚餐经营后，老母亲餐厅整个收入是 280 元，而为了实现这个收入(做好这顿饭)，主营业务成本为 195 元，实现的营业利润是 42.3 元(本次赚的钱)。老母亲把夏洛列出来的利润表一看，觉得这孩子用心了，组织得还不错。

3. 现金流量表

现金流量表是以现金为基础编制的，反映企业一定会计期间内经营活动、投资活动及筹资活动等对现金及现金等价物产生的影响的会计报表。通俗地说，就是关于企业现金流出和流入的信息表。它的作用主要表现在如下几个方面：

它可以体现出企业的现金净流量信息，从而能够对企业整体财务状况作出客观评价。它能够说明企业在一定期间内的现金流入和流出的原因，或者说体现出现金来源和去向，从而全面地说明公司的偿债能力和支付能力。由于它区分了不同经济活动现金净流量，能分析和评价企业经济活动是否有效，对其效率作出评价。老母亲餐厅聚餐经营后的现金流量表如表 5-14 所示。

表 5-14　“老母亲餐厅”聚餐现金流量表

编制单位：老母亲餐厅		××年 7 月 31 日	单位：元
行次	项　目	本期金额	数据来源说明
①	一、营业活动产生的现金流量		
②	销售商品、提供劳务收到的现金	140.00	备注 1
③	收到的税费返还		
④	收到其他与经营活动有关的现金		
⑤	经营活动现金流入小计	140.00	
⑥	购买商品、接受劳务支付的现金	170.00	
⑦	支付给职工以及为职工支付的现金	60.00	源于表 5-12 第①行，备注 2
⑧	支付的各项税费	4.00	源于表 5-12②+③+⑦
⑨	支付其他与经营活动有关的现金	12.00	源于表 5-12 第⑤行
⑩	经营活动现金流出小计	246.00	源于表 5-12 第⑥行
⑪	经营活动产生的现金流量净额	−106.00	
⑫	二、投资活动产生的现金流		
⑬	获得投资收到的现金		
⑭	取得投资收益收到的现金		
⑮	处置固定资产、无形资产和其他期间资产收回的现金净额		
⑯	投资活动现金流入小计		
⑰	购置固定资产、无形资产和其他长期资产支付的现金		
⑱	投资支付的现金		
⑲	支付其他与投资活动有关的现金		
⑳	投资活动现金流出小计		
㉑	投资活动产生的现金流量净额		
㉒	三、筹资活动产生的现金流量		
㉓	吸收投资收到的现金	100.00	投资人老母亲初始投资人
㉔	取得借款收到的现金	130.00	备注 3
㉕	收到其他与筹资活动有关的现金		
㉖	筹资活动现金流入小计	230.00	
㉗	偿还债务支付的现金	90.00	备注 4
㉘	分配股利、利润或偿付利息支付的现金	1.70	源于表 5-12 第⑧行
㉙	支付其他与筹资活动有关的现金		
㉚	筹资活动现金流出小计	91.70	
㉛	筹资活动产生的现金流量净额	138.30	
㉜	四、汇率变动对现金及现金等价物的影响		
㉝	五、现金及现金等价物净增额	32.30	备注 5
㉞	加：期初现金及现金等价物余额	0.00	期初无现金
㉟	六、期末现金及现金等价物余额	32.30	

备注：

1. 这个例子中，老母亲同时是消费者，我们为了分析，假设她认可这顿饭值 280 元，但是聚餐后支付了 140 元聚餐费，剩下的 140 元需要过些日子，等有钱了再支付。
2. 虽然记入成本的材料费用只有 150 元，但因为备料时花费 170 元，也就是现金少了 170 元。
3. 为了组织聚餐，夏洛垫付了 60 元，向弟弟借了 30 元，借高利贷 40 元。
4. 假设夏洛本人和其弟弟的借款在聚餐当天归还了。
5. 本栏数据等于本表第⑪㉑㉛㉜行的和。

从表 5-14 中可以看出，由于消费者(老母亲)只支付了一半的餐费，导致目前餐厅现金流状态不好，如果想要承接邻居吴老太太家的家庭聚餐，恐怕吴老太太不事先付款是没有办法采购菜品的。更为糟糕的是，由于目前只有 32.30 元，不够支付高利贷的欠款，放高利贷的财主可能天天来催款，将会影响夏洛的生活。

4. 所有者权益变动表

所有者权益(或股东权益，下同)变动表是指反映企业在一定会计期间内，所有者权益构成及增减变化情况的报表。在新颁布的《企业会计准则 30 号——财务报表列表》中，所有者权益变动表本身就是联系资产负债表和损益表的纽带，作为企业投资者，理应非常关注自己股东身份以及份额的变化，该表的作用主要有：① 通过该表，可以清楚地了解企业当期损益、直接计入所有者权益的利得和损失；② 通过该表，可以一目了然地看到所有者权益各组成部分增减变动结构性变化情况；③ 通过该表，还能揭示出企业使用留存收益和公积金的情况。

仍然以老母亲餐厅的例子来展示所有者权益变动表。这里假设老母亲对夏洛进行了游说，觉得通过这次家庭聚会，还真可以在每年过年期间做这样的事情：针对那些家里没有佣人、过年还想休息的中农家庭提供聚餐服务。在××年 8 月，夏洛同意出资 100 元，与母亲共同经营这个老母亲餐厅，主要由夏洛来经营，夏洛除了正常得到工资外，还可以按 5∶5 来分红。这样，老母亲餐厅在夏洛注入资本前后的所有者权益变动如表 5-15 所示。

表 5-15 “老母亲餐厅”在夏洛注入资本前后所有者权益变动表

编制单位：老母亲餐厅　　××年 8 月 31 日　　单位：元

项目	本期金额					上期金额				
	实收资本	资本公积	盈余公积	未分配利润	所有者权益	实收资本	资本公积	盈余公积	未分配利润	所有者权益
一、上年年末金额	300				300					0
加：会计政策变更										
前期差错更正										
二、本年年初余额	300				300					0
三、本年增减变动金额										
(一) 净利润				44.3	44.3					

续表

项目	本期金额					上期金额				
	实收资本	资本公积	盈余公积	未分配利润	所有者权益	实收资本	资本公积	盈余公积	未分配利润	所有者权益
(二) 直接计入所有者权益的收益和损失										
1. 可供出售金融资产公允价值变动净额										
2. 权益法下被投资单位其他所有者权益变动的影响										
3. 与计入所有者权益项目相关的所得税影响										
(三) 所有者投入和减少资本										
1. 所有者投入资本	100				100	300				300
2. 股份支付计入所有者权益的金额										
(四) 利润分配										
1. 提前盈余公积										
2. 对所有者的分配										
(五) 所有者权益内部转接										
1. 资本公积转增资本										
2. 盈余公积转增资本										
3. 盈余公积弥补亏损										
4. 其他										
四、本年年末余额	400			44.3	444.3	300				300

通过表可以看出，经过一期经营和游说其他投资者加入，老母亲餐厅的所有者权益大幅增加，这种增加部分来源于有效经营，也有一部分来源于投资者的直接投入。同时，老母亲投资了300元，所占的股份由原来的100%变化为75%。

5. 财务报表附注

财务报表附注是对在资产负债表、利润表、现金流量表和所有者权益变动表等报表中列示项目的文字描述或明细资料，以及对未能在这些报表中列示项目的说明等。按照新颁布《企业会计准则第30号——财务报表列表》应用指南的规定，一般企业财务报表附注包含的内容非常丰富，其作用主要有：

它提供的会计政策、会计估计等的披露，提高了财务报表信息的可比性；它提供的资产负债表日后事项的说明等内容，增强了财务报表信息的可理解性；它提供的报表重要项目的说明等，突出了财务报表信息的重要方面，有利于报表使用人关注报表的重要事项。总之，会计报表附注改变了过去单一数字式会计报表的概念，使会计报表对企业整个经营状态和财务状态的披露更加充分、详细。

二、财务指标分析

财务分析是以会计核算和报表资料及其他相关资料为依据，采用一系列专门的分析技术和方法，对企业等经济组织过去和现在有关筹资活动、投资活动、经营活动、分配活动的盈利能力、营运能力、偿债能力和增长能力状况等进行分析与评价的经济管理活动。结合本教学实际需要，此处仅列示主要的财务分析指标计算方法及其含义。

（一）偿债能力分析

(1) 流动比率 $=\dfrac{\text{流动资产}}{\text{流动负债}}\times 100\%$。该指标越高，企业流动资产流转越快，偿还流动负债能力越强。国际公认 200%，我国 150%较好。比率越高，说明企业资产的变现能力越强，短期偿债能力亦越强；反之则弱。

(2) 速动比率 $=\dfrac{\text{速动资产(流动资产}-\text{存货)}}{\text{流动负债}}\times 100\%$。国际标志比率 100%，我国 90%左右。它是衡量企业流动资产中可以立即变现用于偿还流动负债的能力。

(3) 资产负债率 $=\dfrac{\text{负债总额}}{\text{资产总额}}\times 100\%$。资产负债率用以衡量企业利用债权人提供资金进行经营活动的能力，以及反映债权人发放贷款的安全程度的指标。该指标越高，负债程度越高，经营风险越大，能以较低的资金成本进行生产经营。保守比率不高于 50%，国际公认较好 60%。

(4) 长期资产适合率 $=\dfrac{\text{所有者权益}+\text{长期负债}}{\text{固定资产}+\text{长期投资}}\times 100\%$，该比率从企业资源配置结构方面反映了企业的偿债能力。

(5) 现金流动负债比 $=\dfrac{\text{经营活动净现金流量}}{\text{流动负债}}\times 100\%$，是企业一定时期的经营现金净流量同流动负债的比率，它可以从现金流量角度来反映企业当期偿付短期负债的能力。

(6) 现金债务总额比 $=\dfrac{\text{经营活动净现金流量}}{\text{总负债}}\times 100\%$，旨在衡量企业承担债务的能力，是评估企业中长期偿债能力的重要指标，同时它也是预测企业破产的可靠指标。这一比率越高，企业承担债务的能力越强，破产的可能性越小。这一比率越低，企业财务灵活性越差，破产的可能性越大。

(7) 产权比率 $=\dfrac{\text{负债总额}}{\text{股东权益}}\times 100\%$，该指标表明由债权人提供的和由投资者提供的资金来源的相对关系，反映企业基本财务结构是否稳定。产权比率越低，表明企业自有资本占总资产的比重越大，长期偿债能力越强。该指标的作用与有形资产净值债务率相似。

(二) 资本状况分析

(1) 不良资产比率 $=\dfrac{\text{年末不良资总额}}{\text{年末资产总额}}\times 100\%$。不良资产比率着重从企业不能正常循环周转以谋取收益的资产角度反映了企业资产的质量，揭示了企业在资产管理和使用上存在的问题，用以对企业资产的营运状况进行补充修正。

(2) 资产损失比率 $=\dfrac{\text{待处理资产损失净额}}{\text{年末资产总额}}\times 100\%$。资产损失比率用以分析判断企业资产损失对资产营运状况的直接影响。

(3) 固定资产成新率 $=\dfrac{\text{平均固定资产净值}}{\text{平均固定资产原值}}\times 100\%$。平均固定资产净值是指企业固定资产净值的年初数同年末数的平均值。平均固定资产原值是指企业固定资产原值的年初数与年末数的平均值。固定资产成新率反映了企业所拥有的固定资产的新旧程度，体现了企业固定资产更新的快慢和持续发展的能力。

(4) 资本保值增值率 $=\dfrac{\text{扣除客观因素后的年末所有者权益}}{\text{年初所有者权益}}\times 100\%$。该指标越高，资本保全情况越好，企业发展潜力越大，债权人利益越有保障。

(5) 资本积累率 $=\dfrac{\text{本年所有者权益增长额}}{\text{年初所有者权益}}\times 100\%$。该指标越高，所有者权益增长越快，资本积累能力越强，保全情况越好，持续发展能力越大。

(三) 盈利能力分析

(1) 主营业务毛利率 $=\dfrac{\text{毛利(主营收入-主营成本)}}{\text{主营业务收入}}\times 100\%$，其值为 20%～50%，一般相对合理稳定。流动性强的商品，毛利率低；设计新颖的特殊商品(时装)，毛利率高。

(2) 主营业务净利率 $=\dfrac{\text{净利润}}{\text{主营业务收入}}\times 100\%$。主营业务净利率反映企业基本获利能力。

(3) 成本费用率 $=\dfrac{\text{成本费用总额(营业成本、期间费用)}}{\text{营业收入}}\times 100\%$，

成本费用利润率$=\dfrac{\text{利润总额}}{\text{成本费用总额}}\times100\%$。其中：成本费用总额包括主营业务成本、主营业务税金及附加、营业费用、管理费用和财务费用。成本费用利润率反映了企业在当期发生的所有成本费用所带来的收益的能力。

(4) 资产净利率$=\dfrac{\text{税后净利}}{\text{平均总资产}}\times100\%$。资产净利润率越高，说明企业利用全部资产的获利能力越强；资产净利润率越低，说明企业利用全部资产的获利能力越弱。

(5) 净资产收益率$=\dfrac{\text{净利润}}{\text{平均所有者权益}}\times100\%$。该指标越高，说明投资带来的收益越高，该指标体现了自有资本获得净收益的能力。

(6) 财务费用率$=\dfrac{\text{财务费用}}{\text{主营业务收入}}\times100\%$。企业应通过这个指标的计算，分析企业的财务负担，调整筹资渠道，改善资金结构，提高盈利水平。

(四) 营运能力分析

(1) 应收账款周转率(次数)$=\dfrac{\text{赊销收入净额}}{\text{应收账款平均余额}}$。该指标高，说明收账迅速，账龄期限短，减少企业收账费用和坏账损失。其中，赊销收入净额＝销售收入－现销收入－销售折扣与折让。

(2) 应收账款周转天数$=\dfrac{\text{天数}}{\text{应收账款周转次数}}=\dfrac{\text{计算期天数}\times\text{应收账款平均余额}}{\text{赊销收入净额}}$。应收账款周转天数是衡量公司需要多长时间收回应收账款，属于公司经营能力分析范畴。

(3) 存货周转率$=\dfrac{\text{销售成本}}{\text{平均存货}}$。一般情况下，周转速度越快，变现速度越快，占用存货资金越少，占用相同数额的存货而实现的销货成本越大。

(4) 存货周转天数$=\dfrac{\text{计算期天数(年360天)}}{\text{存货周转率}}$。周转天数越少，说明存货变现的速度越快。存货占用资金时间越短，存货管理工作的效率越高。

(5) 流动资产周转次数(率)$=\dfrac{\text{销售收入净额}}{\text{流动资产平均余额}}$。该指标高，表明企业流动资产周转速度快，利用效果好。

(6) 流动资产周转天数$=\dfrac{\text{计算期天数}}{\text{流动资产周转次数}}$。流动资产周转天数也是反映企业流动资产周转速度的重要指标。

(7) 总资产周转率$=\dfrac{\text{销售收入净额}}{\text{平均资产总额}}$。周转速度快，企业的营运能力强；指标低，说明收入不足或资产闲置浪费。

(8) 已获利息倍数$=\dfrac{\text{税前利润总额}+\text{利息支出}}{\text{利息支出}}$。已获利息倍数用来分析公司在一定盈利水平下支付债务利息的能力。

(9) 总资产报酬率$=\dfrac{\text{利润总额}+\text{利息支出}}{\text{平均资产总额}}$。总资产报酬率表示企业包括净资产和负债在内的全部资产的总体获利能力，用以评价企业运用全部资产的总体获利能力，是评价企业资产运营效益的重要指标。

技能训练

财务分析实践

一、实训目的

识读财务报表并进一步厘清财务报表各项目数据之间的逻辑关系，通过对主要财务指标进行分析，了解企业的发展趋势、成本费用、盈利能力等情况。

二、实训要求

根据本项目任务一技能训练中 iBizSim 仿真企业经营产生的财务报表进行解读和分析，导出损益表(利润表)、现金流量表、资产负债表，并在掌握财务报表分析指标及其计算公式的基础上开展财务数据分析。

三、实训内容

(1) 根据损益表分析企业盈利能力，包括主营业务净利率、主营业务成本率、资产净利率、净资产收益率、成本费用利润率和财务费用率。

(2) 根据资产负债表分析企业偿债能力，包括资产负债率、资本积累率、产权比率和固定资产成新率(因短期贷款在当期已还，故此处不计算流动比率)。

(3) 根据各报表分析企业营运能力，主要指标包括存货周转率、总资产周转率、已获利息倍数、总资产报酬率和流动资产周转次数。

四、实训考核

考核要点：

(1) 学员对各主要财务指标含义的掌握情况。

(2) 学员根据各财务报表计算财务分析指标的情况。

◆ 实训知识链接

表 5-16 为 iBizSim 企业仿真模拟经营某公司某期“损益表”，即利润表，从中可以看出成本费用的构成情况，下面的成本费用以此表为基础展开分析。

表 5-16 损益表(利润表)

项 目	金额(元)	本期发生额(元)	项 目	金额(元)	本期发生额(元)
一、营业收入	3 228 400.00		新工人培训费		20 000
销售收入		3 228 400	解雇工人安置费		17 500
购原材料折扣		0	研发费分摊		0
减：直接成本	936 349.62		原材料存储费		74 577
工人基本工资		351 000	成品存储费	88 750.00	27 200
机器维修费		40 000	财务费用		
购材料运费		25 000	还债券利息		88 750
管理费		25 000	银行贷款利息		0
特殊班工资		211 275	上期紧急贷款利息	800 000.00	0
使用材料费		927 900	资产减值损失		
产品库存变化		–643 825.38	折旧费	0.00	800 000
销售费用	447 600.00		投资收益		
成品运输费		287 600	上期国债利息	816 423.38	0
广告费		80 000	二、营业利润(亏损以“–”号填列)	220 434.31	
促销费		80 000	减：所得税费用		
废品损失		0	纳税	595 989.07	220 434.31
管理费用	139 277.00		三、净利润(净亏损以“–”号填列)		

一、成本费用构成

(一) 直接成本(主营业务成本)

(1) 工人基本工资＝本期实际工人数(本期新聘工人按 1/4 计算)×本期满额工作小时数

(520 工时)×第一班正班基本工资水平。

(2) 机器维修=单位机器维修费×机器数。

(3) 购材料运费=原材料的运输费固定费用+本期实际采购原材料数×原材料的运输费变动费用。

(4) (生产)管理费与生产排班密切相关，详见经营规则。

(5) 特殊班工资=一班加班工资+二班加班工资+二班正班超额工资。

(6) 使用材料费=原材料(单位)×总产量。

(7) 产品库存变化=上期末库存价值－本期末库存价值。

其中：

产品库存价值=产品单位价值×库存数量

产品单位价值=机器小时×机器价格×0.05 / 520+工人小时×工资+原材料

库存金额即产品库存价值，库存变化虽然不影响现金损益，但影响本期的成本。假若本期生产了 200 个 A 产品，卖了 300 个，也就是库存减少了 100 个。如果不将从库存拿的 100 个相应的成本考虑在内，本期的利润就会很高，但这是虚假的高利润。相反，在库存增加的情况下，利润会显得很低，所以要调整。

如生产一个 A 所需资源：机时 120、工时 140、原材料 500，机器价格 100000，每期折旧 5%，基本工资 3 元/小时，故 A 产品单位价值=[(100000×5%)/520]×120+140×3+500=2073.8462 元。

(二) 销售费用

(1) 成品运输费为本期实际运往各市场的各产品的固定运费和变动运费之和。

(2) 广告费为本期实际为各产品支付的广告费之和。

(3) 促销费为本期实际为各产品支付的促销费之和。

(4) 废品损失本期实际在各市场发生的各产品废品数的产品价值×40%之和(参见有关“员工激励”的规定)，废品数=ROUND(供货量×(1－正品率)，0)。ROUND 表示四舍五入。

(三) 管理费用

(1) 新工人培训费=新聘工人数×每个新工人的培训费。

(2) 解雇工人安置费=退休和解雇工人数×退休和解聘的工人每人一次性生活安置费。

(3) 研发费分摊=(上期研发+本期研发) / 2(注：研发费用投入形成无形资产)。

(4) 原材料存储费=(本期期末原材料库存数+上期期末原材料库存数) / 2×每期原材料库存费率。

(5) 成品存储费=(本期期末各产品库存数+上期期末各产品库存数) / 2×每期各产品库存费率(注：工厂库存和市场库存之和)。

产品和原材料从上期作为库存转到本期，或者本期生产作为库存到下期，计算库存费。对当期购买或生产并在当期消耗或销售的原材料和产品不计算库存费。

(四) 财务费用

(1) 还债券利息=未归还债券×债券利息 / 4。

(2) 银行贷款利息=本期银行贷款金额×银行贷款年利率 / 4。

(3) 上期紧急贷款利息=上期紧急贷款金额×40%。

(五) 资产减值损失

(1) 净资产＝现金＋国债＋原材料＋库存产品价值＋研发费用待摊＋机器原值－机器折旧－债券。

(2) 折旧费＝机器价格×机器数量×0.05。

二、成本控制

了解以上成本构成，是为了更好地控制企业经营成本。企业经营过程中需要严格控制生产的成本，要控制成本，首先得了解成本构成，划分固定成本与变动成本。对于具体的某一期而言，固定成本是不可避免的，如机器折旧、未尝还债券的利息等，但从长期看来，没有绝对的固定成本。短期内，企业要控制的成本只有变动成本，控制成本并不是说完全不考虑别的而一味地压缩成本，控制成本是为了利润的最大化，在这个原则下尽量做到不浪费、不多花一分钱。往往企业都是在资金短缺时更加需要控制成本，或许需要压缩生产或少生产成本高多生产成本低的产品、削减广告促销等，这些都是迫不得已的做法。

因此，关注成本，同时更要关注资源的边际贡献，如机器、人工、资金等资源的边际贡献。在企业竞争模拟平台中，企业最大的生产约束条件为机器。原材料和工人匹配都可在一两期内调整好，故而主要是采用单位机时边际贡献指标分析，即单位机时边际贡献总额＝总机时数×单位机时边际贡献。

当机器资源(机器数或机时总数)既定的时候，单位机时边际贡献较低的产品相对少生产，相对提高价格；单位机时边际贡献较高的产品相对多生产，相对降低价格。在四种产品的单位机时边际贡献均相当时，可实现边际贡献总额最大，此时实现总利润最大。边际贡献分析方法考虑的是生产约束条件对企业利润的贡献，在仿真企业经营中，机器是最大生产约束条件，但是同时，我们还面临现有工人数的约束，以及财务资源的总体约束等。在合理的规划中，工人和原材料的约束性很小，主要还需权衡考虑的是有限资金的约束。

项 目 小 结

通过本项目的学习，应重点理解和掌握以下知识：

1. 财务管理是在企业整体经营目标指引下，对企业资产购置(投资)、资本融通(筹资)和经营中的现金流量(营运资金)和利润分配等财务行为实施有效管理，以实现企业相关各方利益的最大化。企业融资渠道可以分为债务性融资、权益性融资、混合性融资等。重要企业融资是债务行融资及部分权益性融资，如风险投资；企业投资方式主要包括直接投资，如各类生产性投资、间接投资，如购买股票、债券等。

2. 全面预算管理是利用预算对企业内部各部门、各单位的各种财务及非财务资源进行分配、考核、控制，以便有效地组织和协调企业的生产经营活动，完成既定的经营目标。要求掌握预算编制的基本步骤和实施过程中的调整措施，其中现金管理在财务预算管理中具有极其重要的地位，现金流的规划与控制是企业资金管理的核心。

3. 财务报表由资产负债表、利润表、现金流量表、所有者权益(或股东权益)变动表、附注组成。资产负债表是反映企业某一特定日期资产、负债、所有者权益等财务状况的会计报表；利润表是反映企业在一定期间经营成果的会计报表；现金流量表是以现金为基础编制的，反映企业一定会计期间内经营活动、投资活动及筹资活动等对现金及现金等价物产生的影响的会计报表；所有者权益(或股东权益，下同)变动表是指反映企业在一定会计期间内，所有者权益构成及增减变化情况的报表；财务报表附注是对在以上报表中列示项目的文字描述或明细资料，以及对未能在这些报表中列示项目的说明等。识读简单的财务报表并进行主要企业财务指标分析是基本要求。

思考与练习

购房租房财务报表项目数据分析

假如你看中了一套 200 万元的房子，你用自由资金首付 60 万元，通过银行贷款 140 万元买下了这套房。买房后，发现自己短时间不会入住，准备出租，假设一个季度租金收入 5 万元，偿还银行贷款 3.5 万元，房屋维修护理费 0.2 万元，税费 0.1 万元。

思考：

1. 此购房业务形成的资产、负债、所有者权益分别是多少？三者的关系如何？
2. 此房屋出租业务的产生收入、成本费用、利润分别是多少？三者的关系如何？
3. 现金流分析：

(1) 经营活动产生的现金流量净额是多少？

(2) 投资活动产生的现金流量净额是多少？

(3) 筹资活动产生的现金流量净额是多少？

(4) 在贷款买房的整个期间内(视为一个季度)的现金净增额是多少？

(5) 若首付 60 万元视为上季度结存现金，则贷款买房(本季末)后的现金余额是多少？

拓展训练

简单财务报表编制

2015 年初成立了一个销售汽车的 A 公司，注册资本 100 万元，2015 年全年采购了一辆车花了 50 万元，在年末时 80 万元卖了出去，假设交了 10 万元的税。

为扩大经营，A 公司于 2016 年 12 月向银行借款 40 万元(视为短期借款)，又采购了一辆车花费 100 万元，卖了 150 万元，假设支付银行利息 5 万元，交税 15 万元，借款已还 10 万元，以此编制财务报表。

两年的税金视为营业税金，为简化案例，均不考虑所得税。

1. 资产负债表

分析：A 公司注册资本 100 万元，这个是公司成立时注入公司的资金，到公司账上后，又叫实收资本或股本。2015 年 A 公司盈利 80 － 50 － 10=20 万元，2016 年公司盈利 150 － 100 － 5 － 15=30 万元，两年累计盈利 20+30=50 万元。

在两辆车都是现款采购和销售的情况下，2015 年底资金余额 120 万元，2016 年由于借入 40 万元，已还 10 万元，2016 年底资产余额为 120+40 － 10+30(利润)=180 万元。实收资本年初年末不变都是成立时股东投入的 100 万元。未分配利润 2015 年是 20 万元，到 2016 年累计是当年的 30 万元加上一年的 20 万元共计 50 万元。

报表的左边是资产，分为流动资产(通常指会在一年内变现的资产)和非流动资产；右边是负债(就是公司欠外面的债务)和所有者权益(股东享有的权利和收益)。在如下资产负债表上，年初余额指的是 2016 年 1 月 1 日(其实就是上年期末 2015 年 12 月 31 日)的余额，期末是 2016 年 12 月 31 日的余额。

根据以上分析，在资产负债表 5-17 中填入相关项目金额。

表 5-17 A 公司资产负债表

编制单位：A 公司			2016 年 12 月 31 日				单位：万元
资 产	行次	年初数	期末数	负债和所有者权益	行次	年初数	期末数
流动资产：				流动负债：			
货币资金	1			短期借款	33		
短期投资	2			应付票据	34		
应收票据	3			应付账款	35		
应收股利	4			预收账款	36		
应收利息	5			应付工资	37		
应收账款	6			应付福利费	38		
其他应收款	7			应付股利	39		
预付账款	8			应交税金	40		
应收补贴款	9			其他应付款	41		
存货	10			其他应付款	42		
待摊费用	11			预提费用	43		
一年内到期的长期债权投资	12			预计负债	44		
其他流动资产	13			一年内到期的长期负债	45		
流动资产合计	14			其他流动负债	46		
长期投资：							
长期股权投资	15			流动负债合计	47		
长期债权投资	16			长期负债：			
长期投资合计	17			长期借款	48		
固定资产：				应付债券	49		
固定资产原价	18			长期应付款	50		

续表

资　　产	行次	年初数	期末数	负债和所有者权益	行次	年初数	期末数
减：累计折旧	19			专项应付款	51		
固定资产净值	20			其他长期负债	52		
减：固定资产减值准备	21			长期负债合计	53		
固定资产净额	22			递延税项：			
工程物资	23			递延税款贷项	54		
在建工程	24			负债合计	55		
固定资产清理	25						
固定资产合计	26			所有者权益(或股东权益)：			
无形资产及其他资产：				实收资本(或股本)	56		
无形资产	27			减：已归还投资	57		
长期待摊费用	28			实收资本(或股本)净额	58		
其他长期资产	29			资本公积	59		
无形资产及其他资产合计	30			盈余公积	60		
				其中：法定公益金	61		
递延税项：				未分配利润	62		
递延税款借项	31			所有者权益(或股东权益)合计	63		
资产总计	32			负债和所有者权益(或股东权益)总计	64		

2. 利润表

分析：A 公司 2016 年 12 月的销售收入是 150 万元，采购成本是 100 万元，利息 5 万元，相关税费是 15 万元，那么营业利润是 30 万元。这里假设 A 公司没有其他的各项费用和所得税。

实际上，每个正常运营的企业都会有三大费用：销售费用(与销售或业务人员相关的费用)、管理费用(行政管理后勤等部门发生的相关费用)和财务费用(银行手续费、利息、汇兑损益等费用)。这些需要在利润表上罗列。本月数反映企业一个月的收入成本费用和利润情况，本年累计数反映从年初累计到当前月份的经营状况。

根据以上分析，在利润表 5-18 中填入相关项目金额。

表 5-18　A 公司利润表

编制单位：A 公司　　2016 年 12 月　　单位：万元

项　　目	行次	本月数	本年累计数
一、主营业务收入	①		
减：主营业务成本	②		
主营业务税金及附加	③		

续表

项　　目	行次	本月数	本年累计数
二、主营业务利润(亏损以“–”号填列)	④		
加：其他业务利润(亏损以“–”号填列)	⑤		
减：营业费用	⑥		
管理费用	⑦		
财务费用	⑧		
三、营业利润(亏损以“–”号填列)	⑨		
加：投资收益(亏损以“–”号填列)	⑩		
补贴收入	⑪		
营业外收入	⑫		
减：营业外支出	⑬		
四、利润总额(亏损总额以“–”号填列)	⑭		
减：所得税	⑮		
五、净利润	⑯		

3. 现金流量表

分析：假设A公司都是现金交易，那么2016年12月销售商品收到150万元，收到借入的银行贷款40万元，偿还10万元，采购商品支出100万元，利息5万元，支付各项税费15万元，经营活动产生的现金流量是30万元(利润)。期初(2016年12月1日)现金120 + 40 = 160万元，那么期末就是30 + 160 – 10 = 180万元。

现金流量主要包含经营活动(日常开展业务)、投资活动(投资某个公司股权、投资大型设备等)和筹资活动(从银行或其他机构借钱)三大部分。其中，经营活动产生的现金流量是最重要的，这部分现金流量越高，说明企业自身产生现金能力越强。

根据以上分析，在现金流量表5-19中填入相关项目金额。

表5-19　A公司现金流量表

编制单位：A公司	2016年 12 月		单位：　万元
项　　目	行次	本月数	备注
一、经营活动产生的现金流量	①		
销售商品、提供劳务收到的现金	②		
收到的税费返还	③		
收到其他与经营活动有关的现金	④		
经营活动现金流入小计	⑤		
购买商品/接受劳务支付的现金	⑥		
支付给职工以及为职工支付的现金	⑦		

续表

项　　目	行次	本月数	备注
支付的各项税费	⑧		
支付其他与经营活动有关的现金	⑨		
经营活动现金流小计	⑩		
经营活动产生的现金流量净额	⑪		
二、投资活动产生的现金流量	⑫		
三、筹资活动产生的现金流量	⑬		
取得借款收到的现金	⑭		
银行贷款	⑮		
发行债券	⑯		
筹资活动现金流入小计	⑰		
偿还债务支付的现金	⑱		
还债券本金	⑲		
还银行贷款	⑳		
分配股利、利润或偿付利息支付的现金	㉑		
还债券利息	㉒		
银行贷款利息	㉓		
筹资活动现金流出小计	㉔		
筹资活动产生的现金流量净额	㉕		
四、汇率变动对现金的影响	㉖		
五、现金及现金等价物净增额	㉗		
加：期初现金及现金等价物余额	㉘		
六、期末现金及现金等价物余额	㉙		

参考文献

[1] 周三多. 管理学[M]. 4 版. 北京：高等教育出版社，2015.
[2] 斯蒂芬·P. 罗宾斯. 管理学. 13 版[M]. 北京：中国人民大学出版社，2017.
[3] 方振邦，鲍春雷. 管理学原理[M]. 北京：中国人民大学出版社，2014.
[4] 林志杨. 管理学原理[M]. 5 版. 厦门：厦门大学出版社，2018.
[5] 吴吉明，王慧，鄢兰. 管理学原理[M]. 北京：北京理工大学出版社，2019.
[6] 肖峰. 管理学原理与实务[M]. 武汉：武汉大学出版社，2017.
[7] 徐建华，余真翰. 企业模拟经营：ERP 商业沙盘实训教程[M]. 成都：西南交通大学出版社，2011.
[8] 叶剑明. 沙盘模拟企业经营实战[M]. 北京：中国财政经济出版社，2018.
[9] 蒋晶晶，关胜. 企业经营管理沙盘模拟实践教程[M]. 武汉：华中科技大学出版社，2019.
[10] 周菁. ERP 沙盘及现代企业经营模拟演练[M]. 北京：电子工业出版社，2019.
[11] 秦勇，李东进. 企业管理学[M]. 北京：中国发展出版社，2016.
[12] 孟英玉，张爱娜. 企业管理基础[M]. 天津：天津大学出版社，2016.
[13] 袁法军，高超. 现代企业管理基础知识[M]. 4 版. 北京：中国劳动社会保障出版社，2019.
[14] 王关义，刘益，刘彤，李治堂. 现代企业管理[M]. 北京：清华大学出版社，2019.
[15] 菲利普·科特勒. 市场营销：原理与实践[M]. 16 版. 楼尊，译. 北京：中国人民大学出版社，2015.
[16] 黄炜. 市场营销理论与实务[M]. 上海：上海财经大学出版社，2019.
[17] 黄雪英. 市场营销基础知识[M]. 北京：中国财政经济出版社，2018.
[18] 段光中. 市场营销基础与实务(高职)[M]. 西安：西安电子科技大学出版社，2018.
[19] 于家臻. 市场营销基础(第 4 版)学习导航与习题[M]. 北京：电子工业出版社，2017.
[20] 潘维琴，贾晓丹. 市场营销基础与训练[M]. 2 版. 北京：中国人民大学出版社，2015.
[21] 任康磊. 人力资源管理实操从入门到精通[M]. 北京：人民邮电出版社，2018.
[22] 阿东. 人力资源管理实操手册[M]. 北京：企业管理出版社，2019.
[23] 赵耀. 员工培训与开发[M]. 北京：首都经济贸易大学出版社，2018.
[24] 阿吉斯. 绩效管理[M]. 11 版. 北京：中国人民大学出版社，2012.
[25] 李艳. 员工关系管理实务手册[M]. 3 版. 北京：人民邮电出版社，2017.
[26] 王贵军，丁雯，李明昱. 招聘与录用[M]. 大连：东北财经大学出版社，2015.
[27] 孙宗虎，刘娜. 招聘、面试与录用管理实务手册[M]. 北京：人民邮电出版社，2017.
[28] 刘远我. 招聘面试：优秀面试官必读手册[M]. 北京：电子工业出版社，2017.
[29] 阿瑟. 员工招聘与录用：招募、面试、甄选和岗前引导实务[M]. 5 版. 北京：中国人民大学出版社，2015.
[30] 陈雪林，徐伟，康宇. 人力资源管理实务[M]. 北京：北京交通大学出版社，2016.
[31] 张瑞琛. 基础财务管理[M]. 北京：中国财政经济出版社，2019.

[32] 王琳. 人人都能看懂的极简财务报表[M]. 北京：中国铁道出版社，2019.
[33] 荆新，王化成，刘俊彦. 财务管理学[M]. 8 版. 北京：中国人民大学出版社，2018.
[34] 财务管理实操大全集(职责 + 规范 + 制度 + 表单)[M]. 北京：中国铁道出版社，2018.
[35] 贺志东. 企业财务管理操作实务大全[M]. 北京：企业管理出版社，2018.
[36] 史永翔. 全面预算之美[M]. 北京：机械工业出版社，2017.
[37] 李荣，顾晓良. 现代企业预算管理[M]. 大连：东北财经大学出版社，2019.
[38] 唐政. 企业年度经营计划与全面预算管理[M]. 北京：人民邮电出版社，2016.
[39] 张莉，章刘成. 企业运营模拟与竞争实训教程[M]. 北京：科学出版社，2018.
[40] 陈冰. 企业竞争模拟——四步循环实训教程[M]. 2 版. 北京：经济科学出版社，2016.
[41] 李政，姜宏锋. 采购过程控制[M]. 北京：化学工业出版社，2015.
[42] 杨华. 中小企业精益管理与过程控制全案[M]. 广州：广东经济出版社，2015.
[43] 潘尔顺. 生产计划与控制[M]. 上海：上海交通大学出版社，2015.
[44] 刘通，王梦曦. 丰田生产方式在中国制造企业中的应用[J]. 市场研究，2015(8)：60-61.
[45] 王银才. 精益生产在企业中的应用[J]. 科技视界，2016(11)：154，200.
[46] 李阳. 基于看板管理的企业精益生产计划体系优化研究：以 HS 空调公司为例[J]. 中国物价，2018(8)：83-85.
[47] 徐正霞，刘岩. 提高生产计划管理的几点建议[J]. 中国新技术新产品，2015(2)：172.
[48] 沈玺. P 公司电子产品量产项目生产计划管理研究[J]. 企业技术开发，2016，35(34)：46-48.
[49] 张红启. 企业的采购合同管理[J]. 中国招标，2016(37)：26-27.
[50] 谢紫微. 浅析准时化生产实施的可行性条件[J]. 商，2015(17)：17.